法蘭克·哈多克談精神磁性

成功的動力

Power for Success

(Frank Channing Haddock)
法蘭克·錢寧·哈多克 著
秦搏 譯

U0087540

精神狀態 ✕ 個人潛能 ✕ 健康基礎 ✕ 靈魂途徑
在日常生活中節約並最大化利用你的精神資源

- -

【精神、身體、心靈的磁性】
每個人的靈魂都像一個電池，透過努力和法蘭克·哈多克精神理念，
任何人都能實現輝煌的成功——

目錄

目錄 ••

前言

　　這本書已經是第二版了，該書受到讀者的好評，證實了此書在實用性與提供個人靈感方面的功用，這讓作者深感欣慰。這本書涉獵的領域是很多學校或大學都不常研究的 —— 主要是研究當代精神方面的內容，在讀者接受了普通教育後，提供心理發展與自我控制方面的知識。雖然如此，這本書還是漸漸受到教育界、商界與專業人士的青睞，他們都認為樂觀精神是具有實用性的，成功的磁性是每個人都應該擁有的權利。這次的二版不會討論原則、歸來或是信任方面的缺陷，而會重點強調作者確信這些理念的重要性。最後出來的結果是，第二版要比第一版的層次更高。我這樣說，並非沒有意識到一些人提出的批評聲。他們只是認為這種研究具有實用性，但否定這種實用性是可以普遍適用的，也不覺得那些缺乏人生經驗的新手，可以獲得建造屬於他們的「王國」，而無須像現在這樣過著卑微的生活。因此，作者確信，這本書及自我成功系列的圖書將不僅能讓讀者透過誠實努力獲取成功，而且還能獲得輝煌的成功。

具有磁性的人

　　巴比塔的建造者，尼布甲尼撒二世（Nebuchadnezzar）巨大花園的建構者。

　　古埃及的金字塔、宮殿與獅身人面像的建築者。

　　希臘的大理石，羅馬堅不可摧的城市的締造者。

　　耶路撒冷的榮耀預言者與牧師，聖彼得圓頂大教堂的建造者。

　　特洛伊與尤利西斯的歌者，埃涅伊德與雷神的火焰。

　　《第九交響曲》、《坦豪瑟》、「掃羅」（Saul）與「伊利亞」的鬼才。

　　富於氣概的科學精神與讓人可怖的宗教的締造者。

前言

鋼鐵時代的鑄造者，奇妙機械的發明者。

憲法的起草者，政府與國家的保護者，

人群熙攘的市集人流，交換著龐大的價值。

宇宙王國的君主，造物者的恩賜，

性力的迷幻能量 —— 必將永存。

真正的磁性源於勝利，

源於男人，始於女人。

讓人心靈顫動的永生，精神欲望的高潮：

個人的自我，你的神性，

精神的靈魂，快把你喚醒吧！

—— 作者

序言

　　這本書主要是講如何培養個性的某些方面。書中的方法很直接，很具有實效。這些方法都緊貼著日常生活，與你、你的能力及你的環境都有緊密的連繫。

　　從某種意義來說，每個人的靈魂都像一個電池，要想好好保養這樣一個「電池」，拓展其電量，使之更好地為你服務，那麼你就需要將「電量」用於更為實用的工作上 —— 這是生活藝術精髓中最重要的因素。

　　接下來所談到的一些經驗都是引導性的，目的只有一個 —— 就是如何更好地利用這種成功磁性的電池，因為這是一個目標，一種途徑與一種力量。

　　成功磁性是按照法則來生效的，只有在我們全身心地遵循心靈與身體法則，並作出適當的調整，才能夠做到最好。

　　每個處於正常狀態下的人都擁有發展這種成功磁性的潛能，雖然每個人在這方面的天賦並不是均等的。

　　一些人可能天生就具有這樣的磁性，但其他人則可以透過培養，特別是憑藉發掘自身潛能，去獲取這樣的磁性。

　　無論是與生俱來還是後天培養的，真正而持久的磁性都存在於每個人潛意識的自我之中，並展現在自我意識中，正如蒸汽所產生的能量，最終會推動引擎一樣。

　　因此，要想培養磁性，就必須要讓潛意識的能量得到釋放，這樣才能控制有意識的自我，並且更好處理自身擁有的天賦 —— 身體、感官、情感、心理、道德及意志方面的功能。

序言 ●●●

　　深層次的自我可能被人視為幾層偏離中心思想的想法的一個中心，這集中在身體、個人氣質（將在下面加以解釋）及客觀場（一個人展現的氣場）乃至宇宙的以太上。從最後一位出發，卻是第一位到達，我們能看到每一層思想都與其他思想是緊密連繫的。

　　我們要思考到宇宙以太的存在，因為以太存在於所有物質與精神領域，持續地發出顫動，影響著物質的形式與行動。（讓我們從顫動一詞的名詞形式去看該詞的動詞形式，你會發現這出現在時間與空間裡出現）。因此，以太是一種固有的存在，囊括了個人自我的客觀場。在此層意義上，自我並不單純作為一種字面上的意識的意思。所有心理行動都可以概括成一點，即我們沒有意識到我們應該意識到的全部東西。我們所熟悉的，只是心靈的自我，但對於心靈的自我是什麼，我們卻知之甚少。心靈的自我本身就是潛意識的自我 —— 處在你個性的更深層次。

　　大腦的電池首先表現在日常的心理意識活動中；其二，展現在潛意識自我的行動上。但是，大腦電池的行動首先是出現在潛意識裡，之後才進入有意識的心靈之中。有意識與潛意識的心理活動都始於身體周圍的以太產生的顫動。

　　最深層次的自我 —— 也就是你 —— 就是一個精神的集合，但這種集合後的自我展現出有意識，但同時也隱藏在意識背後，對你發號施令。深層次的自我與潛意識，都擁有人性最原始的力量，我們現在稱這種力量為「超自然力量」，區別於平常使用的有意識「功能」。擁有這種力量只是因為精神的自我創造了它本身，也就是說，透過生活經驗讓它們成為了我們自我存在與行為準則的一種習慣。

　　在所有所謂「超能力」現象中，有心靈感應、透聽力、超人的洞察力、精神治癒與催眠術等，但個人的磁性才是最為重要的。

　　讓我們首先初步了解一下規律場吧。

你既不是一個肉身，也不是只有心靈。你一部分屬於精神，也就是非物質的存在，這部分精神包括你的自我，這透過你的情感、智力與意志等功能展現出來。但你必須要依附於身體，然後擁有上述的功能，在日常生活中流露出來。

因為身體的存在包括著存在於以太中的顫動 —— 也就是說，以太可以透過光、熱、電等方式，展現出人的磁性。人的身體似乎是一個以太活動的複雜混合體，它存在於難以計數的顫動、波浪，存在著起伏與漩渦，存在於以太中的物質通常是極為細微，它們只能用象形文字或是數學來加以闡述。

身體最為重要的器官就是大腦。究其本質來說，人的大腦就像一個電池。在「個人的氣場」一章裡，作者會做一個小研究，將說明大腦與我們當前所做工作存在的連繫。科學證實「神經物質的結構，在神經及神經中心方面做出的吸菸，都確鑿地證明了一點，即這種能量是源於大腦的。這種力量就像是一種自然的本能，也就是說，這種能量始於大腦結構的某一部分，透過一些干擾的物質進行傳遞，並釋放在其他部位上。電與磁性展現的不同形式，已經讓我們對此有所了解。」「神經細胞的排列就像是鋪得最好的電力電纜，我們不禁會想，我們與電纜之間存在著某種相似。但是，讓我們保持神經力量的，並不是電力，從某種意義來看，電池跟活著的人之間並非完全相同的一件事。但即便如此，神經力量還是與這一神奇的事物連繫在一起，讓我們更好地了解這一種被稱為電的東西。」

大腦就像一個電池，而神經就像一個傳輸器，將儲存的能量釋放到身體的其他部位。當然，釋放的過程跟電路釋放電能的過程有點類似。據研究，這可能是透過以太來傳播，或是透過一些更為高階的現實方式進行傳送，這個過程超出了人體的限制。如果神經傳輸線路堪比電線，那麼這種高階的媒介可能與以太場產生共鳴，透過無線的心靈感應現象得以傳送。

序言 ••

因為電路傳送可以在沒有電線或是有形的媒介進行傳送，所以大腦釋放能量的過程也同樣不需要類似於電池的裝置。在沒有干擾神經的前提下，仍然作為電池的一部分存在。一般而言，這種釋放過程源於兩種基本的方式：要麼透過心靈的直接活動，要麼透過心靈或身體的狀態——也許，還可能是透過這兩者的結合去實現的。

回到自我的這個問題上，心靈活動可以分為有意識與潛意識這兩部分。一般而言，自我之中就擁有我們稱之為「意識」的東西——當前行動的一個綜合，就是心理個性的一個展現。但意識透過顫動來驅動能量的產生。自我透過在宇宙中以太進行顫動，影響了人體及周圍的人群，並與客觀場廣泛地共存。客觀場的某些區域與在最深層次顫動的自我相互融合，所以這可稱得上是個人的氣質。個人的氣質超越了身體，並且漫溢開來，但它也不是完全與客觀場相共融。

身體是由分子與原子組成的（忽略最近科學剛發現的血球細胞）——這是物質最小的組成成分了，再也不能分割了。當今的科學稱，「一個原子嵌在以太之中，時刻在顫動，朝四面八方發射電波」。大腦是由很多這樣難以計數嵌入以太之中的原子所組成的。「每個人都是一個充滿活力的力量體，思想本身就是一個充滿活力的行為。任何一個思想，都會引起大腦出現相應的顫動。這種顫動能在一定程度上進行傳送，這難道不是很美妙嗎？」在思想傳送或是以太影響的情形下，波長與顫動很可能會變得更加小，傳送速度更加快，連線的媒介就是如此高階的以太或是一些遠離了「粗糙物質」的高階媒介。一般來說，這就是所謂的「遠處行動」，這是在沒有媒介存在的情況下做到的。在我們現有的講究科學的物質世界裡，這被認為是不可能的。

自我的顫動會向著以太傳送。所有內在的顫動都會指向自我。當個人的生活是正確的時候，這種外在的顫動就會與個人內在氣質處於一種和諧

狀態，還有其他的顫動，所以個人是有力量的。但是，自我時刻接受著其他人傳送的波動，要是能夠處於一種和諧狀態，自我就能驅趕所有敵對的顫動，吸引那些對自身目的有利的力量。

再進一步說，我們可以看到，在整個宇宙的以太之中，存在著一種永恆在變動的宇宙力量 —— 所有這些運作的力量讓每個人都能感受到現實與自身的存在 —— 比如化學反應。熱、電、磁性、呼吸力量、精神力量、創造性（性力）、照明、直覺、靈感、信念與實用能力，等等。

一位化學方面的權威在講述了人體的基本結構後，說：「宇宙的能量收集之後，在流向所專注的某個目標。」另一位心理研究方面的專家宣稱：「每一種物質對其他人及宇宙所產生的力量，決定了其原本的力量。」第三位權威這樣寫道：「一隻動物，究其本質來說，只是一種不斷在流動的物質流。這種物質流能夠獲得補給，也不會出現浪費的情況。這樣說有點像是瀑布，一條小河或是一把火焰。」現在，我們知道「大腦決定著我們，並不像我們想像中那麼穩固，其實跟一條時刻改變的瀑布差不多。心靈並沒有與物質存在著適當的連繫，而是與正在執行的物質相關。」

我們所接收的生理上的補給，是可能被尋常管道所限制的。內在的自我擁有一種潛在的力量有待挖掘，能從生命的海洋中找到其中存在的力量。除了常規方法之外，這些因素都需要我們在精神與生理上有一個目標。

我們現在已經知道，不利於健康及有利於健康的物質，都會對個人造成影響，或是被個人所排斥，這在相當程度上取決於精神與生理方面的狀態。

「一個物體在接觸或是靠近另一個物體時，都會帶來一種改變，但這種改變持續的時間卻是不同的。如果我們將一個圓片或是小硬幣放在一塊乾淨的玻璃片上，或是打磨灰狗的金屬上，對著其表面吹氣體，然後將圓

片或是硬幣拋開，在溼氣散盡後，就會發現玻璃片或是金屬片上一點痕跡都沒有。但如果我們再次吹口氣，硬幣或是圓片上就會出現幽靈般的鬼魅，在痕跡漸漸褪去的時候，可能一次次地重現著這樣一口氣，甚至在幾個月後依然存在。」「一個影子落在一堵牆上，肯定會留下永恆的印記，要是使用某些裝置，肯定能夠看到。在我們最私密的公寓裡，在目光受到干擾後，緊閉雙眼，我們的幽靜時光就不會被褻瀆。這裡有我們行為的痕跡，有我們做過所有事情的痕跡。」

如果這些說法都是真實的話，那麼，人體對外在的以太影響是多麼的敏感啊！

一位英國醫學權威斷言，一個女人要是對愛情失望，就會失去理智，失去對時間的掌控，在她七十四歲的時候，她依然被陌生人視為年齡不到二十歲。她成功地扼殺了這種宇宙的力量 —— 因為這是精神治癒療法的意義 —— 讓她躲過了五十年歲月的侵襲。

當代的一位醫學方面的作家曾這樣發問：「都是透過睡眠，為什麼小孩子容易失去活力，而老年卻精神奕奕呢？」這是一個有趣的話題，有很多例子可以佐證。「我們有足夠的證據去證實，神經力量能夠從一個人傳到另一個人身上。」一位醫學雜誌的編輯也說：「一些活力較低的人能夠透過與那些健康與充滿活力的人一起睡，從中受益。當然，失去活力的，肯定是原先充滿活力的人。」

六月或是十二月晴朗的早晨帶來的影響，是不能完全歸結為神經系統的機械式運作所帶來的結果。在我們加速接受重要的影響時，我們也是在吸收一種兩量。「人不是單純靠麵包而活。」

「以太的氣質，是那麼的輕柔，那麼的不可捉摸，那麼的稀世，看上去似乎與物質世界與精神世界相容，這是一個上演巨大反應變化的舞臺。」這是一個充滿神性力量的磁場，我們在這裡稱之為宇宙。

宇宙力量也是遵循規律的，它們也要遵循系統的意志（宇宙的規律）去實現。它們尋求能永遠在宇宙的以太中執行，透過客觀場、個人氣質、身體，到達你最內在的自我。它們總是處於圍繞著你顫動，總是能為你利用，當然這一切都是由你的過去與現狀的生活態度所決定的。如果你與它們處於一種和諧狀態，它們就會為你提供力量，為你提供物質，讓你的個性得到良性的發展，如果你處於不和諧的狀態，它們就會幫助你提升，為你撫平傷口。

　　但是，你同時也透過身體、個人氣質、客觀場向以太傳播你發出的顫動，一直蔓延到宇宙力量。如果你的個人氣質與宇宙力量相對抗或是沒有與此一致，那麼你就將失去它們的庇護，你讓它們感到困惑。你的行為在以太中的影響，讓你失去了積極的動力，讓周圍的人都對你感到不滿。如果你的個人氣質與宇宙以太的自然執行法則處於和諧狀態，那麼所有的力量都會想向你湧來，宇宙的力量都會為你所吸引，別人具有磁性的魅力也會為你所吸引，進入你深層次的自我。

　　因此，我們認為，培養個人的磁性不僅與學會如何做事相關，更牽涉到精神生活的偉大原則相關。要求我們掌握藝術的精髓，發展內在心靈對宇宙美感與無限宇宙和諧的感知能力。

　　更為詳細點說，我們意識到下面這些事情的重要性：

　　在培養最深層次自我成為個人最好的資產。

　　讓個人氣質影響客觀場 —— 發揮個人氣質的影響 —— 透過這種方法，保持生理、心理及道德與宇宙規律處於一種和諧狀態。

　　讓所有外在的顫動與宇宙以太的自然運動處於和諧狀態，以吸引宇宙的力量。

　　更好地規範個人氣質，以更好吸引具有磁性魅力的人，抵抗所有敵對以太力量的攻擊。

上面提及的各種因素都表明了精神需求及其法則。

簡單來說，精神需求是一種強烈而又自信的需求，讓你不僅能夠想到，而且能夠感覺到宇宙的力量，可以給你帶來任何明確的好處或是福利。

需求的法則是這樣的：如果你為和諧的情感而努力，願意與宇宙的和諧系統做出努力，那麼這些好處與福利自然就會落在你身上，因為這個宇宙存在著足夠所有人享用的美好，你有權利去獲得屬於你與生俱來的美好。

精神需求可能被人分析為思想與行動。換言之，這是憑藉你自己的努力去影響與改變賜給你好處與福利的事情，當然這個前提是，你必須要為上面所提到的和諧而努力奮鬥。

所謂的需求思想，就是宣稱眼前的福利，並且能在以後獲得更多。

透過一些恰當的行為，不斷地堅持積極的思想，不斷地提升自己的能力，你就能持續地創造出「管道」或是「線路」，讓你能夠獲得想要的結果。

這個需求必須要是明智或是集中的，我們必須要毫不懈怠地進行工作，始終充滿自信，始終如一。

這個需求必須要明確，不能是模糊與搖擺的。

這個需求必須要是積極的，不能是消極的，也不能是疑惑或是舉棋不定的。

在某一個時段，這個需求必須是單一的，而不能時刻變化，不能像一大堆選項那樣，任由你選擇。

這個需求必須要遵循事物本身的合理性，而不是你隨意想像的。

這個需求必須要基於自然、時間、空間、成長、自我的力量還有人際

關係，絕對不能忽視真正的法則。

這個需求必須要從你真正的自我出發，而不是單純口頭上說說。

這個需求遲早會變成你的潛意識。

這個需求必須要持續，而不是斷斷續續。

精神需求運作的媒介就是宇宙中的以太與無限的現實，這兩者都可以為你所用。如果你孜孜追求與這個世界與正確智慧處於和諧狀態的話，就能獲得。以太是自然存在的根本，無限的現實就是神性。在《勇者無懼》一書裡，你將能看到有關這部分內容的完整討論。

巴爾札克（Honore de Balzac）的父親曾對他選擇文學作為謀生之路感到不滿。他父親說：「在文學領域裡，你要麼成為一名乞丐，要麼成為一名國王。」「那我將成為一名國王！」巴爾札克說。類似的說，當今的一位工業巨擘也說過：「成為你夢想的國王。」

在閱讀這本書時，讀者應該抱著這樣的想法去看。如果你只是隨意瀏覽本書的內容，那麼你將無法提高。如果你只是看看而已，那麼你也能從這樣的行為中有所獲益。如果你忠誠地閱讀，那麼你將能從收穫價值。但只有在你研究與踐行書中的內容，並且讓其成為你永遠的朋友與指導後，你才能意識到其真正的價值。

花在每一種養生法上的時間，都取決於你個人的需求，所以，這應該按你最好的判斷去做。在擺脫一種養生法上持續的努力或是鍛鍊所產生的價值，要比無限期遵循一種錯誤的行為更有價值。如果你一年來都沒有看完這本書，那麼在此期間研究本書，也將讓你受益匪淺。

我誠摯地希望讀者能夠遵循下面的建議：

1. 不要草草地瀏覽這本書。書中的內容可能會澆滅你的熱情，讓你的激情慢慢減弱。

2. 在你事先進行研究前，不要急於求成。如果你已經閱讀了一些段落，並且開展的很順利，那麼你將能從汲取教訓。

3. 不要只想著挑選你相信的教訓去相信，這樣會打亂法則執行的次序。在經過一年忠實的工作後，你肯定能完成閱讀這本書，到時候，你將真正發現這本書中到底哪一部分是最讓你獲益的，到那時候，你再詳細閱讀某一部分，也還不算遲。

4. 不要讓沮喪、疑惑、多變的情緒或是所處的任何環境，讓你放鬆了自身的努力，或是放棄了這種追求成功磁性的努力。

5. 不要同時想著去做太多事情。寧願認真精讀某部分內容，也不要貪多。一點點的閱讀讓你收穫比這本書價格更重要的價值。你可以從工作間隙抽出時間去做。

6. 不要隨便將錢花在購買那些有關磁性研究的膚淺書籍上。成功磁性的研究絕對是一種藝術的精髓，你想要最好的書籍，一本也就夠了。外面街邊販賣的小本子，是絕對不可能讓你從中獲益的。更為重要的是，很多急功近利的商人看完了這本書後，寫出有關此書的精簡版，讓讀者無法真正地閱讀作者多年研究所得到的思想與生活閱歷方面的結晶。

7. 我希望讀者能夠感悟書中所傳遞的內容，希望能給他們帶來想法。這對他們手上的工作也是極為有利的。對我來說，寫這本書絕對不是一個苦差事，它讓我充滿了希望，充滿了更強的意志力。這些內容都是有關潛意識自我的。

8. 最為重要的是，不要忘記這不是一本有關一般性成功的書籍，也不是一本有關催眠、透聽力、心靈感應、心靈占卜術或是心靈治癒的書，而是完全有關成功磁性的內容。你的目標就是獲得精神與生理上的力量，讓這種力量能夠正常的發展，合理地使用，最大限度地發覺真正的自我，不斷提升自己的狀況，你需要堅持這個目標，如果能做到這點，也就夠了。

但如果你將本書的內容融入到你的實踐生活裡，那麼你必將有所收穫。

9. 但是，讀者們請記住：成功磁性這種東西時是獲取它的工具。這本書的本意是為你個人的研究，成為你永遠的朋友，所以你最好能買一本，而不是向別人借來看的。

這樣能展現出你對這本書的所有權，讓你獲得更大的價值。如果你將這本書視為毫無價值的東西，那麼你就無法從中汲取積極的養分。如果你認為這本書比你還高級，那麼你獲取的知識也無法長久為你所用。如果你覺得你們是平等的，那麼你就能獲得持久的好處。

10. 你要在心靈中持續堅定這樣的信念：

成功磁性的成長是不能著急的，無論在你人生的哪個階段，都不能超越你已有的準備工作。

「意志強大之人，你們是好樣的！」

哦，精神，唱起歌來，
龐大的風琴安靜地豎著，
與任何無生命的物質一樣，顯得木訥。
直到靈魂的手指觸碰在多個琴鍵上。
然後，傾聽！半掩的門漸漸敞開了，
天國的微風透過琴管輕輕哀嘆，
洶湧的海浪有節奏地擊打著，
高山突顯了它的神祕之處，
所有人與天使般的世界，
都湧了進來，浸淫在你身上，
這是堅不可摧的生命協奏曲。
可憐的軀體，徒有一團肉體，
直到一陣神性的風吹過，
啊，請看！哦，精神在唱著歌！

序言 ••

不久後，你應該就能甦醒過來。

作為一名風琴手，你心滿意足地撥弄著琴弦，

你應該到處漫遊，與這位演奏者交談，

他的主題曲瀰漫在宇宙之間，

他寧願為你演奏，穿透

你那缺乏靈魂的軀體。

—— 作者

第一部分　精神的磁性

以太之歌

這是所有奇蹟的創造者：

它的微粒與事物的靈魂一起顫動，

它們就像子彈一樣穿過目標，

它們以完美的節奏在顫動著，

它們沿著靜止的圈環圍繞，

它們遵循著螺旋式的曲線成長

並且永遠地歌唱，

當它們蹦跳的時候，

唱著這首生命的傳奇之歌：

火光。我創造了燃燒的熱力。

光。我像弓箭那般燃亮世界。

電力。我穿透厚密的雲層。

重力。我指引天空的星星。

吸引。我控制住創造一切的位置，影響著宇宙的執行。

生命。我讓活著的心臟保持跳動。

思想。我在高貴的大腦中跳躍。

二重唱。哦，耶！在人群密集的市集上，我控制著宇宙的上帝。

磁性。在空間的某個神奇領域，我住在一座罕有的宮殿裡。

合唱。每個人都可以分享宇宙的奇妙與優雅。

齊唱。每個人都是上帝的繼承者，人的榮耀就是上帝的臉龐。

此刻，請躍到神祕之中，來到以太的原子裡。

像鳥翼那樣迅速，展翅高翔，

發出燦爛的光輝，如彩虹一般，

透過遠天太陽的光輝，

追尋宇宙的空間，

感受奇蹟的瞬間，

感受歌唱，感受崇高，因為

每個人都是上帝的繼承者，

人的榮耀就是上帝的臉龐。

—— 作者

磁性

我是光滑皮膚的一陣刺痛，

我是開放心智的一陣刺激，

我是慷慨之心的樂觀笑容。

我是從大海吹來的風，

我是初生的紅日，是高懸夜空的明月，

我是潺潺流淌的河流，

我是小小溪流唱出的娛樂之歌，

我是皚皚雪山的頂峰，

我是單獨綻放的鮮花，

我是剛翻出來的新鮮泥土散發出的泥香，

我是大西洋海浪的一波波海浪，

我是無所拘束的狂野聲音，

我是堅固的花崗岩架，

我是尼亞加拉河傾瀉的河水，

我是星球間轉動的軌道，

我是自然的呼吸與跳動的血液，

我就是生命。

我為勇於攀登的人降低地平線，

我是閃爍的陽光，照在依然懷著探索之心的人，

我是源源不斷的力量，滋養著地球，

我是神經的湧流，讓生命獲得力量，

我是磁性流，從過去的歷史流經過來，

我是絕對正確事情的鑄造者，

我能在失敗面前朗聲大笑，

死亡臨近時，我依然能掛著微笑的表情，

我不能永生，卻能追求永生，

我是誠實的人，

我是人，

我就是我！我就是力量！

—— 作者

第一章　顫動的以太

以太讓星星繞著無垠的軌道行進，
卻縱容一個嬰兒的呼吸。
透過你，它的波浪在顫動。
看，不論生死，
你都可以控制自己的生命。

> **信條**
>
> 以太是具有生命的，透過以太，靈魂之間才能交流。

本章是講與以太相關的幾個事實。當然，這只是作為引子，更多的內容會在接下來幾章詳細地談到以太可以稱為成功的主要因素。有關以太的事實主要包括下面一些：

1. 以太是「填充在空間的一種媒介，透過以太這種物質，光的顫動，燃燒的熱火與電的行動才得以傳播開來。電力與磁性的現象都可以用以太的伸縮與顫動來加以解釋」。

2. 到目前為止，以太是我們已知的最為嚴格與龐大的存在。所有的物質都存在以太之中。粗略地說，果凍的物體可以想像成是存在於一個透明膠狀物裡。這些物體的移動就是傳送以太的一種現象，將某一種物質傳送到另一個地方。如果你在一條線上打一個結，你可以透過操控，在線上移動這個結。因此，你傳送著這個結的狀態，不需要讓線產生任何移動。這種來回移動的方式存在於以太之中，形成了「卓越」或是「血球狀態」—— 這樣的顫動能夠透過以太傳送，就好比光、電及其他物質一樣。

3. 進一步詳盡的分析，我們發現，不是事物所有持久的屬性都會消失的。物質似乎由以太中的「卓越」或是血球狀態所組成的。也就是說，物質是一種模式，或是以太之中另一層以太中的運動模式。據一些科學家說，物質肯定是可以變成電荷的。負電荷是以太中的一種細胞狀態，與正電荷相連線（也許是附近的以太處在一種壓抑的狀態吧）。假設這是出於一種物質的狀態之中，物質應該是一種細胞狀態存在的，能在以太中產生運動，並且透過以太來傳送它們的狀態 —— 這種以太傳送 —— 這種物質本身就是處在一種壓力或是緊繃的狀態。

4. 這種「細胞狀態」，無論是處在「自由」狀態或是處在人群之中，都顯然處於一種時刻焦慮與波動的環境下。每當一個身體的微粒發生顫動，以太也會隨之顫動。聲音可以直接透過空氣進行傳播。光能夠透過以太波與細胞形式進行傳送。有人說，這種收縮或是擴張可能會阻擋傳播的路線，這種向前傳送的衝動會影響以太的波浪。一條射線就是波浪或是起伏的一個方向。

5. 顯然，以太中每個細胞狀態都有屬於自己的「自由」空間 —— 無論是在空氣中，透過身體，都是有這樣的空間，因為垂直式的收縮與擴張都會產生這種顫動。

6. 顫動是物質微粒的一種運動，要麼是以太中的細胞在自由空間產生了來回地收縮與擴張，從原先平衡的狀態到達一種極限，然後在回到原先的平衡狀態。

7. 波動是在以太中產生的一種向前運動的狀態，是因為細胞的收縮或是擴張所引起的。排成一排的撞球，要是在觸碰後，會造成以太中物質的收縮，造成撞球有一種向前運動的傾向。正如「顫動」一詞一般用於代表事實，這個詞也將在本書中廣泛使用。

8. 在顫動的過程中，以太中的細胞「撞擊」另一個細胞，因此產生了一陣向前運動的傾向。但是，這種物質本身並沒有向前移動，而是產生了向前移動的一種傾向。顫動的頻率與衝動的一般屬性都決定了熱、光、電及磁性等現象。此處的「頻率」一詞的意思，當然是指在物體在一秒內發生的顫動。顫動波就是因為以太的波浪被擾亂了，然後週期性地出現在空間與時間裡。這種「波浪」包括顫動，其中當然包括顫動的頂峰，或是同時出現在其他空間裡的波峰。

9. 因此，人體似乎包括這些積極的細胞，或是在以太中存在這類的物質，因此它們都普遍存在於以太之中。

10. 所以說，每一個人的精神思想都會讓體內及身外的以太磁場發生變化。每一種情感，每一種智慧，都會在大腦及神經系統中的以太產生顫動，這些都或多或少地超乎了身體侷限。

11. 每一種覺察的行為都會因為持續的顫動而產生 —— 無論是在以太、空氣或是神經之中。

12. 個性所散發出的力量及此類的顫動都是構成個人氣質的組成部分。

13. 當這樣的顫動與其他個性處於一種和諧狀態，那麼就能獲得某種程度的磁性。

14. 這種磁性的屬性取決於其源頭：一般來說，這是源於身體、心靈、情感、理智、意志，更為確切地說，這源於一個道德的中心。

15. 以太「細胞」的每一極都是負電荷，而另一極則是正電荷。如果兩個細胞相同的一極發生了觸碰，就會產生相互牴觸的現象。如果是正負相對接，就會出現相互吸引的現象。

16. 當某個空間出現了負電極的形態，並且與另一個空間存在的正電極相互存在，那麼它們就會產生足夠的引力，引起擴張或是收縮的狀態，這種傾向能透過衝動、壓力或是透過以太中的干預手段去實現，讓這種波浪式的運動存在著顫動。

17. 當兩個人的以太顫動處於一種和諧狀態，這樣的過程就會產生：其中一方吸引了一種「流」，或者說是以太中的一種衝動流朝向自己，或是將這種「流」引向別人。從個人意義上來說，這就是磁性，這可能源於精神、生理或是兩者共同影響的環境下。

18. 當心靈的以太波 —— 這種由心靈行動引起的波浪 —— 來自於與此相反的方向，遇見彼此時，無論是正面相遇，還是從某個側面相遇，那麼這種會面都不會破壞整個以太的活動，而是會在某種程度上產生影響。

如果這種波浪是某種不同的「力量」，那麼力量更強的一方可能就會改變力量較弱一方的方向與品格，所以會臨時性改變其前進的過程。

19. 當心靈的以太波占據了另一個以太波，它們傾向於將兩者聯合起來，那麼力量較強的一方可能會影響接收這種以太波的一方。這種影響是接收者對大腦對傳來的顫動的一種回饋。

20. 在心靈以太的「場」，或是在個人的氣質裡，一種細胞的持續活動可能形成一種障礙，這可能讓它或多或少阻擋著其他湧來的波浪，因為後者可能會感到困惑，失去了原先的自我。這種對持續傳來的以太波的影響，取決於接收者個人的氣質強弱與否，當然還與他的大腦解讀以太活動的能力有關。你的個人氣質有一種抵抗與吸引的力量。現在的研究顯示，你可以調整自己迎接湧來的波浪的方式，最終實現自己的目的，驅趕別人對你造成的不良影響。

上面的一些話都是從科學紀錄中總結出來的，但這些事實是確鑿的。

成功磁性所面臨的主要問題，就是以太是否處於和諧狀態的問題。因此，你需要將自己想像成一個電池，你能產生磁性的心靈以太活動，無論是在吸引或是驅趕其他事情的能力上。這樣，你才能懷著巨大的自信，去讓自己的努力收穫回報。好好閱讀這本書，也將讓你在成功路上邁上堅實的一步。

萬物為你顫動

世上沒有單一的戰爭，

沒有一位孤獨的建築師，沒有孤身追求美好。

沒有被隔離的價值，沒有人感到全然的絕望。

所有的存在都有共同體，

每一種力量都能產生合力，

每一種肉體、細胞或是水晶的物質形態，

都能合力取得終極的勝利。

每一個真相都呼喚著我們，

每個人的心靈去追求真理，

哦，這種神性的密切關係，

這個龐大的計畫讓你無法失敗。

轉身回頭，擁抱過去。

鑄造現在，心懷未來。

緊緊抱住，明日之夢。

三位一體，成為汝夢。

造物之主，非你莫屬。

宇宙之箭，為你顫動。

那你有什麼想法呢？

—— 作者

第二章　成功的情緒

欲望只能產生意外，
最多也只能產生好或壞的影響，
讓你活在理智之中，
命運就將是你意志的守衛。

—— 作者

真正的成功是自身情緒的結果。「情緒」一詞的定義就是「心靈的脾性，受激情、性情影響的心理狀態」，「心靈對激情或是情感所表現出的臨時與反覆的情感，特別是某種行為或是某個工作所表現的情感，這種心靈狀態就是指某些需要去做或是需要被忽略的事情。這種反覆不定的情感會對某種行為流露出傾向，一般用於這樣的片語，比如處在狀態一詞。例如，很多藝術家都是在身處狀態時，才開始工作的。」

這個詞的詞根可以追溯到哥特語、古撒克遜語、中世紀英語、丹麥語、瑞典語，最還能在希臘語找到。要是我們繼續找尋像「心靈」、「心智」、「靈魂」「勇氣」、「驕傲」、「自傲」、「大度」、「熱情」「憤怒」、「悲傷」、「努力」等詞語的源頭，你也會覺得很有趣。

心理情緒或是狀態都是由一組心理行為組成的，每個心理行為都是有其意義的，最後聚集在一起，產生了一種最主要的思緒，決定了整個行為群的主要動向，也就是說，這就是情緒。

情緒是一種隨時會發生變化的心理狀態，但這取決於最重要的心理狀態。

情緒可能是積極的，也可能是壓抑的，可能是高尚的，也可能是卑鄙的，這取決於我們行為的主要品格。因此，情緒分為「悲傷的情緒」與「樂觀的情緒」，還有「破壞性的情緒」以及「創造性的情緒」。

藝術家在靈感襲來時，才喜歡工作，因為那時候他才具有創造力。「創造」就是他當時的一種中心的心理狀態。當每個人處在最適合自己發揮的狀態時，他都有能或多或少的成就。

　　這樣的情緒可能持續三十秒、一天、半年或是最多一輩子。無論是有害還是積極的情緒，都有可能會造成深遠的影響。將一種積極的情緒持久化，這可能是一種天賦或是需要超強的意志力。意志力能夠壓抑邪惡的情緒，創造一種積極的情緒。壓抑消極情緒的真正方法，只能是用積極的情緒去取代消極的情緒。要想真正地保持積極的情緒，就需要發揮意志的力量或是不斷地給予積極的自我暗示。

　　成功的情緒既不是臨時的，也不能反覆易變的，相反，這是一種長期的心理態度或是一種對成就的思想情感。

　　無論是在這本書，或是在人的一生裡，我們都要長久地掌控成功的情緒。這可以透過不斷給予自己鼓勵，讓你的靈魂相信自己能夠達到自身的期望。

　　「我決心取得成功，我必將取得成功！」

　　如果你仔細分析一下那些成功人士的事業，就會發現，他們在成功前就已經將自己視為成功人士了，始終讓自己處於一種成功的情緒之中。所以，這種創造性的成功情緒，這種商業上的成功情緒，這種藝術上的成功情緒，這種科學上的成功情緒，這種改革上的成功情緒，這種社交方面的成功情緒，這種政治方面的成功情緒，都是各行各業的人所應該擁有的。

　　如果你分析一下任何人的成功情緒，你還會發現，這本書也包含著很多成功的因素，特別是關於意志、敏捷、忠誠、榮耀、希望、勇氣、自信、腦力、對宇宙系統及生理磁性的信念。

　　現在，我們不是專注於一般性的成功，而是一種在磁性方面的專業性，因此，這種成功侷限於上面所說的領域。但是，磁性卻是一種集合了精神與身體品質的東西，能夠在每個人的身上都得到展現，這個事實顯示了任何人的成功都是有其成功的必然性的。

　　你要想獲得應有的成就，就需要一個漫長的過程，在這個過程裡，你需要專注於修練心靈。勇於面對困難，抵制生活中多數的消極情感。儘管可能會遇到重重險阻，但如果你願意為成功付出足夠的努力，按照下面的方法去做，並按照這本書餘下的二十六章的內容去做，那麼成功的情緒必然會降臨到你身上，讓你變得強大，變得堅不可摧。

　　第一，遠離生活中陰暗的東西 —— 遠離那些可能會影響你成長或是阻擋心靈的環境。

　　第二，要時常地處於自己的最高天賦，並且盡可能長久地保持這樣的狀態。

　　第三，堅持自己的夢想，堅持認為自己能夠取得成功。

　　第四，每當一個有害的思想或是牴觸的情緒產生的時候，你都要堅決地抵抗，並將之視為暫時性的。這樣的話，你就能無視這些小消極的情緒，防止它們對你人生產生不良的影響。

　　第五，每當你覺得自己是在忍受失敗，或是覺得忍受著艱難的現實生活，你可以按照下面的方法去尋回自己的成功情緒：

　　1. 找一處安靜的地方，保持心靈的平靜。

　　2. 透過有趣的娛樂活動，分散心靈的注意力，讓心靈愉悅起來，讓自己感受到鼓勵，並且時刻保持自己的努力，絕不要想著走捷徑。讓心靈重新將自己想像成一個成功之人。

　　第六，下定決心要消除內心所有不良的情緒，不要為過去的不幸哀嘆，不要為未來擔憂，不要與別人比較讓自己覺得壓抑。

　　第七，內心始終堅持這樣一個關於人性福祉的信念 —— 無論遇到什麼，我，真實的自我，最後都能擁有一顆自由與忠誠的靈魂。

　　你正在建造一種持久的情緒，其中所需要的時間與努力將完全取決於

你自己。但是，如果你能遵循這些建議，那麼你必將能成功地找到其中的價值 —— 這也是本書前面幾章的主要內容 —— 主要是關注你自己。

　　將自己視為一個有生命的人，並認為自己必將取得成功。

活著的靈魂

星空間存在著一種精氣，

天宇間有一種呼吸在移動。

看！一股勇氣正在誕生，一塊平淡的泥塊正在誕生。

喚醒沉睡而高尚的思想，

因為上帝的鼻孔已經脹大了，

泥塊也緊密地站了起來。

第三章　個人的潛能

現在，沒人知道你為什麼出生了，
也沒人知道你有怎樣的天賦。
但看看你，你應該能展翅高飛。
你的人生，誰能設限？
給你一個意志，鄙視所有的失敗，
相信你有神力相助。

—— 作者

信條

真正的成功不過是自我的發展。

英文中「成功」一詞被定義為「快樂的事情，成功地做到了想要做的事情，成功地實現了目標 —— 這能讓人感到欣慰，給人帶來優越感。」

一個人要想真正的感到幸福，就必須要對自己想要追尋的成功感到樂趣。因此，看上去的成功可能是錯覺，因為這可能不是他想要的。這只是一個你是否在人生某個階段取得成功，或是讓人生取得圓滿成功的問題。請認真閱讀這段話：

一個基本的準則是這樣的：要是不能將自我發揮到極致，任何人都不可能成功。

由此，我們顯然可知，成功可能是臨時，也可能是長久的，無論是身體、心靈或是道德的層面，都是如此。

如果成功只是一時的，那麼這可能是因為你的自私、自我意識與利他主義所導致的。

如果成功是持久的，那麼這一定是自我意識與利他主義的結果。

還有，一個人可以在保持身體健康、心靈力量、專業能力、道德品格及自身功用等方面取得成功。在前面三種狀況裡，成功可能是因為自私或是自我利益中獲取的，在最後一種情形裡，這只能是自我利益與利他主義的產物。

現在，讓我們進一步去闡述這個問題。

源於自私之心的成功是有限的，因為這是自我作用於自我的一種力量，所以這種力量的侷限性是不言而喻的。

而源於自我利益及利他主義的成功則能夠讓自我在宇宙的系統中保持

良好的狀態。

到那時，源於為自我利益而做出努力的成功肯定是利他主義的，一個人在成就最好的自己時，肯定會給別人也帶來好處的。這是事物的基本性質。

那些為了有利於別人利益的成功，一般都能有利於自我的發展，因為這種幫助別人的努力構成了最好的自我。這也是一種法則。

現在，我們清楚地知道，源於自私的成功不是真正的成功。在追求良好的健康、心靈的力量、專業能力及道德品格等方面上，如果無視別人的利益，那麼最終必然會遭致失敗。例證：社會的整個結構都需要考慮衛生、教育與公共道義。人類生活的堅固磐石就是相互間的共同性。

因此，成功可能被人視為實現自我與其他人利益的一種成就。

這樣的成功可能是生理、智慧、經濟、社交、政治、道德等方面，但無論是在哪個領域，要想取得成功，都需要付出長久的努力。

當我們將自我利益與別人的利益結合起來，並孜孜地追求成功，那麼我們就會開始發現一些被不良思考所掩蓋的基本事實。這種讓人疑惑的思考給我們感到困惑。下面，我們將揭曉這些事實。

有關成功的基本事實

第一個事實。一個人的成功受制於他的天賦、所獲得的機遇、他所處的環境，他的人際關係，還有他對未來的憧憬。這些因素對每個人的成功都有決定性的影響。

還有一個事實是，每個人都不能超越於這些因素，正是這些因素構成了一種限制。

但是，請你記住！一個人可能部分或是全部地事先了自身的潛能，克服了上面所說的各種因素。與此同時，他們覺得，按照自己的標準，再審視一下別人，他們覺得自己取得了成功。所以，這是仁者見仁，智者見智的問題，也可能會讓我們誤解所處的現狀。所以，請忽視這些因素。

成功取決於：個人的意識完全甦醒，意識到自身所處的狀況，認清自己，知道自己的位置，並且絕對不用別人的標準去衡量自己。堅持這樣的生活理念可能有時會讓你犯錯，但這絕對是不可或缺的。請讀者朋友們認真閱讀這一段的文字。

第二個事實。成功的五種觀念也逐漸變得清晰。

觀念一：如果某人將自身的個人力量發揮到了他所知的極致，那麼他就是成功的。

觀念二：如果某人以最好的方式去把握住了機會，那麼他就是成功的。

觀念三：如果某人為了實現內心的召喚，孜孜不倦地奮鬥，那麼他就是成功的。

觀念四：如果某人誠實工作，努力地調整自己，更好地適應所處的環境，不斷改善所處的環境，以更好地適合自己，那麼他就是成功的。

觀念五：如果某人勤勤勉勉，以智慧讓自己的預言變成現實，做到最好的自己，那麼他就是成功的。

請你們確信一點：這些努力與信念構成了成功的基本面，無論一個人感到都麼沮喪，無論他的自我期望、狂熱的夢想或是對別人的想法如何，這些都是必不可少的。

第三個事實，因此，我們發現了鼓舞更為廣泛的基礎。

為了獲得健康的努力，可能會讓你無法做到最好，但你成功地證明

了，這是值得為之奮鬥的。

為了智慧與專業能力所進行的努力可能最終會失敗，但你能在這個奮鬥的過程中，發展鍛鍊你的個性，這也是一種成功。

為了鍛鍊道德品格與功用所進行的努力可能會失敗，但是你卻展現了巨大的成功，因為你投入進去的力量最終會翻倍的。

第四個事實。在每一項誠實的工作裡，人總能透過努力，讓自己的能力得到增長。

第五個事實。那些不努力去最大限度發揮自身能力，把握機遇、利用環境優勢、忽視人際關係或是只顧眼前，不顧將來的人，是肯定無法取得成功的。

即便是在經濟上取得成功，這種完全利己的最低等的成功形式，也需要忍受諸多的考驗。

經濟上的成功損耗我們的自我利益最少，並且為別人增加了利益，雖然這會讓貧窮之人一輩子都活在貧窮之下，這可能也是一種成功。

鑒於上面所說的鼓舞的基本面，我們可以得出下面這個事實。

第七個事實。成功的金科玉律：世上沒有絕對的成功，因為如果這種絕對的成功是可以獲取的話，那麼必然就有比此更好的成功，因此，世上是沒有絕對的成功。

成功總是相對的：

相對於個人的天賦。

相對於個人所遇到的機遇。

相對於個人遇到的可提升的環境。

相對於個人的人際關係。

相對於個人對未來的態度。

對那些誠實努力，為了將來而利用這些因素的人，無論是在別人還是在他們自己眼中，他們都只是取得了相對的成功。

如果你現在閱讀三遍這段文字，以緩慢的語速去閱讀，並且認真思考上面這段成功的金科玉律，那麼你將開始了解相對成功的含義了。

這將涉及到本書的第二個目的：將你視為一個有生命的人，並且必然能夠取得成功，從相對成功的金科玉律中汲取鼓舞的力量。

從此，你可以發展你的成功情緒了。

但是，這種鼓舞絕對不是輕易就能獲取的。這也引出了本書的第三個目的：靈感。現在，你要面對幾個問題，這將讓你接受嚴格的考驗。

■ 成功方面的答問

第一個問題：你真的將個人已知的力量發揮到了極致嗎？

將這改革的精神投入你的成功情緒裡。

第二問題：到目前為止，你有沒有以最好的方式去抓住機會呢？

將這種改革的精神投入你的成功情緒裡。

第三個問題：你真的為了你的人際關係，為了你的妻子、丈夫、父母、孩子、鄰居、老闆、員工、俱樂部成員、教會或是聚會的朋友的和睦相處，做出過誠實的努力嗎？

將這種改革的精神投入到你的成功情緒裡。

第四個問題：為了更好地適應你所處的環境，你真的有做出過誠實的努力嗎？

對你來說，這是一種不幸還是一種挫折呢？你要重新振作，去不斷提升自己。先驅者們一開始遇到的環境都是一片荒野。但他勇於投入進去，最後他收穫的結果是 —— 一個美麗的農場。

要是一個人不能在現有的環境下創造出另一個不同的環境，那麼他怎麼知道自己能否取得成功呢？

將這種改革的精神投入到你的成功情緒裡。

我真誠地希望讀者朋友們能夠好好研讀這段文字，直到你們掌握了下面這一鐵律的重要含義：

第八個事實。對一個人在優越的環境下能否取得更大成就的唯一真正考驗，就是看他在糟糕的環境下能否取得有所成就。

第五個問題：就你所知，到目前為止，你是否每天都想著明天會有一個更好的自己呢？

將這種改革的精神投入到你的成功情緒裡。

如果你能面對這些問題，並且深刻領會這些問題的意義，那麼最後的結果肯定會給你帶來無盡的激勵。

現在，成功可能有了最終的定義了：所獲取的成就，綜合來進行思量，與個人天賦、機遇、環境、人際關係、對未來的想法有關，這些都會與最符合人利益的路線行進，所以這樣的成就在不同人看來，會有正面與負面的區別。

因此，我們準備寫下本書的第四個目的：即上面所說的，成功是每個人與生俱來的權利。這是從接下來的段落裡精簡過來的。我希望讀者朋友們都能夠擁有持久的成功心理狀態。

考驗你的提議

提議一：你最高的成就，取決於你能找到最適合自己的位置，並且身處在這個位置上。

提議二：因此，對你來說，絕對正確的方法就是懷著巨大的決心，努力地去發現這樣一個位置，並且將最好地利用眼前的優勢。

提議三：按照大自然的安排，每個人都天生都獲取成功的權利。成功並不是一份禮物，也不是宇宙向某些優等人做出的讓步，這是一種宇宙的權利，每個人都可以擁有。

第九個事實。成功的一些權利可能已經展現出來了，在每個例子中，我們都能發現一些限制，因此每個人都有下面這些與生俱來的權利 ——

良好健康的權利 —— 只要不是遺傳方面的傳染病或是天生體虛或是不可避免的接觸，那麼，這種權利就能讓我們最大限度地保持健康的身體。

心靈力量的權利 —— 只要我們不受制於遺傳的影響，不受惡劣環境或是不良健康的影響，我們就能擁有。

道德品格的力量 —— 只要我們的努力與責任相符合的時候，我們就能擁有。

經濟方面的力量 —— 只要我們有能力去賺錢、儲存金錢並且投資金錢，無論是否有良好的機會，我們都能做到。

收穫友誼的能力 —— 只要我們願意去接受別人，那麼這就有可能。

獲得地位的能力 —— 只要天賦與忠誠度足夠，就有可能得到。

獲得榮耀的能力 —— 只要我們遵循正義的要求去工作，就能獲得。

獲得快樂的能力 —— 只要真正的內在自我與外在的關係能夠處理得當，我們就會感到快樂。

獲得美好未來的能力 —— 只要我們現在為未來做好打算，就有這個可能。

這些句子都說明了所有成功權利的限制。

提議四：一方面，是能力與勤奮，機遇與環境之間，另一方面是責任

必須要在能力與勤奮之上，要擺在比個人自我更重要的位置上。將一些可能發生或是臨時發生的事情擺在一邊，因為這些事情都不具有決定性的。縱觀歷史，從長遠來看，能力與勤奮最後決定了一個人能否成功，而機遇與優越的環境所起的作用並不大。在對成功的定義中，克服前路的困難是必不可少的一項內容。

提議五：從長遠來說，一個人只要有中等天賦，就能透過忠誠的努力與改善環境來提升自己利用機會的能力。

提議六：在同樣的基礎下，從長遠來說，每個人都能最大限度地利用自己的環境，並且創造出一個全新的好環境，環境只是心靈的工廠而已。

提議七：每個人的權利是一項莊嚴的使命。

上面的提議都代表著成功的權利，有權利就有相應的責任。

現在，我們發現了鼓舞精神更為廣泛的基礎。

第十個事實。首先，所有的成功都是相對的。

第二，那些在現有條件下做到最好的人，就是成功的。

第三，絕對多數人都可以透過遵循上面所說的改革精神，取得應有的成就。

第四，每個人都有權利取得天賦賜予他的成就。這既是一種權利，也是對我們責任的一種考驗。

第五，每一種權利都代表著一種責任。

第六，每一種人類的權利都要求人具有相應的能力，都需要我們有相應的機會，當然前提是每個人都誠實地努力，做到最好。

第七，整個宇宙都充斥著力量，它們湧動著各種友善的力量，但每次卻只需要你付出等量的力量。

這也引出了本書的第五個目的：對個人權利不要有任何偏見。

　　第十一個事實。你可能錯誤地將你的欲望當成個人權利。下面就講述這些可能的錯誤。

　　1. 你完全有理由相信自己是健康的，無論你的祖先過著怎樣的生活。

　　事實不是這樣的，相對於你先輩們的生活，你完全可以憑藉自己的智慧，讓自己過得更好。

　　2. 你覺得自己有權利擁有心靈的力量，至少擁有這方面的某種能力，無論這是否有遺傳方面的因素。

　　不是這樣的，你只是有權利去將你天賦發揮到極致能力。

　　3. 你覺得自己有權利一出生就擁有健全的道德感。

　　不是這樣的，你只是有權利在你的先輩們的罪惡與錯誤的基礎上，去創造輝煌。

　　4. 你覺得自己有權利去累積足夠的財富，不比別人做的差。

　　不是這樣的，你只是有權利透過去做適合你的工作，去賺取金錢。

　　5. 你覺得友誼、地位、幸福與美好的未來，都是你個人的權利，不會比別人的差。

　　不是這樣的，這些的確是你的權利，但你必須要靠自己勤奮、誠實的努力去獲得，否則你什麼都不會獲得。

　　所以，我希望讀者能夠認真審視一下屬於你的權利，這個過程會讓你剔除之前很多錯誤的想法。

　　即便如此，這些話語並沒有讓人的權利顯得渺小，這只是讓這些權利變得更加明確與實用而已。

　　每個人都想自己的個性、社交與以太方面的權利比較優越一些。但這是一張權利，並不是源於一張自我利益的觀點，而是源於一種利他主義。要是一個人天生沒有這方面的潛能，他可能透過努力去獲取，但這對他的

生活卻是沒有什麼價值。單純就你而言，這種權利是比較抽象的。

在接下來段落的第二部分所講述到的權利裡，它們都是每個想要獲得生活中成功的人所需要做到的。

很多人感到不滿，是因為他們沒有像別人那樣取得應有的成就，這樣的邏輯暗示其實是相互的。

要麼他們沒有盡自己最大的努力，或者說，即便他們盡了最大的努力，但卻沒取得應有的成就，他們就會覺得責任像一種枷鎖，弄得他們無法動彈。

如果他們不去努力，那麼抱怨自己無法成功是根本靠不住的。

成功的責任與權利雙面性是絕對不會超越於個人的力量。失敗的祕密，如果真的是面對失敗的話，就只能存在於自我之中。

第十二個事實。本書的第六個寫作目的是，每一種權利都包含著一種責任。

你可能誤以為這些權利完全是你的優越感。

事物的本質說明了，任何一種權利都絕對不是天降的，絕對不存在天生聰穎之人，憑藉著自身天賦去實現自身權利的單純事情。一種權利是我們所居住的宇宙系統的本意。這個宇宙系統在努力實現其自身的本意，這種權利只是它表現終極發展的本意而已。它在設計著這一切，現有糾纏的事情或多或少都會讓它感到困惑或是迷茫 —— 但出於追求目標的本意去將一些權利賜給人類確實肯定的。如果人能試圖去擁有它們，就能對事情有更清晰的看法，並且取得巨大的成功。

第十三個事實。讓我們以冷靜的心態去看到下面這些事情。

1. 我們保持良好的健康或是揮霍自身力量，這些都完全是我們的選擇，而並不是所必然擁有的特權。良好的健康是一種權利，因此也是一種

責任，這受制於種種限制。

2. 擁有心靈力量或是教養，這並非是一種天賜的特權。每個人最大限度地發揮自身的心靈力量，這是一種普遍存在的責任。

3. 道德品格並不僅僅是一個選擇的問題，這是一種附加於生存上的責任。

要想在經濟方面取得成功，這並不僅僅是一種特權，這也是一種責任，與個人的能力存在著緊密的連繫。

4. 我們對友誼、地位、榮耀、幸福及美好的未來等事情所持的觀念上，這也同樣適用。

天賦、機遇、環境及人際關係，這些都不僅僅是一種特權，這是每個人與生俱來的權利，讓我們肩負起責任去最大限度地發揮自己。

這本書的第七個寫作目的就是：要對宇宙系統充滿信念。

第十四個事實。除非宇宙處於一片雜亂之中，否則它就會與某種方式，在某個時間為每一個真誠努力的靈魂提供足夠的資源，讓他們去實現上天賜給他們的責任。

因為宇宙的本意是存在的，因此，這種本意也存在於每個個體的人身上。

如果每個人都能讓人生的工作達到規定的高度，那麼宇宙就會賜給他本該獲得的成功。下面就將講述成功需要的因素。

成功的因素

第一個因素就是要相信本章所宣揚的成功哲學，成功是相對的。每個人都有取得相對成功的與生俱來的權利，別無其他。成功的程度也不僅僅

是一種特權，這是一種最為深沉的責任。宇宙法則保證，只要每個人能夠憑藉智慧與勇氣，最好地完成人生的工作，那麼他就必然能獲得成功。宇宙法則會讓每一位擁有誠實靈魂的人都能取得成功。這是真正的力量，所以我們必須要成為真正意義上的人。

第二個因素是身體的健康。

第三個因素是意志的力量。

第四個因素是敏捷。

第五個因素是忠誠。

第六個因素是榮耀。

第七個因素是希望。

第八個因素是勇氣。

第九個因素是自信。

第十個因素是腦力。

第十一個因素是對宇宙法則的信念。

第十二個因素是身體的磁性。

在成功者的身上，你總能看到兩種以上品質的集合。如果你擁有所有這些品質，那麼，無論從事任何職業，你必然都會取得成功。當然，在日常的生活細節方面，事實可能不是如此，因為你可能與另一位與你相當的人，或是在某方面能力特別強的人，他們擁有特殊的專長，要比你的能力更強。但從長遠來看，擁有這些品質能夠在某種程度上讓你變得完美，這也預示著成功。

能夠集合這些因素，並且都各方面因素都非常強大的人是非常罕見的，這樣的人可以說是現象級的。在筆者眼中，在人類歷史上，只有六個人的達到了這種級別的偉大與個人的影響力，他們分別是：荷馬（Homer)、摩西（Moses）、蘇格拉底（Socrates）、保羅（Paul）、基督（Jesus）與莎士比亞（Shakespeare）。

從某種程度上來說，每個人都擁有這樣的品質。

大多數人偶爾會擁有一些這方面的品質。

一些人可能只是週期性地擁有這方面的品質，但即便擁有，也未能全然地加以發揮。

絕大多數人都是想都沒有想過這些問題的，他們沒有想過要去全力培養這樣的品質，從沒有想過自己的身上竟然能完美地融合這些品質的可能性。

如果你認真細心地思考一下上面的名單，你就會發現，每一位智慧中等的人都有可能擁有上面所說的一些品質。每一種品質是否處於一種完美的狀態，這只是取決於個人天賦的限制。

第十五個事實。只要你忠誠地投入到人生的工作之中，那麼這種限制就不會那麼明顯。只要你勤奮努力地培養這些品質，那麼你必然能取得輝煌的成功，無論你原先擁有怎樣的天賦。

在現實生活，上面所說的限制因素其實只會變成兩種限制因素，一是意志力量，二是磁性。從最終的結果來思考，充滿能量的此習慣可以擁抱前者，因為一個人要是沒有意志力量，他是不可能充滿磁性的。雖然一個人可能擁有很強大的意志力量，但卻缺乏磁性。但不管怎樣，一個正確的意志都是具有磁性的，而完美的磁性也是正確的意志。

磁性

說到這裡，我們已經完成了對磁性的定義，雖然是部分的，還不是十分完整。

在這些章節裡提到的磁性，是一種個人的以太在移動的威力，這種移動能夠透過以太場進行傳送，吸引他們的主人有意識地朝你靠近，或是按照你的心願對你發散出積極的影響。磁性是由身體與精神狀態所影響的，無論在哪種方式下，這些都可以是天生或是後天習得的。這樣的磁性與之前談到的成功的十二種因素，就構成了成功的磁性。

絕大多數人都擁有一定程度的自然磁性。人生的成功證明了人是可以在後天獲得這種磁性的。無論一個人的磁性是源於生理或是精神上的，無論是天生還是後天的，這都是一個需要培養的問題，因為生理與精神方面的差異可能是天生的，或者說，他們可能都是後天習得的，因此可以說，這是不受限制的發展。

讓我們說的更仔細一些。磁性在生理與精神狀態及活動中表現出來。這種狀態與活動及表現形式可能是有意識的，也可能是當事人從未想過要實現某個目的所做出的無意識行為。當你擁有磁性做出了一種努力，當然，這個過程就是有意識的。當你故意透過遵循規律的準則去行事，執行這些方法，那麼你的磁性就會變成一種藝術。

這些方法與指向的活動要麼是生理上的，要麼是精神上的，但是結果都是一樣的，只是在產生低端影響與重要影響上產生差別──對那些人的身體或是靈魂產生不同的影響。一旦這些人獲得了最具價值與力量的磁性，他們就會強調更好的秩序，並且想著去教會世人高尚純真的藝術，讓他們永遠都不會感到遺憾。

單純的身體磁性所具有的價值並不大，它所具有的主要影響就是可能作為精神磁性的一個導體。精神磁性本身就受限於行動之中。無論精神磁性如何存在，身體磁性總是以某種方式存在著。精神磁性要想得到最大限度的發揮，就必須要求身體磁性完全自由地給予傳送。精神磁性的質量取決於當前身體所處於的狀態，因為身體的狀況越好，那麼你就越能培養個

人的磁性。磁性的因素在接下來的段落裡將會繼續談到。

在結束這一章的內容講述前，讓我們小結一下。

很多人的欲望在沒有遵循規律時取得成功。

成功的情緒 —— 培養成功的磁性，這些都只是唯一受控於法則。

要想實現任何規則的需求，就必須要有人朝這規則的方向前進。

現在，你應該明白，要想取得足夠的成功，你必須要願意為此堅持付出智慧的努力，才可能取得成功。如果這是你的決定，那麼你就要按照下面的章節所闡述的內容進行學習。

把你當成一個生命之人，相信自己必然能取得成功。

健康

人類的身體是充滿精力的，
這種散發出顫動的力量的精力
在呼喚著神祕，
這一切都在我體內發生。
人可以擁有健康的身體，
人可以擁有健康的心智與靈魂。
我深知那種顫動，那種神迷的感覺，
肉體包裹起的神經像海洋那樣洶湧，
我喝了一口空氣的海洋，
我的胸膛充盈了以太力量的海洋。
我懷著健康的歡樂，走到了古老的土地，
產生了和諧的境界。
我在平和的海浪裡闡揚，
我與我的同伴一道
不與任何人為敵，無論是活著的，還是死去的。

我不羨慕富人，我會幫助窮人。

我熱愛我的至親。

哦，我希望全世界的人都能擁有財富。

我與所有真理為伍。

如果這傷害了我的「系統」，這也是圖個方便而已。

如果我知道這只是象徵意義的，我會撕掉層層包裝，

最終露出本真，

在永恆的最後一天。

如果別人加以諷刺，並且不與我為伍，

那麼這就是真理的恩賜，

讓一顆靈魂雕琢出真理的影像，

不是所有真理我都知道，

但我會誓死忠於所知的真理。

—— 作者

第四章　健康的基礎

如果身體是健康的，
心靈是活躍的，
那麼你只需要
一顆忠誠的靈魂，
就能獲得國王的力量。

—— 作者

信條

據信，身體的重要力量就是一種電力，個人的磁性是可以透過身體功能的完整度及和諧性來進行衡量。

為了了解健康的磁性，你應該完全領悟這一章的信念。

讓我們首先提出這樣的問題：到底什麼才是身體？

第一個真相。身體展現出化學、電學及精神方面的重要力量。（據信，科學最終會支持這樣的觀點，因為人體絕對不是單純化學反應後的表現。）

這些力量在不斷地建構著身體的組織，從最簡單的形式到較為複雜的形態，讓這些肌肉組織能為人體提供力量。這個身體組織建構的過程就是一個儲藏身體能量的過程。

第二個真相。富於生命的組織體系所帶來的基本意義就是，當組織體系達到了複雜的限度，那麼它的穩定性或是平衡度就隨時會因為各種行動所打破。行動本身會釋放身體的能量。身體機體單純儲藏的能量要麼得到更新，要麼被代謝掉了。

有關於身體健康的狀態，這裡還有第三個真相。

首先，身體透過複雜的機能運作來自由地儲藏能量。

其次，讓身體機能保持足夠的能量，不會出現過度消耗身體能量的情況。

第三，在釋放的力量的質量及運用力量的方式上，都要讓被消耗的能量處在最低的狀態。

第四，在儲藏能量的過程中，也是消耗能量最有效的過程。比方說，運動能夠消耗能量。過度的運動可能會給身體帶來不良的影響，可能在某種程度會刺激（不是消耗）身體已經儲存的能量，因此需要讓身體吸收新

的能量。透過利用能量吸收的剩餘能量就是身體正常執行的產物。對這些能量的積極運用，都能讓身體保持健康。

第四個真相，心靈的因素在涉及到建構與保持身體健康方面也擁有不可忽視的作用。身體並不單純是釋放體能力量。在身體力量的磁場範圍內，非物質的自我也是占據相當重要的部分。

自我透過宇宙的生命力量來建構身體，自我——無論是潛意識還是有意識的——都會讓身體在釋放宇宙的生命力量過程中展現出品格。所以，我希望讀者能夠透過你身邊的人去發現這個事實。我們都活著各種力量的海洋中，每個人的身體都會散發出各種力量，最後在別人的身體上得到展現或是以物質的形式呈現出來。但是自我對外來湧來的力量有一種操控的能力，可以認真甄別這些力量，所以，每個身體真正重要的品格，都是數以百萬計不同個體疊加後所產生的結果。

第五個真相。身體是一種物質形式呈現出來的，透過身體，宇宙力量能夠時刻地湧進人體。但是，這種宇宙力量的湧進並不像空氣穿過漏勺那樣子，而是更像氣態的原子穿過一把火焰。這種湧進的過程讓身體能存活下來。透過身體的物質形態，宇宙力量能夠找到它最高的物質形態。但是，不用多久，這種力量就會達到高潮，無法持續地支撐這種不穩定的平穩，失去了讓他們繼續以物質形態存活的力量，最後以化學反應、電學力量、情感衝到意志導向或是心靈的思想等方式失去了物質的力量。身體其實是一個電波場，只要他還存在，那麼他的物質就會分解。從最終的分析來看，他是處在時刻變化的過程中。這是一個無可爭議的事實，但即便是這個事實，也會隨著時刻的變化而處於變化。只要宇宙力量繼續湧進身體的磁場，讓身體得以繼續以物質形態存在，那麼人就能繼續活著。當宇宙力量不復存在的時候，那麼重要的宇宙法則就會消失，低等的力量就會開始它們的毀滅工作。

　　所以說，身體的健康是指身體的狀態在宇宙力量的作用之下，保持自身處於一種平衡狀態，並且將這種狀態展現出來。

　　第六個真相，在健康不佳的身體上，我們可以看到這種平衡是不穩定的，時刻都有可能朝一端傾倒，外來湧進的力量在不斷干預著這個平衡的過程，所以，他們只能部分處於停頓的狀態，部分身體功能無法正常地運作，這通常是因為缺乏力量，身體內部出現了紊亂，諸如倦怠、壓力與痛苦等心態已經影響到了健康。這樣的症狀是用來告知每個人的自我，讓他明白，他必須要適應一套全新的養生法，重新恢復身體的健康。

　　在內心感到舒適、歡樂、自在與充滿力量的時候，這種平衡就通常顯示出身體處於健康狀態。

　　讓我們更深入一點去研究這個問題。

　　第七個真相。以太的物質充溢在身體的每個原子裡，這種物質很有可能就是體內機體與宇宙力量進行銜接的唯一物質。當宇宙力量處於一種平衡狀態，那麼身體就會處於一種健康狀態，以太就能自由、輕鬆、迅速地移動，以更好地應對外來湧進的力量。

　　身體功能的每一個運動，每一次外在的行動，每一個內在的反應，情感變化、心理變化或是意志的改變等等，都會在以太中產生顫動。但是，心靈或是身體的每一次運動，反之也會瀰漫於以太之中。每個人的行為都會造成一種結果，給以太造成一定程度的打擾。

　　第八個真相。顯然在處於健康狀態下，所有身體的運動都必須要與內部所有機能處於一種和諧狀態，與宇宙力量處於一種和諧狀態。

　　這是身體健康與生理平衡度處於完美和諧的表現。

　　身體的健康會自然流露出來，並且會有節奏地對身體內在充斥的以太產生顫動。

第九個真相。我們在進一步討論這個問題。我們已經知道，以太有節奏的顫動是建立在身體磁性的基礎之上。這種有節奏的顫動能夠對周圍的以太空間產生顫動，當其他人的身體都處於敏感或是一種易於接受的狀態——也就是說，身體能夠接受外在相同曾度的以太顫動——這樣的話，接收者就能意識到這種積極的感官，感受到這種外在的吸引，但前提是以太空間的運動不會出現反覆，讓人困惑是在傳送的過程中被打斷。

如果兩個人沒有處於一種「和諧」狀態，那麼這種影響就會變得消極與排外，這些結果可能對某個人或是雙方都會產生影響。

第十個真相。世上是存在最低等的身體磁性的，但是，身體磁性取決於它的數量，部分使用在它的力量，在於身體所能接受到的有節奏顫動的強度。這種接收的強度與質量取決於身體的品格，這反過來又取決於自我的品格。

因此，世上沒有純然的身體磁性，這種磁性總是或多或少地與內在的自我有關係。

第十一個真相。身體磁性的有效性取決於它對最高目標的調整能力及適應性。心靈的品格不僅是一個決定性的因素，而且它的動機與態度也對發揮身體磁性具有不可估量的作用。

第十二個真相。此時，我們可以發現這樣一個事實：在運用身體磁性的過程中提升個人的目的，這必然會讓以太顫動的力量得到淨化、提升其存在的力量，並且增強這種力量。

生命的法則就在於和諧，生命的每個階段都自有其規律，這只能透過和諧的生命運動得到展現，身體就是實現自我的一種工具。如果身體處於完好的狀態，如果自我能夠徹底地掌控身體，如果自我能夠與自身最高的目標處於和諧狀態，那麼，身體磁性累積起來的顫動就會處於和諧狀態，相互之間不會產生敵對或是困惑的狀態，從而獲得了更為高階的力量。這

就像大海中所有的海洋，自由地朝著一個方向前進，最後形成了一個巨大的浪潮。

第十三個真相。我們現在可以自信地肯定一點，那就是身體的健康是身體磁性的基礎，因此要是我們認真考慮一下後者的話，就會發現身體磁性其實是處於次等的位置，相對來說價值不大。所以，最高形式的磁性力量必然是源於健康的身體、發展的心智與高尚的人生目標等方面的集合。

身體的健康本身或多或少都會散發出磁性，正如身體是我們散發出磁性魅力的物質基礎或是工具，所以，保持身體的健康，是我們最需要關心的問題，這也是取得最大限度的成功的基本保障。

現在，我希望讀者能在心底記住下面這段最基本的原則：

身體健康就是展現宇宙力量發揮作用的最佳的物質表現形式，身體的品格是由此人心靈品格所決定的。

這種物質展現的形式只有在完全遵循法則的情況下，你才能實現自己的利益。

這本書無法事無鉅細地討論有關健康的基本面，但還是會談到一些重要的原則。下面這些話都是建議性的，而絕非指引性的。如果你真的想要追求身體的磁性，你就要按照你人生的實際情況去踐行下面的這些格言。

健康的格言

第一點，睡眠。早睡，保持充足的睡眠，夜晚自然會帶給你足夠的創造力。

第二點，休息。白天要注意休息，要注意透過體能訓練來調節自己，恢復身體的平衡。

第三點，食物。食物的價值在於它的種類與多樣性，透過咀嚼食物能夠給我們營養與樂趣。

那些暴飲暴食的人，其實消化不了多少。人的胃口跟消化能力有關，消化能力永遠在控制著我們的食慾。如果說胃口與消化能力是一對雙胞胎運動員，那麼工作就是唯一的救世主。要是聰明人不動腦筋，那麼他的大腦也會生鏽。

第四點，保持大腦與身體的平衡。過度用腦會讓大腦衰竭，暴飲暴食會讓人有豬一般的大腦。這兩者都會體內的血液走向極端。

第五點，空氣。純淨的空氣是身體健康的基本。透過鼻孔呼吸，透過嘴巴來進行演說。深淺呼吸的習慣能讓我們活得很長壽。習慣深呼吸與保持清醒頭腦的人，一般都擁有熱情的心。睡眠時，讓臥室保持清新的空氣，就像在健康上畫了一朵玫瑰。吹過臉龐的三分鐘熱風可能被我們吸進去，但人體其實已經迅速進行了一系列反應了。

第六點，水。要是我們不關心喝水的狀況，就可能導致人體失去重要的能量。我們必須要注意水溫，因為這直接跟我們的健康有關。

為什麼要讓胃部忍受忽冷忽熱的水源呢？你又不能喝水飽。

為什麼要讓冰水刺痛胃部呢？你又無法留住胃部裡的冰水。

口中的唾液與可以有助於消化的果汁從來不會讓你感到飢渴。

第七點，注意身體的器官。下垂的腹部會讓人未老先衰，但如果身體的器官能夠處於正常的位置，那麼身體也會變得挺拔。健康、美麗與挺拔的身軀，會讓人肅然起敬。

第八點，清潔與洗浴。身體內部的乾淨有助於清除藥物及疾病，一個人要是腹部裡堆滿了各種垃圾食物，那麼他的身體是很難處於健康的狀態。熱水澡會讓你的身體磁性消失殆盡，熱水澡有助於身體的清潔，但這

需要時間。用清新的水源進行清洗，然後迅速用涼水進行摩擦，最後用雙手抹乾，這會讓洗澡變成一種享受。

早晨起來的時候，就可以嘗試深呼吸、肌肉緊縮，鍛鍊堅強的意志，洗一下冷水澡，這會讓你這一天都充滿精力。腳步洗浴，深呼吸，肌肉伸縮與讓身體完全沉浸在睡眠當中，這會讓你獲得強大的力量。

第九點，陽光。在冬天的時候，你可以面對陽光，在夏天的時候，最好還是在半掩的狀態下感受陽光，陽光的射線會讓身體充滿了電力般的能量。

如果你住的地方缺乏陽光，搬到另一個有陽光的地方。如果你想要感受陽光的魅力，就要睡在陽光能將你照醒的地方，迎接這一天的到來。

第十點，娛樂。娛樂的好處在於能夠激發人的靈感，讓壓抑的神經得到釋放，這能讓我們具有全新的創造力，而不會破壞原先的能力。

真正的娛樂就像是健康的侍女，要是讓原本已經疲憊不堪的神經繼續緊繃下去，這無異於另一種自殺。過度工作的危害性要少於過度娛樂，當然這兩者都是有危害的。

第十一點，鍛鍊。當心靈隨著血液一起流動時，血液的運作是最順暢的。要是心智不在狀態的話，就要集中精神與肌肉，但如果自我能夠發揮作用的話，那麼這種磁性將會顯得十分神奇。

正是這種持續有規律的鍛鍊，才讓心智慧夠更好地適應身體的肌肉。暴飲暴食會讓食物失去原有的價值。那些在吃飯時，喜歡爭論的人，是絕對不會想到，吃進肚子裡的食物對他所具有的價值。

第十二點，藥物。如果人沒有藥物就無法存活的話，那麼人本來就不該出現在這個世界上，因為這樣的人也太脆弱了。醫生要是只給我們建議的話，他就是我們的朋友，如果他給我們開藥的話，那麼他就是一位賭徒。

真希望每一個人都能明白這一高等的智慧。真正的醫生只有在你真正需要的時候，才能真正地幫助你，他的存在絕對不應該是一種奢侈。因此，平時絕對要少與醫生打交道，只有在緊急情況下，你才需要醫生。真正成功的醫生是不會邀功的，相反他會在開處方的時候，用自己的意志、希望與勇氣去審視病情。如果你不能讓你的信念加上理智的話，那麼你還是放棄這種信念吧。

請你注意！牴觸科學的宗教是缺乏信仰的。那些在不需要醫生的幫助下，欺騙死神的人是非常快樂的。那些有能力、有榮耀與個人智慧的醫生也會非常快樂地說：「如果你違背了自然法則，誰也救不了你。」

第十三點，性力的力量。要好好儲存性力，這將有助於建造高尚的宮殿。揮霍掉的性力會對你的信念造成毀滅性的打擊。沒有任何信仰支撐的性力，不管是儲存下來的還是被浪費掉的，都會匍匐在你身上，讓無法抬頭。

要是有高尚的心靈，再加上高尚的目標的性力，就能創造出美感與勝利的人生。性力是不可能處於消極狀態的，它是與眾不同的，所以它必須要保持嚴格的獨立性。

第十四點，浪費。缺乏意志控制的移動，氾濫的情感，或是走馬看花的行為，都會損害磁性的顫動，就好比揮霍者讓一大筆財富消失不見一樣。

第十五點，情感。陰鬱的情感是身體與靈魂的毒藥。讓人愉悅與振奮的情感總是讓人感到舒適，擁有這樣情感的人也能隨時有能力給予別人幫助。

第十六點，思想。回首過去能讓你微微一笑，想像著未來的美好會讓你爽聲大笑，摯愛真理與理智的直覺能讓你面對黑暗，如果你的心靈是正確的，那麼意志就自然會引領你向前，讓你處於最佳的健康狀態。

心靈的健康要比身體的健康更加重要，如果如果你能讓這兩者保持一致的話，那麼你就可以毫無畏懼地面對這個世界了。

結語

現在，如果你的人生已經擁有了上面所說的這些因素，那麼磁性的健康就是你可以實現的。良好的健康本身就是以太顫動海洋的一種表現，也是身體力量的展現，因此，這必然在某種程度上也會展現出磁性。

但是，這種磁性的有效性在相當程度上，取決於建造與保持這種磁性的方式上。公牛擁有健壯的身體，但牠卻缺乏磁性。阿拉伯種馬雖然不是很健壯，卻能服從牠的主人，這讓牠顯得很有磁性。

健康身體所具有的這種磁性與吸引人的力量，就是遵循希望的精神與磁性的意志之後，所帶來的一種結果。

希望能夠帶來勇氣，讓我們的心智與身體都能充滿力量。希望能夠讓身心處於一種和諧狀態，增強我們內在以太的力量，讓我們能夠與外在的顫動處於一種和諧狀態。

磁性的意志心靈想要表達出的一種力量，並且要更好地獲得這種磁性的力量。

如果你能遵循上面所說的健康法則，並且進行一週的意志訓練，加上富於智慧的心靈狀態，那麼你就能吸引磁性的力量，你將發現讓你身體充滿魅力的祕密所在。

換言之，身體的健康狀態有助於身體力量的發揮，特別是當身體處在一種敏捷與充滿力量的狀態下（這不是一種暴烈，也不是一種外在手勢的表現形式），這能讓你在做出決定的時候充滿磁性，讓你心態更趨於期望值。這些態度可能是持久的，很快就會成為你潛意識中的一種習慣，但前

提是你要耗費一段時間去適應這個過程。

遵循健康法則能夠給予宇宙生命力量法則一個絕好的機會，讓這種力量流向身體的物質磁場。這種磁性的健康態度、敏捷度、富於魅力的意志與能量，都會在整個磁場中造成有節奏的以太顫動。這種節奏是內在微妙的和諧，一切都源於遵循了法則，進而讓宇宙力量中最有價值的部分都流向了你。個人的品格 —— 無論是粗野還是精緻，高尚還是低俗，一無所知還是富於教養，無論是處於怎樣的狀況 —— 這都將決定磁性態度的質量與強度，因此，所有的磁性回應與內在以太力量的反應與功能移動都以此緊密連繫。

在每一位觀察細緻的人眼中，這些事實都是淺顯易懂的。只有無知之人才會懷疑這些事實。

現在，我希望讀者能夠重新閱讀並且思考這一章的內容，讓你的精神處於高度集中的狀態，知道你確信自己完全吸收了其中最深層的意義，並且能夠自覺地將這些內容運用到保持健康的生活中。這對於你擁有磁性力量是至關重要的，因為這些因素是你獲得身體磁性的最為基礎，最為重要的基礎。

每週一次，持續三個月，堅持閱讀下面這段關於磁性的重要法則，你將大有收穫。

健康的身體是展現宇宙力量的最佳表現形式，這種表現形式只有在身體與健康法則處於高度和諧狀態下，才能獲得。身體的品格是由精神的品格所決定的，而精神品格的價值又是取決於個人的心靈的敏捷程度、內在能量、希望與磁性的意志期望，最後在按照你投入到生活中的動機與目的，決定你的人生能否處於巔峰。

一把千根弦的豎琴

城堡的兩座高塔之間，

下面有一個海灘，海浪洶湧。

阿埃利翁的巨大豎琴，在天國裡奏響！

如果山丘在沉睡，沐浴在陽光之下，

那麼，悠揚的樂聲就無法聽到。

但是，嘆息聲、呼吸聲、尖叫聲與抱怨聲

在相互顫動與湧動，洪亮的歌聲顯得那麼和諧。

天國的美感在相互交錯，

龐大的豎琴發出沙沙聲，迎合著狂野的風，

無形的手指在撥過豎琴的琴弦。

心靈如鬼魅般的沉寂狀態讓人覺得平和，

拒絕這個世界的以樹立了，拒絕人的歌唱天賦。

只有生命的狂野之風能夠穿透，

讓潛藏在深處的自我在低聲訴說，

傾聽一下吧！所有的外在力量都處於和諧狀態！

靈魂的紛爭之聲依然消失，

心靈的海岸響起了琴聲。

如果柔和的風吹過，

就能與外在的聲音打掉，天國的樂音

不比凡人的歌聲更加神聖，不比任何會彈奏豎琴

的女人撥動的千根琴弦的豎琴更加動聽！

—— 作者

第五章　磁性的意志

任何道路都無法通向自由，
我們要燙出自己的道路，
越過原野，跨越海洋，
數十年如一日，或是只有一日，
道路越發險阻，戰爭越發慘烈，
死神是那麼的接近，
但我們無所畏懼，從一個星球到另一個星球，
最後終於找到了自由。

—— 作者

信條

正確的意志能讓以太顫動變得充滿磁性。

最高層次的意志力並不是野蠻式的決心，後者只不過是意志單純的力量展現，而單純的力量是永遠都不可能取得勝利的。

具有統治性的意志讓人具有磁性的品質。這並不要求人去順服什麼，而能獲得別人的合作。

老虎、職業拳擊手，（Napoleon）式的人物都給人一種勇猛的印象。具有磁性意志的人能夠取得更大程度的成功，因為他們能夠贏得敵人的心。

磁性的意志能夠讓人贏得友誼。

磁性的意志能夠讓人更好地操控環境，讓人與環境和諧相處，改善所處的環境。

磁性的意志能讓你透過獲得自由，取得更大的成就。

野蠻的意志會比建構更快的速度將你摧毀。

讓我們好好研究一下吧。

真正的意志力量是一種磁性波 —— 這是一張數以百萬計磁性顫動 —— 從心靈的電池出發，經過肉體與以太，進入其他人的身體與大腦指著，這個傳送過程是悄然無聲的，非常持續，沒有發生任何的紛爭、不和諧或是警報，直到這些接收者的想法與傳送這種磁性波的人保持一樣的想法。這種和諧狀態沒有出現任何的不和諧狀態。這種影響的主體也能感受到你的意志、你的想法與目的。因為他跟隨你的意願，他最後也會覺得自己應該這樣做，並且覺得自己必須要這樣做，去做你想要去做的事情，並覺得這是為了自身的幸福與利益。這段話可以引出：

意志力量的最高價值

1. 首要因素就是心靈的電池要正常運作。

2. 第二個因素就是以太的波動狀況，讓此人的身體散發出磁性波，透過以太空間進入接收者的身體與大腦之中。

3. 第三個因素，就是這種以太波動要有持續性，這種難以計數的波動要一波接著一波，並且要迅速，讓接收者能持續地接受。

4. 第四個因素，就是力量軟化的磁性波、橫向運動或是讓人困惑的反應都要盡量減少。

因此，磁性的意志是：a. 具有強烈的衝動性；b. 在運動中具有顫動性；c. 在釋放磁性波的過程中具有持續性；d. 其主體的品格是單一的。

用日常的語言來說，這段分析讓我們明白強大的自主性：a. 具有說服性的自主行動；b. 堅持性；c. 動機與目的之間的和諧性。

做到這幾點，才有可能擁有磁性的意志。

一些人經過人生的苦難磨礪後，掌握了這樣的能力。本章說的內容是無法代替人生閱歷的作用，但這能讓你更好利用機會去實現這個目標。

如果你對上面的內容已經非常了解，那麼你可以遵循下面的做法。

磁性意志力的培養方法

方法一：早晨的決心。在你開始一天的工作前，到某個安靜的地方，讓心靈與身體都處於一種完全安靜的狀態，但心靈要保持清醒，不要在身體上有所展現，不斷地重複這段話，直到你的心靈完全被這段話所占據：

「我下定決心，一定要擁有這樣的磁性意志。」

　　請記住，在重複的過程中，這些因素──強大的以太衝動力量，外在的顫動、持續的波動與他們的品格聯合在一起。在早晨暗自下定決心，這樣的做法要連續幾天。這種方法很簡單，只需要你每天耗費幾分鐘而已。

　　方法二：能量鍛鍊。這可以在任何時候進行。你完全可以忽視你所處的周邊環境，你可以挺直身子，接連進行幾次深呼吸，喚醒你體內的一股能量。

　　這種感覺可以用下面的文字進行描述：假設你現在正準備進行一項身體壯舉，你已經準備好了，你整個人處在一種整裝待發的狀態，那麼你的力量就會立即激發起來。你會感覺你的意志能量達到最高點，你的內心態度會這樣說：「我能夠走到，我能做到這件事情。」在這樣的情況下，你的肌肉可能處於一種緊繃狀態，但在進行這種鍛鍊的時候，你的肌肉是不會處在一種緊繃狀態的。就你的身體而言，你可以在心底保持冷靜，外在表現出一動不動，但你整個人卻是在進行心靈與身體能量的充電。

　　仔細觀察下面的狀況，在心底認真重複幾次，你就會感覺到內心的能量，記住這些語句：

　　「我能夠做到，我能夠做到眼前的事情。」

　　記得讓自己保持絕對的冷靜與內在的自我控制，在一天的時間裡不斷重複這樣的句子。

　　方法三：勞動的重要性。在所有的體力勞動過程中保持心靈的活動。如果你的工作需要你去用腦，那麼你就要全身心地投入進去。如果你需要投入主觀的注意力，即便是部分注意力或是某個時段需要這樣的注意力，那麼你都要盡可能地讓做到最好，去實現你的目標。在一種機械式的勞動中，你的心靈在想著什麼呢？是陷入到無盡的空虛之中？還是漫無目的地到處閒逛呢？在這些愚蠢的時刻裡──比如在掃地、進行鍛鍊或是開車

等時候 ── 你可以透過讓心靈專注於某一個方面或是有意識地想著如何解決某個問題，去培養自己意志的能力。

在運用心靈的過程中，記得時刻讓心靈與思想保持意志冷靜的狀態。

「透過對腦力的培養，我能夠獲得磁性的意志。」

方法四：自我控制能力的成長。在所有的機械運動裡，身體與每一種不自覺的力量都應該受到意識的控制。這並不是說，身體的每個舉動都必須要一定要是有意識的，而是深思熟慮、做事流暢與節約的方法應該慢慢地掌握，這就會變成你的第二天性。

你可以看到，這樣的情況在熟練的電報工、熟練的打字工人、排字工人還有音樂大師的身上看到。他們在做這些工作的時候，都沒有失去自己的心智，而是牢牢地控制住內心的想法，這種潛意識的想法能夠讓他們以忠誠的態度將手中的工作做好。

如果說，有時候這樣的自我控制是有意識的，那麼這就相對容易一些，無論實現經過多少思考、做事都麼迅速，多麼留意事情的發展，或是事情有多麼複雜，都會讓你覺得不是那麼困難。

這些原則在涉及到智慧的活動上同樣適用。在這點上，你需要注意以下三點。

1. 心靈無法專注，漫無目的的行為必須要加快消除。

2. 整個心靈必須要全身心投入到當前的工作中去。

3. 這種受控制能量的感覺必須要充溢在你專注的時候。

這些都不是那麼容易做到的，但對那些決心想要擁有磁性意志的人來說，也不會是那麼難。

可以肯定的是，這些因素會讓你在智慧方面發展磁性意志，而在生活中心靈控制的法則也將在大腦中發展出一種節奏與力量，使之與心靈力量

處於一種完全和諧的狀態。

現在，如果我們說上述所說的能量感覺是潛藏在自我控制的背後，那麼，你必將在工作中能夠找到這種磁性的掌握。

你可以在心底默唸這樣的話語，能讓你驅趕其他的雜念：

「我是身體每塊肌肉與每個功能的控制者！」

方法五：控制衝動。即便是身體無意識的行動與心靈不專注的行為，都會對神經系統及心靈活力造成損害，這些缺乏思想與過度的衝動會對心靈造成相當程度的衝擊。在有關衝動無度的例子裡，我們都能看到被浪費掉的能量。所以，我們必須要克服這樣不良的習慣，因為這不可避免地會讓我們失去個人的節奏與力量。

你能掌握這種節奏 —— 在某種程度上，你能夠控制這樣行為的頻率。在一些人說話的時候，有些聲音的抑揚頓挫讓人覺得耳朵很舒服，不自禁地吸引了我們。你可以看到一些人優雅的姿態，他們顯得很從容，身上散發出一種氣質的力量，那種微妙的東西讓所有人都為之傾倒。你能感覺到這種微妙東西的存在：這說明那人的身心處於一種和諧狀態，與周圍的環境處於一種相容的狀態。

笨拙的行動、尷尬的舉止或是衝動的行為，是每個人都會做出來的。最為重要的是，我們的決心必須要在行動的過程中慢慢培養，在這個過程中，我們不需去擔心，故意思考接下來的結果 —— 所有這些都會引起以太空間產生紛爭或是停頓，讓你陷入無盡的困擾，這對你獲得磁性意志是有害的。

但是，我並不是要宣揚愚蠢的笨拙，過分的猶豫不決或是矯飾的姿勢，也沒有對過度保守給予支持。我們應該這樣做：做事的時候要專心，否則不要有雜念，除非你能發現有一個更好的理由去否定自己之前的理

由。在所有的行動中，讓你的意志控制你的衝動，這一切都是為了讓你獲得磁性的意志。

此時，你可以在心底默唸這句話驅除雜念：「無論在任何情況下，我都是自身衝動的控制者。」

方法六：努力的理想。這是一張雙重情緒的產物：內在能量與想要達成目標之間的結合。

如果你長久地擁有這兩種情緒的話，那麼你就能在任何情況下都能做到最好。

有時，努力的質量會成為磁性意志最重要的因素，因為志願可以被看做是你將要取得的成功最重要的預言者。

你們可以用這句話來激勵自己：我要全身心投入到這項工作中去，這樣我就能擁有磁性的意志。

方法七：計畫的價值。絕大多數人都是在缺乏明確目標的情況下生活。

很多人只是隨波逐流。當他們「決定」了某事之後，通常也還是會隨波逐流。如果他們不去做出這樣的決定，那麼他們就更容易隨波逐流。

所以，我們要真正下定決心，去讓某個明確的目標變得充滿動力 —— 也就是說，要經過深思熟慮地去選擇 —— 這種心理活動其實並不常見。

雖然，你可能並不是上面所說的這一類型，讓我們先暫停一下。

你覺得，人生的成功，首先要有一個目標。要想實現目標，就必須要有智慧與持久的努力。缺乏計畫的努力是不可能讓人擁有智慧的。一個人不可能在無法預知未來的情況下，繼續選擇堅持。對一個下定決心去做的目標的預測，這就是一種計畫。

但要是沒有認真考慮每一步的細節，就去預測一個渴望的目標，那麼這只是一種猜測。很多人其實都是在猜測，但他們覺得自己是在計畫。

對某個下定決心去做的目標預測，並且想好每一步的細節，這才算得上有智慧的計畫。

只有深思熟慮與富於智慧的思考的計畫，才能具有價值。在散發出磁性魅力的人身上，你必然能夠發現這種魅力。

在成功的人生裡，深思熟慮的計畫只是展現了一種養成的習慣。

現在，我們可以明白，計畫的價值就是為了更好地養成做計畫的習慣。所以，我希望讀者能做到以下幾點：

第一點：你盡可能地在早晨做計畫，或是在晚上計劃第二天的任務，也可以在一天的某個時段做出計畫，或是直接為接下來的一個月做好計畫。當做好計畫後，你應該堅定地執行。在執行的過程中，這帶給你的好處是我所無法詳盡的。但是，一個月的堅持訓練，應該能讓你明白其中的價值。

第二點，為某項特殊的任務做好計畫，無論是體力勞動還是腦力勞動，或是娛樂活動等。如果你已經養成了這樣的習慣，那麼你就不需要過分關注這方面了。

第三點，為你的人生制定一個明確的觀點，想好哪些是比較重要且遙遠的目標，要細心地做好計畫，果斷地執行，那麼你就能透過這種磁性的方法去實現你的目標。

第四點，與此同時，你要時刻牢記本章所闡述的內容，那就是記得培養磁性的意志。你可以透過經常重複下面這句話來幫助你做到：

「注重細節、深思熟慮的計畫能讓我的未來擁有磁性的力量。」

方法八：磁性的連繫。無論是與誰打交道，記得要有始終保持磁效能量的意識。將可控的情感能量與願望都融入你的眼神、說話的口音以及雙手上。

與此同時，在抵抗不良的影響時，你要透過這樣的心理暗示：「我的心靈能夠阻擋所有不良的影響。」繼續保持友善待人。你完全可以做到不卑不亢，有禮有節地對待別人，同時不以犧牲自身的觀點為代價，因為你能為了目標去控制自己的衝動與欲望。你的眼中始終有那個終極的目標，所以你能在心底默默地對自己說：「我能夠讓我的心靈取得成功。」

這個方法是非常實用的。這幾乎涉及到每個人的磁性問題，適用於人生大部分的問題。如果你能夠持久地運用，那麼這將徹底改變你的人生。

方法九：磁性的面具。磁性的成功通常要求你關閉其他幾扇門。這種面具包括四方面。

A. 始終不變的禮貌。

B. 在思想或是言語上，絕對不對別人進行毫無必要或是不公正的指責。

C. 保持緘默。

D. 用平靜的表情去掩藏內心的想法。

請你記住這四點！磁性的面具絕不會長時間掩蓋你內心不誠實的想法。你不誠實的想法最終會顯露出來，讓你失去磁性。

請你記住！磁性面具的價值在於它與道德正直方面的聯合。

請你記住！單純的權宜之計絕對沒有任何磁性可言。

你展現出尊重別人，禮貌與友好，但並不流露出你的真實想法，這其實也會隱藏你的磁性意志力。

這個方法本身就具有無可比擬的價值。你可以在實用中更好地嘗試，試著去培養，掌握將個人隱私的面具放在一邊的能力，然後記錄下來這樣做的結果。

你會逐漸掌握完美控制自身以太顫動的方法，然後可以隨時控制或是

傳送這種磁性。

此時，你需要牢記這句話：「我能控制所有內在的衝動，不讓它們流露出來。」

方法十：磁性的意志態度。態度是一種對事物、一種行為或是一種狀態的思想或是情感，透過心理或是身體活動展現出來。一般來說，我們有兩種方法去實現一個目標或是去影響一個人，每一種方法都需要我們有特殊的心理態度。這些心理態度可以用下面的話去闡述：首先，我們要對某個目標抱有堅強的信念。第二點，我們的決心不要過於古板，讓心靈處於更為友善與充滿勝利的狀態，那麼流露出來的情感將是可以控制，並且能夠吸引別人的。其中一種態度可能會是這樣的：「我一定能做到這件事情，不管發生什麼事，我都要憑藉自己的努力去強制這些人接受我的思想。」這樣的心理態度就是缺乏磁性的。這樣的心態會向以太傳送著充滿暴力與反叛的顫動，最終會對自我造成很大的傷害。另一種心理態度則是這樣的「我下定決心，在不打擾自身心靈的平靜或是招致別人反感的情況下，我決心去吸引這個人去幫助我實現這個目標。」這就是富於磁性的表現，因為這能夠讓以太顫動處於一種和諧狀態，無論對自我還是對別人來說，這都是如此。

首先，讀者朋友們應該去分析你的意志態度，發現其中的磁性或是非磁性的因素。如果在這個檢視的過程中，你發現這些意志態度伴隨著一些對你不利的心理態度，或是你發現這可能對別人不利。如果你始終沒有發現的話，那麼這將讓你無法擁有磁性的意志態度，只會招致別人的反感。

第二，我希望讀者們能夠透過細心與實踐，去培養意志持久的心理態度，讓你能夠願意接受其他人。雖然你已經定下了自己的目標，但你需要讓別人明白，讓他們參與進來，也是符合他們利益的。到時候，你的心理態度就會與自我處於一種和諧狀態。

第三，最後我要說，這樣積極的情感能夠讓你透過以太向無生命的物體傳送一種和諧的訊號，讓你的行動更為順暢，更好地控制事情的發展。此時，你需要牢記這句話：「我能夠在沒有戰爭、摩擦的情況下，讓靈魂與外在世界保持一種和諧狀態。」

方法十一：遠離惱怒。真正具有磁性意志的人一般都擁有長遠的目光。他們永遠不會忘記更為遠大的目標。他們會讓自己保持完美的吸引力，在心底始終堅持那個遙遠的目標。這種堅持是一種高尚的藝術，這能夠讓你明白這種方法的本質，那就是拋棄所有讓你惱怒的東西，遠離所有失敗的感覺。獲取這種藝術的方法可以參照下面：

1. 讓你的內心充盈著一種個人的尊嚴（不是在外在的僵硬），因為你過於重視內心的遠大目標，所以你無法注視眼前的一些無聊的衝動。你要牢牢抓住這種磁性的態度，不讓任何事情打擾你的自我。

2. 培養一種將生活中糟糕的事情變成幽默快樂之事的能力。讓靈魂的發射中心始終保持微笑。

3. 培養一種對小事的冷漠態度，因為你個人的優越程度不止這些。

4. 在面對惱怒的情況下，記住在心底時刻提醒自己：「經歷這些事情，對我來說真是一種榮幸啊！」

此時，你可以牢記下面這句話：「面對所有的困難，我都以平靜的微笑或是歡樂的笑聲去面對。」

方法十二：想像的鍛鍊。我希望讀者能夠在日常生活運用這樣的心理鍛鍊方法。我們這裡談的不是肌肉鍛鍊的方法，而是讓內在的能量與神經活力透過鍛鍊，讓意志充滿神性的火焰，進而充滿磁性。

專注的思想，富於智慧的目標與可控的意志能量透過肌肉鍛鍊進入血液、神經與肌肉，讓體內的電波與重要的質量得到最大的發揮，這是一條

科學的原則。當以太充溢在身體時，這些思想力量就會透過循環的神經及肌肉系統進行顫動，並建構起最具磁性的肌肉組織。

請讀者朋友們按照下面的方法，一天做兩次，一次只需要幾分鐘，鍛鍊的順序不限。

啞鈴。在想像中，你可以深思熟慮，認真縝密地思考，感覺自己正在慢慢提重，感覺肌肉出現一陣緊繃，感覺內在強大的磁效能量在發揮作用，幫助你在進行有規律的運動。

體操棒。以同樣的方法每天進行想像鍛鍊。

划艇。想像自己坐在划艇的右側位置，正準備順風或是逆流而上。

軍事訓練。想像著自己在像士兵那樣進行槍枝演練。記住，這支槍是有重量的。

皮球。想像著自己抓住或是扔出一個皮球。

鐵環。以相同的方法想像自己扔出鐵環。

細繩與滑輪。透過細繩用力拉滑輪，準備兩個滑輪，一個放在五尺高的位置，牢牢固定在牆上，並且有兩個可以伸縮的把手，這樣你的兩隻手臂就可能同時感受到抵抗力。你可以想像著自己在操控著細繩，讓心靈不斷地感覺這種想像的抵抗力，最後讓你的脖子、手臂、手腕、雙手、後背或是雙腳的肌肉都感覺疲痛。

在進行這樣的想像鍛鍊時，心靈應該要全情投入，也應該保持內在的能量，讓自己真實地感覺到一種抵抗力。

> 了解事實，繼續努力，
> 藏匿在世界的每一種形態之中，
> 岩石、花朵、動物與人，
> 當待放的玫瑰開出花蕊，

這可能是一個思想，一個主意或是一個計畫。
你只需要知道事實，並且不斷努力，
懷著熱切的心，不計後果地前進，
最後終於找到了，
那高尚與無可比擬的全新火焰。
然而，靈魂依然要從法則中誕生
果敢、無畏與才華橫溢的人。
這樣的破碎思想是一種漏洞，
一旦改正後，你的計畫就圓滿了。
充滿力量、擁有不朽精神的人，
懷著開放的心態，去擁抱理想。
泥土終於塑造成一個高尚的靈魂，
你的願景終於美夢成真了！

—— 作者

第六章　磁性的敏捷

敏捷、專注，這是高度的衡量標準，
即便你只是國王的僕人，
那麼你也能實現自身的價值，
磁石之間能相互吸引。

—— 作者

信條

敏捷的心靈能夠捕捉磁性的電波。

本書說到這裡，很有必要回顧一下有關以太的一些事實。

我們都生活在一個以太的海洋裡，這種以太時刻在受到難以計數的力量影響，或是透過力量展現出來。

多數的這些運動或是以太波，都對你有意識的生活沒有產生明顯的影響。其中一些以太波可能會影響到與你最親近的朋友，但這也不會產生任何回饋式的顫動。在這裡用馬可尼無線電報系統的一句話來說，就是以太中有難以計數的運動，而你卻無法與這些運動處在「同一頻道」上。在這難以計數的數百萬顫動中，每一種顫動都有一種明確的品格或是「頻道」，這就好比聲波與電波一樣。的本性就占據了以太海洋中的一個角落，你也只能對某些「頻道」的訊號或是產生的磁場有所反應。這樣的考量能引出接下來的心靈與以太方面的事實。

心靈與以太

真相一：對於動物的生命而言，也同樣存在著一個以太場，每一種不同級別的動物也存在著不同的磁場。一般來說，動物對它們所處的磁場都一無所知，因此也能很好地適應它們的以太運動。

真相二：同樣的，對於人類這樣具有高智慧的動物來說，也存在著這樣的以太場。

動物的「磁場」是可以提升的，但任何動物都無法透過培養，進入到人類的以太場裡。

真相三：在現有的限制下，誰也不能從嚴格意識上去說，每個人都可以提升他的以太場，以太回饋能力或是拓展他以太場的空間。

這就是磁性成功的雙重目標，發展更為重要的個人磁場，拓展個人的影響力。

真相四：將現在的生存狀態視為進入另一個階段的準備，每個人最終都可能會超越地球的磁場，對以太的顫動或是現在無法有回饋的顫動進行回應。

這也是正確生活的雙重目標，讓自己進入越來越高的生活警戒，對更為高階的影響有更強的回饋能力。

一個有形的人與無形的效能夠合體，對其他人產生影響，這是有可能的。

現在，讓我們回到以太磁場的問題上，這需要我們首先了解兩種闡述的順序。

闡述的第一種順序：

某人在發表演說，臺下的某位聽眾可能覺得情緒激昂，而坐在他隔壁的一位聽眾可能面無表情。一位歌手可能讓大多數聽眾情緒震撼，但某位觀眾卻是呆若木雞，沒有受到半點感染。兩個人遇到一位展現出禮貌的熟人，其中一人可能會感受到敵意，另一人則只感受到善意。

在這些例子裡，都存在著一個祕密：就是某人處在一個「頻道」裡，而別人則沒有。

現在，我們可以假設，歌手、演說者與熟人都只是激發起了其他人的友善回應，但是這種回應的質量與力量在任何兩個人身上都會有所差異。

馬可尼（Marconi）曾說，如果他有一個接受工具，調到某個特定的波段，那麼另一個接收器也應該處於相同的頻率。因為後者此時才能對以太

波及傳送這種以太波的主體進行回應，那麼這種祕密就可能被破壞。這就是說明了每一件接收器在接受訊號方面都存在著不同之處。對於某種特定的波段，有時候訊號是很強烈的，而對於鄰近的其他波段，訊號可能就會弱一些，對那些完全遠離這些訊號的工具，那麼接受的過程必然會出現失敗。

兩個人其實都是處在一定的聲波之中：其中一個人能夠很明確地聽到，而另一人卻只能隱約聽到。不同的人對色彩的敏感程度不一樣，在愛斯基摩人眼中，棍棒與圓錐體都與歐洲某些藝術家的色彩陰影存在著很大的差異。中國人喜歡陰影與色彩的搭配，但美國人就不吃這一套。歷史的演進培養了人們對色彩的觀念。一些人是色盲，今天有些人可能依然受制於眼睛，無法對一些色彩的波段有效地適應。我們可能因此得出了，任何單個色彩都不可能對兩個人產生相同的影響。

每個人都對一定頻率的以太顫動產生共鳴。無論散發出的波動是高尚的，還是低俗的，只要不是在他的頻率範圍內，都無法影響到他，即便是在潛意識裡。

真相五：我們在潛意識裡受很多以太的影響，這些都是我們沒有察覺到的。我們的很多行為的最初緣由可能就是源於潛意識，但我們卻沒有發現。

有時，我們能有意識地感受到強烈的以太波。

其中一些以太波能強烈地影響到我們呢，但我們卻始終毫無知覺。

一些以太波產生的影響讓我們有所察覺，但這種感覺卻很模糊。

一些以太波產生的影響讓我們毫無察覺，帶來的影響也是微乎甚微。

在上面所有這些例子裡，我們都可以看到以太波在每個人身上產生的回饋質量都是有所區別的。

在關乎最原始的波動方面，上面這段話也是同樣的。對每個人來說，這種影響都是不一樣的。每個人在影響別人的力量方面的能力，都是完全不一樣的，有些影響別人明顯，有些則比較模糊。你可能在有意識或是毫無意識的時候影響了某人，但無論在哪種例子裡，他是否察覺到這個事實，都是未知數。同時，這種影響極可能是微弱的，也可能是明顯的。這是一個以太相互作用的問題。

真相六：在有關以太場的事實裡，我們發現了磁性質量與磁性敏捷方面的廣度與機會。

人的意志並不是萬能的，它是受天賦所限制的。從廣義上來說，是受到環境的限制。但是，這種力量要比任何人所擁有的其他力量都要更加強大。

讓意志的力量有效地延伸，這是每個人的責任，因為意志代表著一個人，一個完美的意志也是一個人理想化人性的最佳展現。

實現意志的首要目標，就是將自身的個性發揮到極致。

第二個目標，就是要調整個人適當的磁性。為實現某個目標而去努力，能夠讓我們影響到別人。

因此，我們要鍛鍊意志的這種能力，讓我們能更好地影響別人、觀察別人，對任何可能攻擊的影響進行抵抗或是消滅。換言之，你應該讓自己像一臺「馬可尼機器」，變得更加完美。

敏捷的分析

透過持續的努力，增強自身的心靈回饋能力，這是有可能的。首先，我們要接受大量的以太波動；第二，我們還要能認識這些波動；第三，我們的接收能力應該要得到加強。

類似的，增強自己去散發與控制這些波動的能力，也是可以做到的。這樣做的方法很簡單，但也不容易做到。這種方法可以用一個詞「敏捷」去包括。

敏捷就意味著專注。該詞在這裡的用法就是說，要保持高度的專注力，讓心靈處於絕對的集中狀態，傾聽著別人，觀察著別人，發現別人所持的態度。

敏捷作為磁性成功的一個重要因素，一定要有持續性。因此，我們的專注力也必須要持久。敏捷就像一位獵人，他的感官能力能夠覆蓋一定的狩獵範圍。

因此，專注也必須要擴充套件到一個較大的範圍。

對湧進來的以太波 —— 或是人生的影響 —— 保持全方位、高度持久的敏捷 —— 這將讓我們擁有相同的力量去散發出這樣的以太波。

這是因為這樣的敏捷，與內在的能量感覺存在連繫，並且還能讓後者得到發展。這種能量要是能夠處於一種受控的狀態，就能夠展現的充滿動力。

在你保持敏感的專注度時，那麼能量的中心意識也必然是敏感的，雖然這可能讓你對普通的意識沒什麼感知。這就是敏捷的本質所在。

應用：讓我們將這些原理應用到現實生活中。

1. 每一種與你生活相關的環境都會影響你的以太場。

2. 你生活中的每一種環境都能讓你所在的以太顫動處於活躍狀態，並且從這種磁場中向外散發。

3. 敏捷需要你對那些處於與你一樣處於相同磁場的人保持專注力。

4. 敏捷能夠發展你對身邊附近那些幾乎可以處在相同磁場的人的接收能力，並且讓你有能力認識他們。

5. 當你處於高度敏捷的狀態，你的意識就能擁抱越來越多你之前從未察覺到的影響。

6. 在其他條件相等的情況下，你能夠更好地適應挑戰的條件。

7. 任何能夠拓展、昇華與增強你敏捷能力的方法，都能為你散發出外在影響方面增添力量，因為人是活著的，是一臺富於智慧的機械組織，並不是一臺單純的物質機器。大腦就是一臺「馬可尼接收器與傳送器」。增強你接收功能的範圍與能力，你同樣還要增強散發的範圍與能量。

在其他條件相等的情況下，更為敏捷的人可以更好地應對挑戰的狀況，因為他本身就能創造出重要的影響。

因此，你需要遵循下面這些方法。

■ 1. 現實生活中的實用方法 —— 狀態：

方法一：在心靈感知感覺。在現實生活中，我們要保持對各種狀態與環境的意義與力量的高度敏捷。盡量全部接受外在的影響，然後你再認真觀察、權衡、解析，再做出決定。這是你漫長的一生中都可以去應用的。

方法二：直覺的培養。在現實生活中，有更強的辨識能力，不偏不倚地權衡事物，正確地解析事物，那就不會忽視平時遇到的模糊印象或是影響了。這些是極為重要的。

這種方法是為了嘗試讓人對事物存在無意識或是半意識的狀態下，進入一個對事物有清醒認知的階段。

這個方法特別適用於人所散發出來的影響。因為人在接受與吸取外在的影響與暗示時，敏捷顯得特別重要。打比方說，你正接受別人的一個命令，或是一封授權信。你不要感到消極或是覺得這很負面，或對此採取冷漠的態度，相反你要抱有一種充滿興趣、積極接受的開放心態去面對與你接觸的人。你的這種心態能夠讓別人感知到，讓他的工作也變得容易，最

後獲益的還是你。要是能做到這點，那麼，你也具有了磁性的敏捷能力。

方法三：注意調整。在現實生活中，你要按照自身對外在印象的正確理解，充滿自信與力量地去行動。

方法四：在領悟方面。在現實生活中，無論在任何時候，你都需要從過去的經驗中汲取教訓，以讓自己變得更加敏捷。

在遵循這些方法的時候，你可能會犯很多錯誤，但隨著時間的推移，難度會逐漸減少，因為你的敏捷能力已經越來越完善了。

如果你能時刻讓心靈與思想保持這樣的想法：我是一臺不斷改善的機器，能夠接受並且傳送以太的衝動！上面提到的這些方法能夠逐漸地讓你明白它們所包含的深意及在現實生活中的實用意義。

無論任何時候，你都要讓自己對眼前的狀態表現的更加從容、敏捷、充滿智慧與充滿能量，你才能取得成功。隨著你散發外在影響的能力越來越強，你將變成自己的創造者與主人，那麼你在生活中的成功也是必然的。

■ **2. 想像生活的實用方法 —— 注重狀態：**

方法一：身處全新的環境。為了全面理解上面提到方法所具有的真正力量，我希望讀者在一個月的時間裡，每天都去發現與想像你生活中可能出現的全新生活狀態與環境，並且將你的方法一一融入其中。因此：

第一天：讓你所想像的環境經受訓練敏捷的方法一、二、三、四的考驗。

第二天：像之前那一天想像一個全新的環境，直到這個月的結束。

在你進行這樣的訓練時，你需要認真遵循下面這些方法：

首先，你可以想像在你現有的工作上出現了重要的事情。記住，你不是在做夢，千萬不要陷入了無休止的爭論之中。你要認真聆聽、觀察，始

終保持敏銳的心，還要保持一種強大的內在能量。這樣，你就可以接受到各種你可以接受到的印象，然後進行權衡、解析、決定與行動。

方法二：改善你所處的環境。與此類似的，你可以透過想像去創造一種全新的狀態，並且運用這些方法。

方法三：身處陌生的環境。相似的，你可以想像一些事情或是狀況出現在你現在的工作上，然後運用這些方法。

方法四：不斷提升自身的可能性。在相同的情況下，你可以試著透過提升自身敏捷的可能性與方法。

上面所有這些方法可能都會讓你覺得有一種似是而非的感覺，覺得非常困難，但這只不過是你要很自然去做的事情，並且要時常去這樣做，暫時遠離自己的現實生活。上面所說的內容，只是讓我們的訓練系統化，讓我們朝著一個相同的方向變得更好。擁有敏捷這本身是不足夠的，要想實現更大的價值，還需要接受訓練、發展與更好的理解、

只有時間與耐心能夠證實這些方法的價值，但你也可以肯定，要是你下定決心要獲得磁性的成功，那麼你必然能夠得到。

上面的這些原則也同樣適用於個人間的連繫上。

■ 3. 現實生活中的實用方法 —— 人：

方法一：磁性的態度。無論是與熟人還是陌生人的接觸中，我們都要保持內在的能量感與磁性的目標，讓你對敵對的影響抱有一種消極的態度，對所有積極的影響都持有開放的態度，並且在發現別人動機、思想與目的等方面，始終保持著敏銳，能夠充滿自信與力量地去權衡、解析事情，做出決定，並且做出行動。

方法二：直覺。在我們與別人的所有個人接觸中，你要越發努力地去接收平常一般會遠離你的印象。

方法三：行動。你要始終保持信心與力量，認真地對待你所接收到的外在印象，並對此進行解析，但這樣做需要你始終牢記著目標。

下面這幾點是你需要認真觀察的：

1. 如果一些印象代表著冷漠的話，那麼你就要努力去贏得別人的友誼。如果你也同樣以冷漠去回報別人，那麼你就無法具有磁性。

2. 如果這種印象代表著別人有禮貌的拒絕，那麼你就要努力去改變這種態度。如果你不重視這種改變的價值，那麼你也很難具有磁性。

3. 如果這些印象代表著敵意，那麼你磁性任務就是要漠視這些印象，不要將這些情感放在心中。

4. 你作為一個活著的「電池」，你正在控制一種以太顫動，讓你能夠為實現與別人一道取得成功而努力。因此，永遠不要因為一時的衝動而犧牲你心中的目標。結交一位朋友永遠比結交一位敵人讓你更加受益，無論是在一場故意為之的試驗或是在一場事故裡，最後的勝利都要比你現在感受到的知足更讓你欣慰。

5. 然而，人們總是覺得，任何事情都不能阻擋一個人獲得個人的榮耀。任何卑鄙的個人行為都無法讓人獲得真正的磁性。榮耀就是磁性成功的最高展現形式。榮耀不僅僅是言語上的，更能覆蓋一個宗教所代表的全部含義。在亞里斯多德（Aristotle）眼中，宗教就代表著心胸廣闊。

6. 最後，我想說，透過對別人的思想進行直接的攻擊，這絕對不是磁性的表現方式，除非情感波與道德波這兩者能夠處在一種和諧狀態。

方法四：注意觀察。千萬不要滋生對別人低俗的猜疑——這是對所有磁性的一種毒藥——對於那些你認為充滿敵意的人，你要持著保持自信的敏捷，因為感知別人的情感與目的，這完全符合你的利益。你的觀察能力應該是源於內心的，源於精神層面的，沒有絲毫的緊張，沒有恐懼的

猜疑，與此同時，始終保持敏捷與持續，沒有任何的模稜兩可。你的態度可以用這些詞語來表達：「我既不恐懼你，也不會背叛我自己，我絕不是病態敏感的人，但我決心去了解，以平等的眼光看待你。」

方法五：待人友善。你要時刻記住去做一些友善的事，去說一些友善的話，這將能讓你傳送出一種顫動。

方法六：心靈的節約。在所有可能會將以太能量降低到最低程度的活動裡，始終保持你的活力，避免毫無必要的活動。消除冗長的話語，避免過度的坦誠。記得，帶上你的磁性面具。

4. 想像生活中實用方法 —— 人：

一般方法：想像檢閱的應用。

為了將上面這些原理的作用最大化，你需要在一個月的時間裡，每天都要想像自己進行著一次私人的會面或是交易。在這段想像期間，你需要調動內在的能量與敏捷，將這些章節運用到現實生活中。

因此，在第一天，你可以想像個人的會面，運用上面的方法1、2、3、4、5、6。

第二天，你可以想像一次全新的個人會面，運用方法1、2、3、4、5、6。與此類推，一直進行到月底。

你可能需要花一個月的時間去領悟這些道理，但在你完全掌握之前，千萬不要匆匆地去學習下一個原理。磁性的增長是需要一個過程的。如果你下定決心要發展自身最高的磁性，那麼你就需要研究磁性的方向，直到你能隨意地觀察它們。到那時，你就能將這些原則運用到現實生活中，你就能透過辛勤的訓練，透過想像對未知的事情進行訓練，似乎這些事情已經發生在你身上了。

在率領軍隊上戰場前，都會在腦海裡先將戰況演練一遍。

　　但是，我們必須要記住，經驗絕對是不可以完全複製的。你之所以尚未能完全適應全新的意外，可能是因為這是你從未見過的。我們在這裡談到的想像鍛鍊將能夠讓你透過訓練敏捷、靈巧、自我控制與果敢，去為未知的事情做好準備。最後，經過艱苦訓練的你，就可以隨心所欲地改變你所處的環境，改變這對你產生的個人影響。

忠誠

> 無論是上帝，還是勞工，
> 或是那些一直勞作無限歲月的人，
> 生命如螺旋形線圈緩慢彎曲，
> 從星雲到精神層次。
> 他們皆接受宇宙巨大法則的控制，
> 讓宇宙永恆般地存在。
> 始終不變的忠誠，
> 建構了漫無邊際的宇宙，
> 造出一隻蜜蜂，一朵百合花，
> 讓靈魂具有神性的優雅。
> 蜜蜂扇動著翅膀，擁抱著帝王的力量。
> 世間萬物都在祂預先設定的軌道裡。

—— 作者

第七章　磁性的忠誠

生命與思想的磁性曲線
是不能被剝奪與搶去的，
這讓你明白這條法則：「我能夠做到！」
你應該本身就有一個權杖。

—— 作者

信條

今天的忠誠能夠顫動明天的以太。

　　忠誠以兩種方式呈現出來，一種是磁性的，一種是非磁性的 —— 這也其實是奴隸與具有雄心的自由人之間的區別。

　　讓我們以動物領域作為例子進行講述。公牛忠誠地為牠的主人服務，對主人言聽計從。但牠的這種忠誠是缺乏磁性的。狗也同樣為牠的主人服務，並且經常會期望主人的欲望：牠懷著服務的熱情，並想著急切為主人提供服務。所以，牠的忠誠是具有強烈的磁性。人類重視公牛的價值，但卻喜愛小狗。公牛吃著主人給牠的草，但狗卻會舔著主人的手。

　　互惠主義表現了一種哲學。公牛全身心投入到工作中去，但卻很難激起人類對牠們的敬意。馬匹被套上馬軛，全心全意地位主人服務，但作為旁觀者的人類也很難激起內心的敬意。

　　沒有比狗這種動物更能激發我們的磁性情感了，因為牠的服務表達出一種相互吸引力。如果狗的地位能夠進一步提升的話，我們都希望牠不僅能夠超越獅子的地位，成為動物之王。

忠誠的分析

　　第一條：我們要明白，忠誠要比以最好的努力做出的單純結果作為衡量的結果更為重要。這個道理在人類身上也同樣適用。

　　無論是什麼類型的成功，磁性的成功都能給我們增添一些東西。

　　第二條：忠誠的質量要比數量更加重要。如果質量是首位的 —— 或是這種質量存在的方式 —— 那麼人就肯定能夠做得更好。

第三條：人們也將做出這樣一條發現：單純的意志力與受鼓舞的意志力之間存在著不同之處。

第四條：這種重要的質量說明內在重要的精神能量。被喚醒的靈魂能夠讓我們感悟到這一切。

第五條：人能散發出具有顫動力量的精神能量，讓周圍的空間都顫動起來，並且讓別人也能夠感受到，並對此做出回饋。

第六條：收到別人這種回饋式的讚賞是讓人覺得可喜的。你能帶給別人的樂趣，都讓你講別人吸引過來。

人們常常說：「我喜歡看到兩隻克萊德馬馱著重物。」觀察到這一幕的路人之所以覺得有趣，是因為這能激發他們內心的尊敬。這種尊敬之情就是心靈能量對外在干擾的以太波的一種回饋。兩匹馬的意志就像一組電池，旁觀者的大腦就像一個接收器。每當我們感受到這種讚美的感覺，就說明我們已經接收了這種力量。馬匹單純馱著重物並不能解釋這種情感。正是馬匹這種努力的質量才讓我們有所感覺。因此，你想要買下這匹馬。

應用：讓我們應用這條黃金法則。

兩人共同為一位主人工作，他們的能力都相差無幾，他們每天的工作量都差不多，而且質量也差不多，他們工作都很準時，認真、待人有禮、勤奮。其中一人獲得了提拔，另一人還原地踏步。其中一人成為了主人，另一人依然還只是僕人。

不成功的人稱之為自己「運氣不佳」。

第二個人也許說自己只是「堅守本職工作」，並且一直勞碌地工作，直到「機會的降臨」。

這本書就是要告訴讀者，成功絕對不是關乎「運氣」的問題。

這本書還要告訴讀者，單純的堅持與勞碌是無法取得成功的。

忠誠的祕密：現在，我們發現了主要隱藏的內容：

1. 所有的事情都受法律所控制。

2. 成功法則的第一點，就是要遵循忠誠的法則。

3. 磁性忠誠的主要因素就是精神的強度。

4. 上面提到的兩人之間的不同處，就在於其中一人能夠控制內在的能量，而另一個人則缺乏這種品質。

舉個例子：讓兩個肌肉發達的機械組織去完成一個任務，其實只要它們擁有足夠的能量就能完成這項任務。它們內心潛藏的精神能量會讓它們做出另一番結果。

因此，你應該完全明白這裡所闡述的觀點。

結果：有人能夠感受到這種卓越的品質，並在沒有理解這個祕密的情況下去讚賞別人的工作，他可能小有名氣，在他絲毫沒有察覺的情況下，發出了微妙的以太顫動，讓其他人都能感受到。僱主可能也不知所然地對他手下的工人產生了敬意，他讚賞這位工人出色的工作，並且享受這種興奮的感覺。他相信這位工人能夠在更高的位置上為他服務。接著，這位工人就獲得提拔了。過了一段時間之後，這位工人可能開始認識到自身努力的結果，這就是成為大師的的開始。他獲得了自信，開始創造屬於自己的事業，他收穫了「我就是能量」的意識。

讓我們明白一點，肌肉本身是無法激發起任何有價值的以太顫動。神經能量本身也無法做到這點。神經很可能只是這種電波傳送的導體。傳送出來的能量只是重要生命力量的一種表現結果，而這種生命能量的質量則取決於個人精神的能量。神經能量的鍛鍊依隨著意志的行動。神經動作的質量並不是意志的展現，而是此人內在品格的衡量標準。但即便如此，意志還是能讓神經能量轉化成行動。如果神經與意志的主人是卓越的，那麼

他就會顯露出品格方面的質量，而不是總是展現他工作的成果，而是展現他工作的努力與行動。

僱主總是希望能夠僱傭可以為他們謀利的員工，但這並不是最主要的因素。我希望讀者能夠明白下面的這些建議。

世人最想要找尋的，就是最大化的產出與在這個過程中展現最優秀的精神價值。當這種產出加品質的理念被人發現後，人們就明白，即便是僕人，都應該努力讓自己處在一個更高的位置。這種信念只是自我利益對展現出的工作質量的一種自然反應。即便是在一個完全出於仁慈觀念的例子裡，成長的祕密也是如此，磁性的忠誠能夠顫動明天的以太波。

忠誠的方法

方法一：將工作做到最好。無論你從事任何工作，都要努力做到最好。這個法則看上去平淡無奇。事實上，這是極難做到的。下面的句子將讓你明白其中的困難。讓我們這樣說吧，你日常的工作其實是非個人的。這並不需要你持續地與別人進行直接的關係。打比方說：掃地、縫紉、廚師、鑄鐵、雕木、編織、保管書籍及其他工作。

在這類工作裡，你的忠誠就展現在你最大限度地動用雙手和大腦，並且不需要你將個人關係視為一個主要因素。但你將立即看到這個任務是多麼重要。此時，你的工作就是個人的。因為這直接涉及你與別人的連繫。打個比方：職員、售票員、律師、醫生、記者與牧師等職業都是這類性質的。

你最好的狀態就是在你保持磁性態度的時候，你能夠在與別人的所有交往中都保持這樣的態度。

做到最好的自己是很難的，這可以從下面的這段分析中看出。

類型一：在非個人的工作裡，你要想做到最好，這需要：

1. 你最為持續的興趣。

2. 你不斷提升的能力。

3. 你所需要的肌肉與神經行動。

4. 你善始善終與追求完美的努力。

5. 你最為深層的內在能量。

6. 你最好地利用時間。

7. 你的磁效能夠透過你的工作傳送出去。

　　能夠做到這點就是忠誠的表現，憑著這樣的態度做出的工作是具有磁性的。這種類型的忠誠必將能夠顫動明天的以太波。你能夠向未來傳送出以太活動。當你真正抵達未來的情景時，那麼它們自然能夠與你產生共鳴，讓你取得成功。

　　類型二：在個人關係裡，你要想做到最好，這需要：

1. 你對他人持續的興趣。

2. 你不斷改善與別人交往的能力。

3. 你最讓人感到滿意與有益的行動。

4. 你為追求友善與圓滿所做出的最大努力。

5. 你擁有極為強烈的內在能量。

6. 你更好地節約時間。

7. 你內在最為完善的吸引態度。

8. 你完全無視別人的批評、不恰當的評論或是想法。

9. 你全身心地遵循榮耀感。

10. 你全然想追求磁性的意志。

能做到這幾點，那麼你必然能夠得到磁性的忠誠。

我希望讀者們能夠將這些成功的磁性因素持久化，並投入到現實生活中。

在將這些因素應用到現實生活裡，你要時刻在腦海裡牢記這個堅定的信念，你能夠獲取這種最高階的磁性。在這些方法的實用建議裡，讓我們審視一下幾個相關的例子。

非個人工作的例子：你正從事一些你喜歡的工作。在這個過程中，你要讓你的思想與行動都遵循下面這段話：「我意識到我所做事情所具有的磁性態度。我真切地感受到眼睛、雙手——身體每個部位所散發出的磁性態度。磁性正因為我的工作而朝我而來。我會將自己最好的一面投入進去。」

單純理解上面這些觀念是不足夠的。我們應該要完全理解這些原理與現實狀況，並將這些融入到我們的現實生活當中。這將能讓你擁有一種完全掌控的感覺，那麼你就不會失望。

個人工作的例子：在你與任何人打交道的過程中，你都要讓你思想與行動遵循下面這段話：「在這次交往中，我意識到自身的磁性態度。我能從我的眼睛、雙手乃至身體的每個部位，都感覺到強烈的磁性感。在我與別人接觸的過程中，完美的磁性正在接近我，我正將最好的自我放在現在的工作上，我一定能夠取得成功。」

習得這種磁性的意識需要時間與耐心的堅韌，但這最後能夠給你帶來最為滿意的結果。你能夠擁有持久的磁性品格，你的行為將讓你獲得讓世人驚訝的成就。

方法二：不斷提升自己。這意味著透過在現實生活中，以最好的工作提升自己的能力。舉個例子：你正在製造某件東西，找尋設計機械或是工具的方法，要是你能像之前那樣將工作做到最好，那麼你就做的比之前更好。

在自我提升的時候，你需要遵循這些步驟：

1. 對需求的察覺。

2. 透過意志讓願望變得強烈。

3. 自我發現。

4. 自信與充滿能量的行動。

在取得成就的道路上，你可以立即重複這些方法、缺乏生命力的忠誠讓人「忍受」著現狀。磁性的忠誠能讓人改變現狀。

如果你對此漠不關心，如果你覺得做的剛剛夠就好，那麼你注定活在平庸裡。

方法三：注重磁性的能量。始終讓內在的能量處於可控狀態。

你經常能看到很多人總是在勞勞碌碌，時刻為一些雞毛蒜皮的事情而搗鼓，這些人擁有足夠的能量，但這些都是外在展現出來的，他們缺乏內在的能量，他們將這些能量都揮霍掉了，而沒有將之控制起來。他們也許會有所成就，但卻是缺乏磁性的。所以說，他們還沒有做到最好的自己。

你也能看到一些人安靜地做著事情，根據事情的需求，將事情做得順利圓滿。你需要躲避上面那些人，而要認真觀察這些人。他們身上儲藏著巨大的能量，卻從不浪費，而是將這些能量控制起來，絕不輕易揮霍。這就是他們具有磁效能量的重要原因。

到目前為止，人類已知的最明顯展現個人能量的就是無線電，而最能闡述內在能量的東西尚未被發現。

鐳這種物質的 A 微粒能夠以每秒一萬二千里的速度前進，而 B 微粒則能以每秒十七萬里的速度前進。這些微粒是那麼細小，相比來說原子科學的研究就算是很龐大的物質了。這些發現似乎是科學界在物質研究方面取得的最新成果，讓我們對此有了更升入的了解。

你內在的自我也能夠建立起強大的以太波，產生分子活動。如果受控制的能量能夠用在實處上，那麼這種能量的強度越大，取得的效果就越好。我希望讀者能夠運用自身散發出的無線電，讓自身的忠誠充滿能量，讓你有能量去追尋下一個方法。

方法四：磁性的思想。現代的科學建議已經讓你明白，必須要將自己視為一個活著的體系。

每一位具有磁性魅力的人對他自己來說都是一個活著的體系。每一位成功的人都會將自己視為成功的人，認為自己的工作與職業必然能夠取得成功。

在討論成功的因素時，希望、勇氣及這種信念的以太價值都會被提到。現在，這意味著你掌握了這種磁性的忠誠，並將自己視為一個活著的系統。

這是現實生活給我們帶來的教訓，接下來就需要你與此相適應：培養保持這樣思想的習慣：「我一定能夠獲得磁效能量！」

方法五：忠誠的禮貌。要時刻注意觀察禮貌的態度。無論你在工作時表現的多麼具有磁性，無論你是否真的贏得了別人的讚賞，要是你忽視了禮貌的本意，那麼你也將徹底破壞這種磁性。如果你展現出的禮貌是真誠的，再加上你能夠激發別人對你讚美的品質，那麼就能產生雙重的積極效果。這兩者的結合具有強大的力量，是沒有幾個人能夠抵擋的。

方法六：忠誠的敏捷。在努力實現忠誠最需要的品質時，你要始終保持磁性的敏捷度。要是不注重這點的話，個人關係可能因此而走入歧途。若你想最好地與別人打交道，很有必要先了解別人，洞察他們的情感、目的與興趣。相對於任何外在的訊號，你可以透過直覺去感覺。

此時需要你專注的精力。以下這些事情是磁性的忠誠都無法做到的：

（他們顯示了行為的重要法則。）

　　1. 忽視任何與你打交道的人。

　　2. 對任何人都抱著冷漠的態度。

　　3. 忍受著長時間的打擊，卻不做努力去取得成功。

　　4. 忽視任何人的敵意，卻不想著去克服。

　　5. 放任偏見去控制理智。

　　6. 以犧牲自我利益來滿足一時的衝動。

　　7. 因為個人的厭惡而將事情縮小化。

　　8. 在任何情況下都忘記自身。

　　請你記住！上面提到的這幾種狀況都會影響到你的心靈，讓你接連遭受失敗 —— 讓你無法擁有創造成功的美德。上面提到的幾點都是獲取磁性的禁忌，這從一個反面說明了這個事實。一定要記住。

　　相對於別人其他利益，磁性的忠誠是個人的利益。因此，這不是讓你將別人看做你取得成功的工具，而是你人生的合作者。這並不是讓你去利用別人，而是要透過工作去贏得別人發自肺腑的讚賞。磁性忠誠的以太波能將價值送你門前，並且希望能夠進入你的家門，因為它們是很有價值的東西。這種效果並不是一種攻擊，這是一種吸引，「世人都喜歡忠誠的愛人。」

　　將自己視為一個活著的人，相信自己必定能夠取得成功。

　　我下定決心，
　　我下定了決心！再也不會像之前那麼猶豫不決了！
　　再也不會為一時衝動而爭吵。
　　再也不會因為軟弱而乞求別人。
　　而要讓意志變得更加堅定，難以更改。

在追求榮譽的時刻，
我會給予人所有的潛能。
以榮耀的名譽，
我會讓一顆偉大的靈魂發揮到極致。
為了體內滾燙流動的鮮血，
我願意與世人和平友愛。
以榮耀的湧流的名義，
我將尊敬所有招展的旗幟。
我會為小孩戴上花環，
我會安慰那些失敗的人，
我會俯身面對心靈遭到凌辱的人，
如果榮耀對此歡呼的話。
在萬丈光芒的領域裡，
光的花朵如一個光球。
我將把寵愛的、尊敬的女人放在一個
純潔而榮耀的位置。
為了自我或是羞恥的渴望，
我把自己的靈魂看的太重。
我最後只覬覦一種命運——
一個榮耀的名聲。
我將聆聽從深山遠天
傳來的聲音。
我將為人生建造一堵高牆，
與上帝的榮耀比高。

第八章　榮耀的音調

命運有一條清晰而充滿活力的道路，
讓我們賜予奔跑榮耀。
如果想要取得勝利，
就要讓每個人的心靈都處於最佳狀態。

—— 作者

信條

榮耀增強每一個磁性動作所具有的力量。

個人的榮耀是富於磁性的，這種磁性榮耀的力量可能在人理解後，覺得深受鼓舞。在此，我們有必要重複一些被忽視的事實，同時加入一些之前尚未被提及的事實。

我們所生存的宇宙以太是無形的，具有延伸性的，取決於所受到的壓力與放鬆，並且時刻處於一種極具活躍的狀態。也就是說，以太中的「微粒形態」時刻與其他微粒產生著相互顫動的關係，要麼收縮，要麼擴張，因此透過波動或是不同長度與強度的變化，帶來了這種影響。

記住，每一種存在的物質都被宇宙這種假想的物質所影響，甚至浸透了人體的每個部位，其最小的部位要比在顯微鏡下面看到的都更加細小。在我們的體內，以太也是時刻處於永不停歇的狀態。現在，我們看到了，身體與心理的大部分活動都牽涉到以太對外部刺激的反應。「外部」一詞在這裡指的是除了心靈之外的其他東西。

讓我們更加清楚地闡述這個事實吧。

以太的意志產物與榮耀

心智存在於整個身體之中。

然而，意志活動的主要領導者，還是我們的大腦。

身體與心理的活動，在相當程度上取決於外部的刺激。這對所有涉及感官，或是至少有關原始思想的活動來說，都是如此。因為外在的刺激，我們能夠看得見，聽得到，感覺到，並且能夠嗅到氣味。在任何一種情形

下，感覺器官都會受到物質顫動的影響，並且催生衝動波的形態，然後以適當的方式對大腦的神經所接收，之後在接受自我的解析。因此可見，我們的大部分心理活動都是由外在的刺激造成的。

但這裡還有一個重要的事實：那就是自我源於心靈一種相當大的衝動，能夠瞬間獨立於外在的刺激。

因此，我們要注意一下：在寫這本書的時候，作者專注於任何可能會引發思考的部分或是話題。他知道一些不那麼熟悉的思想顯得那麼自由與流暢，繼而讓人覺得，一些無形的智慧與他站在一邊，指揮著他的心理過程。

當然，這種感覺也並不一定是真實的。因為這種假想會牽涉到第三種智慧指揮第二種，第四種智慧指揮第三種，以此類推。因此，也有不少讀者肯定會認為，這本書就是一本講述看不見的激勵的書籍。

無論怎麼說，上面的闡述只是為了說明，自我必須要擁有某種獨立於身體刺激之外的能力。

注意力似乎能夠讓大腦神經處於緊繃狀態，透過安排及不斷地安排，直到經過解析後的結果傳送到意志之中。然而，一些這樣的結果卻單純停留在了潛意識裡。

因此，所有這些都是一種反應。打比方說，神經做出了反應，然後肌肉組織受到刺激，也做出了反應，然後我們遵循這種反應去寫字、說話與行動。

意志指揮我們的注意力，但它不能控制即時產生的原子變化，但這可能會控制肌肉反應及神經反應的大部分活動。

意志就像一位最高指揮官，可以直接指揮主觀的專注，也可以透過間接的方式去指揮專注力。

要是沒有意志的控制，人的專注力就會飄忽不定，缺乏一個明確的目標，人的行為就會處於一種失控的狀態，做任何事情也都會缺乏永續性。

因此，意志能夠激發心理活動，這也許是源於身體內的以太產生了顫動。體內的以太在相當程度上也會接受或是拒絕，改變或是消除外界湧進來的顫動，這一切都取決於大腦對這些顫動所給予的反應。從某種意義上來說，意志是可以控制感官的行動。

在此，我們必須要保持倫理上的專注力。意志的價值取決於意志的品格。當人的意志與其本應的存在相悖時，那麼這種意志就是錯誤的。當意志與其原先的存在相符合的時候，那麼這種意志則是正確的。

顯然，意志存在的設計是個人完全發展的表現。這只有在我們遵循意志法則的情況下才能做到。

一個正確的意志可能很微弱，也可能很強大，但它必然趨向於倫理道德。

所謂的倫理意識，就是能讓自我利益與其他人的利益保持一致。這也是道德及宗教所涉及到的內涵。

就來說，一個正確的意志必須要具有極為強大的力量。

下面就是其道理所在：我們所生存的宇宙系統就是具有一種自我保護的力量。我們不能認為這具有自我毀滅的一種天然屬性。自我保護系統一定要處於和諧狀態，不然它內在的傾向就必然會與其自身保持和諧。

完美的和諧意味著各種相互衝突的力量處於一種平衡狀態。為了保持這種平衡狀態，整個系統在每個有生命的機體內植入了我們稱之為自我利益的本能。自我利益就是自我實現的最佳展現形式。

但是，為了相同的目的，這個系統也會讓我們趨向於保護利他的想法。如果系統不進行這種保護，那麼尚未被自我完全吸收的自我利益，就

會變成自私，那麼自我利益就會與其他人的利益產生衝突。兩人或是兩人以上的群體，其中一人無視他人的利益，只想著實現自己的目標 —— 這個所謂的自我利益的目標 —— 就會相互產生衝突，摧毀另一個人自我實現的能力。要想實現自我，就要回歸自己的本心，除此之外，別無他法。所謂的自私，不過是想要索取比自身需要更多的東西，讓人的自我利益變得膨脹，無法收拾。

因此，這個系統讓他人的利益與自身的利益產生衝突，只是為了不斷保持這種平衡，在我們為了自我實現而孜孜奮鬥的時候，始終保持這種發展的基本要素。

這個系統只有在自我實現中才能滿足。就來說，它只能在個人自我實現與他人自我實現的過程中，保持相對平衡的狀態，才能最終實現。在這一點上，黃金法則就是宇宙最深層的法則。

真正的自我利益不僅是想其他人的利益讓步，而且還要努力幫助其他人實現他們的利益。

任何人要想做到最好 —— 最大限度地是先自我 —— 都不能以犧牲別人的利益作為前提，哪怕是一丁點。當然，這是一個很難遵循的法則。很多道德智慧低下的人有時會與此牴觸，但從長遠來看，最終的結果會出現，那麼這種現象就會完全消失。最強者之所以能夠生存，只是因為他們尚未破壞這個環境而已。當自私的個人為了自身利益而犧牲掉了所處的環境，那麼他也就摧毀了自身存在的根源。

為了讓法則更好地為我們所用，整個系統已經制定了一套行事準則：從終極的發展來說，擁有最為強大意志的人應該要有正確的意志，只有這樣，最後自我保護的和諧才有可能獲得。正確的意志會讓我們保持專注，在未來某個時候，能夠讓我們在獲取自身利益的同時，更好地與其他人的利益保持一致。不然的話，整個系統的存在無異於一場自殺。我們稱之為

一種倫理，但倫理就是自然法則具有生命力的根本。

我們要明白一點，在大自然的世界裡，絕對沒有任何事物的存在只是為了展現其非道德性的。

現在，我們回到了本章要說的主題。

磁性的成功因素：榮耀，只不過是正確意志結出的一般果實罷了。正確的意志總是能讓自我利益與其他人的利益保持一致。如果我們能夠好好培養這種意志，那麼這種意志就將具有巨大的威力。

我們需要認真領悟下面得出的幾個結論：

首先，大腦與身體內的以太顫動會變得越來越強烈，因為它們處於一種內在的和諧狀態，它們沒有處於困惑或是被消減的狀態，所以能夠直接指揮身體的行動。

其次，內在以太的顫動能夠一種健康的方式，去刺激身體與心靈的所有功能。

第三，激烈的以太顫動能夠脫離原先空間控制的範疇，對其他人施加影響，這就是一種外在的刺激。

第四，這種發源的思想與個人目的表面上是源於個人品格，但實際上卻是源於意志的倫理性。相對來說，意志要比品格更加強大，能夠擺脫衝動及以太產生的混亂局面所帶來的負面影響。個人所產生的影響在當前就能顯現。下面的兩種情況就是說明這點：

1. 顯示出來的以太波動是持續的，沒有任何中斷，始終保持連貫，總是能夠持續地一波連著一波。這種以太波能夠持續地，無休止地對他人產生影響。從長遠來看，這種以太波能夠產生最為強大的印象。

2. 從某種程度上來說，心靈的品格受到影響，他人的大腦也被迫要對這些印象做出積極的回應。別人遲早會感知到這些印象的意義。當這種印

象傳遞的是積極的訊號，那麼對方的回饋也將趨於積極。因此，正確的意志是具有吸引性的，因此也就具有磁性。

下面更為詳細地講述上面的這個道理：每個人都至少想要儲存自己的利益。他可能為人自私，但在他的想法中，他的自私包括他的自我利益。自私的邪惡並不在於自私之人想要絕對地獲取某些東西，而是要在相對的情況下，獲取比別人多得多的東西。

其他人，無論自私與否，都會看到自私所帶來的邪惡。當人意識到了這種正確的意志，那麼他就會只想獲取個人的利益，並且盡己所能去幫助別人。正確的意志會讓人發現一種發展的合理性力量，能夠讓人遠離惱怒的情緒，讓人更好地為自己的利益去奮鬥，去努力。這樣的自我發現是讓人愉悅的，因此，這吸引了人們去追求正確的意志。即便吸引的感覺遭到拒絕，那麼這種感覺遲早都會被人所感知的。從人生的漫漫長路來說，這種感覺能夠影響你所遇到的人。

在這點上，我們有下面一些重要的格言：

1. 榮耀就是正確意志執行時的一種自然表現。

2. 正確的意志追求個人利益，並且與別人的利益保持一致。因此，正確的意志是直接的。

3. 正確的意志衝動必然是最強大的，最為和諧與最為持久的。

4. 正確的意志一旦被人發現，從長遠來說，就必然能夠對其他人的心靈產生最為深刻，最為持久的印象。因此，從長遠來說，正確的意志能夠讓其他人的心靈保持一種最為愉悅的情感，因此，也能讓我們最具有吸引力。

5. 從長遠來說，正確的意志必然會引起其他人最為積極的回應。

6. 正確的意志最後必然會讓他人趨於信服。

　　這些格言式的句子是所有人都遵循的，沒人能夠例外。

　　上述所說的幾點，都會因為你生活中的欺騙、不誠實或是自私的行為所抵消或是無效。

　　最後，我們終於明白了榮耀中所具有的的磁性元素：榮耀的磁性價值並不侷限於個人對他人心靈的影響。榮耀對自我的發揮來說，是極為重要的。榮耀對自我價值可以從下面的講述中略見一斑：

　　榮耀顫動消除恐懼。

　　榮耀顫動消除憂慮。

　　榮耀顫動消除疑惑。

　　榮耀顫動消除誤解。

　　榮耀顫動消除自我不信任。

　　榮耀顫動將個人弱點降到最低。

　　榮耀顫動消除猜疑。

　　榮耀顫動激發勇氣。

　　榮耀顫動發展自信。

　　榮耀顫動喚醒我們的希望。

　　榮耀顫動讓我們獲得內在的平和。

　　榮耀顫動讓我們擁有健康的身體。

　　榮耀顫動喚醒我們的心靈。

　　榮耀顫動控制我們潛意識的自我。

　　榮耀顫動培養我們的心靈能力。

　　榮耀顫動讓我們對別人充滿信念。

　　榮耀顫動讓我們對宇宙系統充滿信心。

榮耀顫動讓我們擁有個人的自由。

自由的人 —— 如果他能夠以正確的方式去獲得自由 —— 那麼他本身就擁有了上帝的模樣。

這種極富磁性價值的榮耀必然能夠吸引住別人的目光。

現在，我們要準備進入培養磁性榮耀的方法。

第一：公理的方法。我希望讀者能夠深入領悟關於正確意志的各條公理，每天至少將其中一條作為思想的指引。時常認真思考，不斷地重複，篤信它，並且要付諸行動。你要將那幾條公理銘刻在心，並且時常加以運用。

第二：榮耀顫動的方法。在掌握了第一條方法後，你應該以類似的方式去踐行闡述榮耀價值的句子。換言之，你應該在連續二十九天的時間裡，不斷地透過自我暗示去鼓勵自己。這不會影響到你去履行其他職責，也不會占用你更多的時間。但是這樣做必然能讓你獲得磁性的力量。如果你懷著認真的態度，那麼你就要遵循上述的指引。如果你將這本書的內容付諸生活當中，那麼你將取得驚人的效果。

第三：富於決心的榮耀的方法。在每頓飯行將結束的時候，你都要懷著堅定的信念與莊重的心情，在心底默默地重複這段禱告詞：哦！無比純潔的宇宙，我奉獻給你，毫無保留地個人榮耀。記住必須要這樣做！

第四：個人尊嚴的方法。有人認為，透過思考與行動，你就能培養一種每個人都能感受到的個人尊嚴。這並不意味著自大、顯擺、傲慢或是不可一世的自大。這個方法可以用下面這段話來闡述：我，即便是我，無論身處何種卑微境況，無論地位多麼地下，無論多麼屈辱，在任何情況下，絕對不能喪失個人自尊。顯然，這樣的態度是完全與磁性美德一致的。當個人尊嚴被優雅的禮貌所包裹時，那麼你就具有他人無法抵抗的磁性。

一定要牢記這一點！

第五：忠於自我的方法。在所有事情上，確保正確的意志不受玷汙，並且處於一種主宰地位，一定要在絕對自由的情況下，去思考，去行動。也就是說，我們要完全忠誠於本能、力量與對自我的信念，只要這種自由能夠與我們對他人的自我利益有一個清楚的認識。所以，我希望讀者能夠持久地運用這種方法。在遵循這種方法的時候，你可能會犯不少錯誤，但相對於你所收穫的，這些錯誤的代價都是不值一提的。也許，我們可以說，沒有比不受束縛與深沉的個人自由更能發展我們的個人磁性。這種自由值得你全身心去追求。這將讓你成為發散磁性顫動的強大電池。所以，你一定要成為擁有自由靈魂的人。

第六：對別人利益忠誠的方法。在任何事情上，你都要保證正確的意志是純潔且占據主導地位的，你應該在充分照顧所有人的利益的情況下，去生存，去感受，去思考，去行動。

只要我們稍微分析一下這個方法，就會發現它所代表的步驟及其重要性。

為了執行這個方法，你需要做到下面幾點：

1. 對他人利益的存在保持開放的態度。

2. 在思考別人的利益時，保持真誠的態度。

3. 要對與你身處不同情況的人保持憐憫。

4. 與所有人交往的時候，都要保持自控的態度。

5. 不因任何偏見而搖擺。

6. 能夠為別人設身處地地著想。

7. 一定要毫不動搖地堅持你得出的結論。

8. 忠於你所有的決定。

9. 對所有的合理關係保持回饋。

10. 在運用這條方法時，要毫不懈怠。

還有，你需要將這條忠誠的方法運用到下面的人群中：對小孩 —— 對父母 —— 對妻子 —— 對丈夫 —— 對親人 —— 對鄰居 —— 對市民 —— 對僱主 —— 對商業競爭者 —— 對同事 —— 對其他工作人員 —— 對專業人士 —— 對與你同處一個社會階級的人 —— 對你的上司 —— 對你的下屬 —— 對你的朋友 —— 對你的熟人 —— 對陌生人 —— 對你的敵人 —— 對你的客人 —— 對你的主人 —— 對剛認識不久的人 —— 對你所在組織的成員 —— 對其他組織的成員 —— 對與你不是一個組織的人 —— 對你所在的群體 —— 對其他群體 —— 對你國家 —— 對其他國家 —— 對你的政府 —— 對其他政府 —— 對跟你說同一種語言的人 —— 對說外語的人 —— 對與你有同一種國籍的人 —— 對擁有其他國籍的人 —— 對整個人類 —— 對所有活著的人 —— 對所有尚未出生的人 —— 對他人所信奉的上帝 —— 對你所信奉的上帝。當你在運用忠誠這條方法時，你將具有巨大的磁性。

上述這些方法所具有的磁性力量，只受到你的天賦、你持續運用這些方法的能力還有時間的因素。我們不能超越自身的天賦，但我們能夠發現自身的天賦。之後，你的時間是足夠的。

第七：榮耀意識的方法。現在，你應該會覺得自己要努力去獲得榮耀這種持久的心理肯定。這可以透過頻繁的心理暗示去實現，直到這種意識深入你的潛意識。「我身處榮耀之中，我絕對不會放棄。我是榮耀的力量，我是擁有純潔力量的榮耀。」

第八：能量散發中心的方法。現在，我們即將接近最高的法則 —— 宇宙中法則的法則。宇宙的力量總是趨向於一個中心。宇宙任何存在的事物都在努力地實現某一種法則，每一種智慧的存在都是為了實現這個法

則，因此，我們要尊重各種智慧，找到智慧的中心——這個根據個人能力可以接受無限能量的接收站。請讀者一定要記住。

在自然世界裡，所有事物在正常狀態下，都會朝著某個吸引中心前進。

這種傾向需要我們努力實現最重要事情的終極可能。混亂是無窮的，缺乏方向，因此也是相互衝突，到處漫溢。個人的發展就是不斷將這些重要的能量集合起來，雖然最後還是釋放出來。一種物質的屬性只有在它的能量全部集中起來的時候才會顯現出來。一群烏合之眾是混亂的，一支軍隊就是一群烏合之眾集合起來，並且接受控制，擁有許多輔助中心與一個中心的指揮點。後者的狀況能夠展現前者的潛能。

演進就是透過無數個中心來表達重要的物質。

所有自然的運動都會在心靈中達到高潮。精神領域的最高中心就是正確的意志。個人的精神生活能夠找到它的中心——找到它所有的優勢點——當這個中心與宇宙的精神生活處於一種和諧狀態——也就是說，當前者的正確意志與後者的正確意識處於和諧狀態。

然後，這種中心就處於一種平衡狀態——這並不是停滯，而是與所有事情都處於和諧發展的狀態。

因此，根據個人的能力，宇宙的力量是完全可以為我們所用的。

但我們必須本書中時常提到的能力限制的這一點，讀者不應該對此感到沮喪。因為誰也不知道自己的侷限在哪裡，所以我們總是會對自身能力的演進充滿了信心。從長遠來說，這種演進會不斷地前進，因此每個人看似很明顯的限制都會超越此時此地，否則我們就不會發現自身的進步。因此，你可以理所當然地認為，自己的能力是可以透過恰當的努力得到提升的，很多人展現出來的能力，是他自己及其他人做夢都沒有想到的。「讓我們回想起櫻花草的那個晚上，雨果・德弗裡斯（Hugo de Vries）教授在荷

蘭的一個馬鈴薯園裡找到了一個出口的事情。這件事情主要說的，就是一種反覆無常的事情，也就是說，人能夠自由自在地嬉戲，並且處於一種多變的情緒之中。」這說明，伴隨著其他各種變化，都會出現前進或是後退的傾向。「這是很難被稱為是一種全新的物種。德弗裡斯在很短的時間內發現了數十種不同的原始物種，發現這些物種能夠代代繁衍。簡而言之，他很幸運地發現了這個迅速的演進過程。」

同理，在心靈與個性的領域，自然天賦的限制並沒有受制於某個人類無法踰越的固定法則。相反，我們總是有一種要超越祖先的念頭，去發現自身全新更為強大的力量。在培養成功磁性的過程中，我們就能不斷提升自己。

只有在你尋求發展，在你接近宇宙的中心點的時候，你才能獲得這種磁性的力量。沒有比這更為確定與讓人鼓舞的法則了。

所以，我希望讀者能夠找尋證明這條法則正確的相關例子。

我希望讀者能夠搜尋證明這段話的描述。

我希望讀者能夠讓心靈充滿了鼓舞，並且將這種鼓舞帶到你人生的事業中去。

如果在日常生活中，你持久地運用這些法則，將之視為一個發散能量的中心，那麼宇宙的力量將會源源不斷地湧向你，超乎你原先本性的限度。

你應該閱讀本章一百遍。

希望

希望是我們所有人的母親。

即便是死亡，也帶給人希望。

希望是一種永遠不能實現的誘惑。

在功成名就之時，

青春讓人充滿憧憬，

卻也能剝奪我們的美好的希望，

讓我們美好的希望成為現實。

這必然會在明天、後天、大後天成為現實。

絕望與希望之間存在的不同點，

就是絕望讓人啜泣，直到眼淚在尖刻的話語中隨風飄落，

落在死亡的深谷裡。

而言語則在毫無生氣的沉默中靜靜逝去。

「明天！後天！大後天！」

其他人的喊叫在不斷向上飄，

沿著生命的斜坡上升，抓住了那不可能的東西。

「明天！後天！大後天！」

暗夜的絕望，終有盡頭。

希望隨著音樂與飛揚的旌旗鼓動，

越過這個世界的邊緣。

快看！一個更加美好的國度出現在地平線上。

這些是我的愛人：希望與勇氣。

她們是萬物內在的本性。

當希望過來擁抱時，似乎勇氣就在身旁。

當勇氣過來親吻時，我卻稱之為希望。

那些死去的生命消失了，

命運的多舛也消失了。

若勇氣與希望兩者之中一者存活，

那麼死亡也即生命。

因為，當我擁抱她們時，

絕望落荒而逃。

我聽到我的愛人在內心中放聲高歌：

「我就是我！我就是力量！」

—— 作者

第九章　磁性的期待

依靠自己，遠離病痛，
艱苦奮鬥，彷彿這就是世界的意志。
不怕艱險，遠離喧囂，
肯定能擁有善良的心與美好的意願。
模仿希望的笑聲，
永不懈怠，全力以赴，
你可能很受傷，也可能很受益，
不顧一切，朝著自身發展的斜坡攀登。

—— 作者

信條

希望能融會磁性的以太。

一些物質要比其他物質對以太運動更為敏感。我們體內可以自由流動的以太 —— 也就是說，分布最為廣泛的「微粒」—— 是以太顫動最好的傳導體。

雖然，以太的「微粒」或是「運動形式」被人猜想要麼是球形，要麼是環形，透過交替的伸縮直徑來傳遞衝動，這種衝動傳遞的方向取決於他們發源的方向。

在光波中，「微粒」能夠擴充套件，也能收縮，還可以顫動，橫著穿過光所經過的軌道，所以，衝動是從「微粒」到「微粒」之間的路線進行傳遞的。從理論上來講，我們可以這樣說：在你的腦海裡，設想一條排成直線的橡膠球或是環狀物邊對邊靠著，想像第一個球或是第一個環狀物從後面或是下面進行擠壓，那麼形狀就會沿著這條直線的方向眼神，因此將這種運動的傾向傳送到下一個物體，並且沿著這條直線收縮，橫著收縮，然後恢復彈力，回到原先的狀態，接著又恢復彈力，擠壓旁邊的橡膠球或是環狀物。因此，一個波動就這樣形成了，沿著這條直線在上下擺動，這也同樣顯示了衝動的方向。

如果體內的以太「微粒」發生顫動，那麼就會以各種方式去干擾這種伸展與縮小的活動。這種衝動會有一個向前的方向，那麼波動就會隨之被削弱、阻擋或是完全停止。

兩段聲波遭遇後，造成的結果可能是一片沉靜，也可能是越來越微弱的聲音，更可能是一個變調的聲音。

一大束以太波穿過稜鏡，光的射線就會被分解，不同的以太顫動就會

變得清晰可見，因為在稜鏡的另一側會顯示出紅色、橙色、黃色、綠色、藍色、青靛色與紫色。

光波也會落在不同人的身體上，一些光波為人體所吸收，一些光波則反射出來了——可見，我們的皮膚原本就是有膚色的。

一些物體時光波所無法穿透的，光波無法穿透這些物體。但即便如此，這些物體的內部還是充溢著以太。物質的一些屬性或是所處的狀態能夠阻止或是阻擋光波的以太發生顫動。

倫琴射線能夠穿透一些對光原本無法穿透的身體，但對一些人來說，他們的身體本能地抵抗著以太活動。

宇宙中存在著不少以太顫動是人類感官所無法直接去理解的。

這些事實說明以太雖然充溢在所有物質裡，但也不是總能自由地展現它們內在的一兩個現象。

希望與磁性

現在，我們討論一下希望所具有的磁性價值。

希望的價值首先與個人緊密連繫。

我們活在一個充滿電波的海洋裡。電波可能被一些視為是機械發明，也有一些人認為是自然界的一種基本現象。有些人將用於商業方面的電力視為是機械發明的一種，也有人認為富於生命的有機體內的電波是一種自然現象。

身體本來就是一機械體，人們相信這個機械體能夠產生自然的電波，並且對這種電波有一定的回饋能力。身體內任何活著的部位都不可能缺乏電波這種以太的活動。

　　請記住下面這條法則：任何會壓抑身體自然健康的現象，從某種程度來說，都會減低電波的活動。也就是說，體內分子之間的活動及交流會變弱。最後，這將組織電波以太活動的自由地運作。

　　任何能夠恢復我們身體健康的行為，都能讓以太的活動重新恢復自由。

　　上述的話語適用於外在的一些因素：比如天氣、陰鬱的環境、暴力；也同樣適用於身體內在的因素，比如生病；還適用於我們的心理狀態，比如悲傷、絕望、憂慮及恐懼等其他因素。

　　生理上的壓抑很容易弱化分子與以太之間的互動。換言之，電波都是發源於神經系統的。

　　身體的壓抑還能削弱神經系統的敏感性，特別是大腦對事物的感知能力。如果一開始的效果是讓人激動或是讓人歡呼的話，那麼最終的傾向肯定是大腦的一片「沉寂」。

　　身體的壓抑對自我也會產生反應，弱化自我的發源能力與削弱自我接收強大的以太衝動。

　　心靈的壓抑在相當程度上是對身體不佳所產生的一種反應。但這同時還作用於身體，損害我們的健康。

　　一個在生理與心理上都絕對正常的人，總是讓人感覺充滿活力與希望，他也有能力能夠抵禦壓抑的心理，始終保持積極的心態。

　　擁有完美健康是指心理與生理上的完美。在這雙重健康裡，自我總是顯得那麼樂觀。

　　生理的健康有助於心理的健康。

　　心理的健康有助於生理的健康。

　　如果生理原因可能阻擋個性的以太活動，那麼心理健康就可能過來幫

忙修復。如果心理原因傾向於阻擋以太的顫動，那麼生理健康也依然可能幫助你恢復自身的個性。

很多這種來回博弈的鬥爭都取決於意志。意志的力量總是取決於一個人所具有的全部能量，但在某些時候，這可能也臨時取決於某種疾病的本性。患上消耗性疾病還是能讓人充滿希望的，而患上心臟疾病則是讓人壓抑的。在其他條件都相等的情況下，希望能夠幫助患有消耗性疾病的病人康復。在患有心臟疾病的例子上，意志可能在某種程度上可以抵消壓抑的心理所產生的副作用。

但若是我們心中沒有了希望，那麼意志也是回天乏術。當希望熄滅的時候，那麼意志也將放棄最後的掙扎。

讓我們更近一步地談論這個問題。

希望的精神是天生的，當然也是可以後天培養的。天生的希望可以經過後天的努力得到增強，雖然這種希望不是天生的，但依然可以建立起來。意志可能讓人在絕望的境地依然催生出希望，如果此人相信自己的努力必然可以取得成功。

因此，壓抑的生理與心理狀況（在個體內），在相當程度上都受到希望的意志的控制。

讓我們擺脫多數情況下壓抑的狀態的最好方法，就是要懷著克服當前面臨環境的堅定意志，抵抗當前環境帶給你的負面影響，並且將這種影響拋離你的人生，不顧一切代價去培養這種希望的精神。

在經過這段講述之後，消耗性疾病多帶來的價值就展現出來了。如果你需要治療，你可以每天都在心中滿懷著信念與意志，對自己說：「我的內心充溢著健康的希望 —— 即便是面臨現在的境地，我依然能夠不斷改善自己。」或者這樣暗示自己：「我下定決心要成為積極樂觀與充滿希望的

人——即便是身處現在的境況，我的心靈依然能夠獲得提升。」除非你真的患了很重的病，否則，你將發現你的消耗性疾病讓你收穫了信念，這種信念喚醒了你對人生的希望，而這種人生的希望則代表著一個顛簸不破的事實）你能更好地提升自己。

現在，我們進入希望所具有的磁性價值的第二部分，也就是個人的關係。

愉悅與希望的感覺可能就是身體與心靈所處狀態的表現。也許人的身心並沒有感覺到愉悅與希望，但依然還是表現出來了。但無論如何，這樣的愉悅感覺與希望總是能夠對生理與心理的功能產生一種刺激的影響，從而喚醒到處瀰漫的以太的自由磁性衝動。對一位即將因為缺水而奄奄一息的人來說，只要看到一眼清泉，就可能重新煥發他的生命活力。心中始終覺得能夠受人賞識，也能讓躲在閣樓裡奮筆疾書，深感絕望的作家疲憊的大腦看到了希望。

希望能夠向神經系統傳送一種電波的力量，並且讓大腦對外在湧入的印象始終保持高度的警覺。

也就是說，富於希望的人對以太的顫動更加敏感，能以更快的速度給予回饋，並且對自身身邊的以太活動施加一定的作用。所以說，富於希望的人既是優秀的以太接收者，也是優秀的以太傳送者。

作為以太的傳送者，富於希望的人藉助身邊的傳送媒介，將個人的情感與信念都傳送出去。他本人所展現出來的影響是強大、持續與友善的。其他人也能感覺到你傳送出來的這些影響，因為一部分是肉眼可以看見的，一部分則透過通靈的媒介進行傳送。因此，這些人能夠感受你內心的這種友善印象，因此，這些傳送出去的影響會讓你富於磁性。

希望天生就具有一種驅除的能力，希望可能透過喚醒別人的憐憫來獲得，而反感這種情緒則可能因為多種原因而被克服。但是，一個擁有陰鬱

心靈的人是絕對不可能富於磁性的。

希望所喚醒的吸引力程度，取決於當事人所擁有的品質質量。如果他們的希望在以太的顫動中不謀而合，那麼結果肯定是一種增加的磁性力量。如果他們的希望相互衝突，那麼這種相互吸引的力量就會弱化。

吸引的結果取決於個性受到影響的人。一些人能夠從容地給予回應，一些人在給予回應方面則存在著很大的困難。在其他層面上，相互排斥的個性可能抵消這種吸引。

最後，讓我們記住一點，富於希望之人的大腦更加靈活，身體更加健康，這能讓他們更好地消除與克服別人散發出的各種印象與影響。

在這本書中，將希望當做磁性品質的一部分來講述，這絕對不是毫無根據的。因為，希望就是人生最偉大的推動因素之一。

現在，我們可以看到希望讓人內心澎湃，更加自信，對未來充滿了期望。所有這些態度都源於一個強大的磁性運動。

在這樣的心理狀態下，顯然，大腦會處於一種緊繃、不斷顫動與不斷吸收外在影響與印象的狀態。

在電波的意義上來說，這樣的狀態能讓人富於創造力，有助於人的健康。這對我們運用最重要的力量，也就是電波具有重要意義。

這種狀態讓我們與生存的這個電波海洋處於一種和諧狀態。

富於希望之人能對外在所有良好影響的人都保持一種以太邀請的狀態。

他想要：讓全新的力量處於一種動態。

他計劃：準備為全新的意外事件做好準備。

他相信：讓自己發出的顫動資訊影響周圍。

他努力：讓自己更好地融入這個世界。

因此，他能夠牢牢吸引住別人。他能夠充分發揮自身的天賦，贏得屬於自己的成功。他無法超越自己的侷限，但能夠發現自己的侷限。

這些結果都是很熟悉的，但有一些玄妙的階段也同樣是真實的。

在其他條件都相同的情況下，永不屈服的希望能夠從空氣、土壤、陽光、人類世界、宇宙的以太、具有美好心靈的純潔宇宙中吸收數以千計的友善影響，但這些影響都是無法以正常的途徑去追尋的。時至今天，很多人都在驗證這些事實。請讀者朋友們再次閱讀這段話！讓你的心靈充溢著這段話所包含的精神。

讓我們在生活中給與意志一個更大的機會。這本書始終堅持一個觀點，那就是磁性成功的品質是可以被喚醒的，可以培養與創造的，只要你能讓意志始終進行持久而智慧的努力。

你不僅可以在順境時保持對人生的希望，也可以在惡劣的環境中創造出希望，這就是本來屬於你的特權。這是很重要的一句話，但這段話的真實性在我們日常生活中得到了驗證。

首先，對於那些缺乏希望精神的人來說，要想培養希望這種精神就只能完全靠意志力武斷地進行控制。接著，讓我們繼續說明一點，那就是接下來使用到的方法在心理學上已經得到了證實。如果你缺乏希望這種精神，那麼你也可以透過努力去獲取能量。你應該下定決心，始終去相信自己能夠做到。然後，你可以在日常生活中遵照下面的方法去做。

鍛造希望的方法

首先 —— 保持精神愉悅的方法。我希望讀者能夠每天早上花費五分鐘的時間，在安靜的角落裡，保持精神的高度專注，篤信靈魂深處所發出的聲音：「現在，我就屬於成功的階層。我本人就是一位成功者。」

你應該在心底緩緩地重複這段話，一遍遍地領悟這段話的內涵，直到你感覺自己已經做到了取得成功的準備。

除此之外，你還需要下定決心去避免任何與上面那段話相牴觸的暗示或是信條。不要因為外在的表現而與人產生糾紛，而要敞開胸懷歡迎每一種積極的思想。

不要試著去相信自己說的話，而要固執地去相信。

不管你從事什麼工作，不管你身處何地，在平時都要不斷重複這段話。

一個月這樣的訓練也許就足夠，否則你可能需要繼續重複幾個星期，但你終將發現自己擁有了一種全新的精神。

第二 —— 深呼吸的方法。你應該時常緩緩地吸氣，然後慢慢地吐氣，在這個過程中要默唸上面的方法。你在幾秒內就可以完成這個過程，在這個過程讓你的全身充溢著磁性的能量感，這是很好的一種準備。屏住氣後，然後緩緩地吐氣，與此同時，在心底不斷重複上面的那段話。記住，一定要緩緩地吐氣，重複那段話。在五分鐘的時間內，不斷重複這個過程。

在白天的時候可以重複相同的過程，只需要投入兩三分鐘就可以了。

第三 —— 愉悅的方法。無論身處何種狀況，你都要保持愉悅的心態。這將讓你內在的希望場充滿了磁性。這不是那麼容易做到的，但只要你有智慧，能夠堅持，還是可以做到的。如有必要的話，你可以抽出一些時間獨處，保持內心的沉著。如果這是無法做到的，那麼你可以關閉心靈的閘門，驅趕所有外在的影響，讓自己的心靈處於一種獨處的狀態。只要你稍加嘗試，就能讓你在任何地方都能保持這種獨處的狀態。之後，你就可以慢慢地進入一種沉著的狀態。在這種狀態下，你可以喚起你的愉悅之

情，在心底不斷地對自己說：「我就是友善的愉悅的本源，當前的狀態或是面對的事情對我來說，都是我感受人生閱歷的特權。」我知道這種心底暗示默唸所具有的強大力量，你是可以做到的。與此同時，你要透過肢體語言去展現內心的這種完美的愉悅感。最後，你要搜尋任何有助於你這種情感的影響。

第四 —— 保持美好回憶的方法。過去的事情誰也無法挽回，但過去美好的回憶還是可以回憶的。在一個月時間的每天晚上，你可以靜靜地思考你過去的勝利與你取得的成就。十分鐘就夠了，因為你完全不需要耗費你全部的心智去回憶，特別要說的是，你這樣做並不只是將這些東西列出一個清單，但你可以進行一兩次這樣的思考，讓你的心靈洋溢著親和的情感。在這種訓練結束的時候，你可以自信地對自己說：「過去能夠做到的，現在也能做到。」

第五 —— 自我改正的方法。當失敗的情緒始終纏繞著你，你就要透過找尋這種情緒的根源，然後給予強而有力的反擊。最後，你可以透過改變這種失敗情緒的根源，讓自己重新恢復積極的情緒。與此類似的是，你要嚴格地審視自己當前的行為，特別是那些潛伏在你思想、方法、舉止、原則或是行動上的模糊情感，因為這些情感可能都不利於你取得成功。在一般情況下，這些情感都會為我們所忽視。這些情感對我們並不友好，而要想加以改變也需要付出一定的代價。但這些情感的存在意味著失敗，而失敗會讓人失去希望。你的希望精神所具有的價值就在於其中所具有的的智慧，這能讓你坦誠自己的錯誤，讓你在現實生活中更好地加以改正。

在反省的過程中，你很有必要保持意志能量的感覺，並且始終堅持第四種方法所具有的內涵。

第六 —— 保持自信的方法。缺乏自信必將會讓你失敗。這一條方法包括下面幾個方面：

a. 培養自我的意識。

b. 在思想與行動中培養自我依靠的能力。

c. 透過接受當前面臨的困境，試著去接受這個事實，然後下定決心做到最好。

這三個步驟，每一個步驟都可以搭配下面的三句話：

1. 為了自尊：「我覺得自己很不錯」，不斷地重複這句話，並且相信這句話。

2. 為了你的自我依靠。「我堅持自己的能力與觀點。」

3. 為了勇氣。「我絕對不拒絕屬於我的責任。」

第七 ── 在工作中保持希望質量的方法。工作所具有的磁性品質，可以從敏捷的那一章看到。充滿希望的精神能透過顫動，影響人的行動及他努力的結果。這種希望的精神存在於你所製造的鞋子，你所耕種的農場，你所負責的官司案子。所以，我們可以肯定，要是你充滿希望地投入到工作中去，肯定要與你在缺乏希望的狀態下去工作產生截然不同的結果。

你經手處理的物質能夠影響你的精神品質。

如果你為人敏捷，富於信念，充滿活力、希望，那麼你的工作成果就是富於磁性的。如果你在工作時心情沮喪，那麼你的工作成果必然缺乏這種磁性。

如果你在找尋成功，那麼你就要將這條方法視為人生的準則，那就是讓希望的質量透過發散的方式，進入到你的工作成果中。

特別是在所有的個人關係的問題上，你需要將這種希望的磁性注入到你與別人的關係上，那麼最後的結果肯定會具有一種磁性的質量。

在這個自我肯定的過程中，你可以用到一個特別的方法，那就是在你

工作時與別人打交道，記得要這樣暗示自己：「現在，我肯定就能取得成功。」

你特別要注意的是，要避免任何與這種成功的思想相悖的想法。從這一刻起，遠離所有負面的思想。

第八──做好計畫的方法。你可以在做計畫的時候深思熟慮，在你構思及執行計畫的時候展現你的希望與自信的力量。你要記住一點：在思考的過程中注重希望的質量與行動本身是一樣有必要的。讀者朋友們可以在此處停下來，為自己找到運用這種方法背後的道理。這樣的分析會讓你大吃一驚。

例證：當你在充滿希望的自信時做出計畫，你的心智就會受到刺激，因此，你能夠發現之前沒有注意到的一些細節，這能讓你在深入的思考時感受到更加美好的事情。

第九──提升的方法。上述這些方法的目標就是讓讀者獲得一個更加宏大的希望。這條方法與改善你當前所處的環境密切相關。如果你深陷在絕望的泥沼中不能自拔，只是隨波逐流，那麼你就將所有讓你沮喪的因素都凝結了。在任何時候，當人生停滯不前的時候──那麼就好比巴黎宮殿裡的灰漿──只能讓你死亡。所以，你需要不斷地成長。成功的人生是富於彈性的，總能有改變的潛能，總能不斷地提升。所以，我希望讀者能夠用一種不斷提升的視角去看到身邊的事情，讓我們按照下面的話去做：

1. 重新擺設你房間裡的家具，使之變得更加好看，讓你覺得更加舒心。重新整理你的店鋪工具，重新整理你的書，擺放好你的貨物，修理好你的機械，做好你的工作計畫，以此類推。所以，你總能找到不斷提升的空間。

2. 努力地去改進你的工作方法。你可以創造出一個全新的裝置，捕

捉一個全新的想法。所以，你要時刻保持人生充滿彈性，時刻處於一種動態。你要做到靈敏、充滿活力與果敢。記住，時刻想著去提升自己。

因此，你可以按照這樣的方法去審視自己生活的每個部分。對那些始終抱有希望與充滿鬥志的人來說，光明總是在前方等待著他們。

第十 —— 意志感覺的方法。強大的希望感預示著一種能量感與意志的活動。希望的精神可以透過培養意志情感去獲得。要想做到這點，你需要做到下面幾點：

1. 每天早上在進行深呼吸鍛鍊的時候，記得重複這樣一句話：「現在，我的決心無比強大，我今天就要取得成功。」

2. 下定決心，清除所有陰鬱與讓人沮喪的東西，讓愉悅的情感取而代之。

3. 在你日常的個人形象上，培養一種充滿力量與堅強的希望情感，讓他人更好地了解你的人生。

4. 將所有壓抑的氣氛全部趕走，透過與熟人的交往或是閱讀書籍，透過與讓人振奮的人交往或是閱讀文學著作，你能總能找到讓自己充滿能量的希望感的方法。

第十一 —— 良好梳洗的方法。邋遢的身體再加上不恰當的衣著會破壞整個人所散發出的希望感覺。你可以看到大街上很多人都是靠他們漂亮的衣服吸引別人的眼球。當他們意識到自己看上去不錯，那麼他們的自我感覺也將會不錯。他們的容貌幾乎都能彰顯他們內心的希望。如果身體是乾淨的，肌肉是結實的，你整個人是具有磁性的，那麼你這樣的身體狀態就能讓你的希望處於一種完美的狀態。現在這條方法就是幫助你達到這樣的狀態。你要明白乾淨的身體、充滿磁性魅力的愉悅情感給人帶來的激勵。只要在你的工作允許的前提下，你都可以穿著讓你覺得愉悅的衣服。

如果你的工作不允許你在上班期間這樣穿著，那麼洗浴與在晚餐前的改變也將讓你恢復食慾。你可以為乾淨的身體及漂亮的衣服付出一定的代價。要是讀者能夠理性地執行這條方法，並且遵循上面所說的幾條方法的內容，那麼這將讓你的希望具有磁性的品質。

一般來說，擁有良好形象的人都能將工作做得很好。一個心靈純潔的人能夠享受到生活的樂趣，他的穿著肯定是在工作要求的範圍之內，始終讓自己保持最佳的狀態。在其他條件都相等的情況下，這樣的人肯定會將他平時良好的習慣帶到他的工作中去。這本身就具有一種磁性。但除此之外，乾淨的工作對工作者所產生的影響也將讓他愉悅的精神充滿磁性。這彷彿能有助於他內在自我的發展，因此也能刺激以太顫動的質量與強度，讓人可以通靈，也就是說，能夠透過相互的吸引力與別人進行交流。骯髒邋遢的身體，即便是偽裝的，都會讓人失去磁性。除了個人形象帶來的影響之外，良好的梳洗習慣也是我們擁有以太磁性魅力的一個必不可少的因素。

將你自己視為一個充滿生命的人，認為自己必將能夠取得成功。

卓越！

變色龍有勇氣變出一千種顏色，
每一種顏色彷彿都是上天賜給牠的。
歷史從未有這樣的階段，
卻照亮了世界坎坷前進的道路。
從一開始，這條道路就既有障礙，也有平坦的地方。
既能讓人停滯不前，也能讓人一馬平川。
時間的領導者──
你是多麼偉大！多麼雄偉啊！
即便如此！我依然要高聲喝采，

為那顆強大的靈魂而喝采，

你能夠忍受單調沉悶，

歷經生活的緩慢鎮痛，

你沒有聽到鼓聲，沒有聽到橫笛聲，

也沒有招展的旌旗，

但你有一顆誠實的意志，默默接受著這一切。

接受著看似的好與壞。

這考驗著你正直的勇氣

與現實的必然性。

就像大海裡的一塊岩石，

拯救了一顆照在它身上的靈魂！

一顆追求卓越的靈魂！

—— 作者

第十章　勇氣的磁性

恐懼的靈魂是迷失的靈魂——
哦，恐懼讓你未戰先輸！
但懷著勇氣死在前線的人，
可以說已經贏了。

—— 作者

信條

只要懷抱勇氣，我們就能擁有磁性的顫動。

　　任何的恐懼或是與恐懼相關的情感，都會讓人缺乏磁性。如果你深受恐懼的困擾，那麼你注定要在這場與恐懼鬥爭的戰鬥上奮戰很長一段時間。我們主要透過討論有關磁性的四個方面去研究這個問題。

　　就勇氣的最低層面來說，勇氣只不過是內心沒有恐懼的感覺。這種相對盲目的狀態可以從嬰兒見到尚未開化的印第安人的時候，依然會綻放出笑容，或是一個心智慧力低下的人或是動物尚未意識到危險的降臨，依然會笑嘻嘻地等待著。

　　從高等的意義上來說，勇氣是一種富於進取的精神，能夠戰勝內心的恐懼，讓你可以擺脫恐懼的作用。最高形式的勇氣，無論你能否控制恐懼的情感，都是獨立於身體狀況之外的，總能展現出你的心理與道德方面的品質。

　　從磁性個性的角度來看，要想獲得勇氣的磁性，就要經過四個層次的勇氣。

　　1. 無知的勇氣，這是最低等的勇氣，無法讓人獲得磁性。這種勇氣能夠喚醒人們的憐憫，但無法吸引別人。

　　2. 身體的勇氣，這又是稍稍高一等級的勇氣，具有與此相配的磁性，對於處於其他層級的人來說，或多或少都具有某種磁性。

　　3. 心理勇氣，這又比之前兩個等級更高，就來說，是相當具有磁性的，當然這取決於對方對你這種勇氣的接受程度 —— 假如當事人沒有因為一些反叛的因素而拒絕，比如智趣上的無知等因素。

　　4. 道德的勇氣，這是最高形式的勇氣，讓人具有極強的磁性，對其他人也能產生很強烈的影響，除非是遇到一些性情陰鬱的人，效果可能就會

差一點。狂熱可能會喚醒一代人的敵意，但你能確保自己的榮譽。所以，我現在建議下面一些方法。

■ 1. 有關勇氣磁性的第一個重要事實。

勇氣的磁性取決於當事人的品格屬性，並對與他交往的人產生一定的影響。

勇氣是一種情感 —— 無論是生理、智慧還是道德上的。在每一種層級上，這種情感可能在次一級的狀態下找到存在的基礎 —— 正如智慧的情感可能在生理上找到存在的基礎，或是道德的情感是以智慧與身體作為基礎的 —— 但情感能夠從身體、心智與道德本性中獲得品格。所以，我們接下來就引到第二點：

■ 2. 有關勇氣磁性的第二個重要事實

就勇敢對當事人所產生的影響而論，每一種類型的勇氣都是富於磁性的。

無論你的勇氣處於哪一種層次，這對你整個人的功能來說都是一種鼓舞。因此，如果你缺乏其中的任意一種，那麼你就該從最低階的開始訓練，因為，雖然你可能從不需要外在的訓練，但這必然能夠給你的人生帶來前進的動力。

對勇氣給予人的鼓勵作用，我們可以作如下的解釋：

首先，在與生理的勇氣相關的情形：當我們身處勇氣的狀態時，身體的每個細胞都處於活躍的狀態 —— 神經細胞都處於電流之中，肌肉處於緊繃狀態，大腦處於興奮狀態，意志都為激烈的神經元所充斥。無論是什麼原因造成了這樣的狀況，這都是意志被喚醒的身體潛能，這種富於能量的狀態能讓身體的以太物質進入一種活躍與和諧的顫動，最終讓整個人的身體組織能對這種顫動給予積極的回應。一個人的勇氣能讓他的靈魂富於

磁性，讓他覺得自己已經準備好去做勇敢的事情了。

　　第二，在與智慧的勇氣相關的情形：這其實就是談到了相對高層次的方面。此時，心智特別容易讓神經組織處於一種興奮狀態，心理的品格也決定著以太運動的質量，所以身體可能會對自身產生反向作用，直接讓智慧的功能時刻處在一種富於磁性的狀態。

　　我們可以說，心理的勇氣激發起了各種以太運動，對一些人來說，這作用於身體，對一些人來說，這作用於神經系統。在我們內心感到的一般性的興奮的時候，生理的反應時可以透過所處的環境來得到保障，富於智趣的人自然可能或多或少地缺乏這種生理上的勇氣，這反而讓他們富於磁性 —— 受到鼓舞 —— 展現出健壯的身體與身體耐力的最佳例子。

　　但情況並不總是如此。始終不會改變的結果，就是心理功能對大腦與神經組織的以太顫動所作出的反應。這是一種循環的影響。心智確認了勇氣的態度，這能讓大腦迅速獲知，這種獲知或是了解相反對心智來說也能產生一種刺激作用。因此，每個人都能「激勵」自己。如果某人需要生理上的勇氣，那麼他也許就可以收集許多讓人興奮的影響，然後作用於心靈中「自願中心」，並且強迫做出反應。如果他無法做到這點，那麼我們就有了一位生理上羞澀，智趣上強大的人。

　　第三，與道德勇氣相關的情形：在這裡，我們必須要坦承一點，一種更為高級的功能變得活躍，催生了不同質量的以太活動。身體的組織可能或多或少都受此影響，內在的道德可能對體內充溢的以太產生一種作用，激發我們生理上的勇氣。但情況也許並不是這樣子。這個結果可能需要透過大規模強迫外在的影響對資源的生理中心產生作用，才可能實現。換言之，道德的英雄可能是透過天然的衝動或是意志的強制性來獲得生理上的勇氣。與此類似的是，代表著智趣的質量的大腦功能可能天生對道德狀態所催生的以太運動給予回應。但在這裡需要再次說明，道德勇氣也可能不

會給予回應，但可能要求一種對意志的鍛鍊。即便如此，我們需要明白，道德勇氣的情感能讓道德自我變得富有磁性，通常來說，這也能讓生理與智趣上的自我變得富於磁性。

當人們獲得了掌握如何獲取自身力量的能力時，那麼他們離成功還有很長一段路要走。

有關這些方法的一些預備知識

為了讓讀者更好地了解勇氣方法，我們首先談談一些相關的預備知識。

首先，意志始終是培養與運用勇氣的第一因素。

第二，意志應該獲得各種途徑的增強作用。你可以將你意志的一部分能量變成最具力量的欲望，讓你對各種動機有最明晰與最公平的審視 —— 這其中包括各種理由與結果 —— 這些都是智趣與道德品格的最高表現形式。

第三，意志的敵人應該最大限度地進行削弱。你應該努力地讓所處的環境對你更加有力，弱化讓人覺得不安的環境，更好改善你所面對的環境。

很多人在進行意志鬥爭的時候之所以失敗，是因為他們單純憑藉意志去面對難以克服的困難。那麼，他們也不可避免地出現沮喪的情緒。

我們需要運用自身的能力、合理的手腕、間接的方法或是可能摧毀敵對勢力的力量去增強我們的意志，而非削弱我們的意志，取得最後的勝利。

這只是為了說明，意志可能缺乏足夠的能力去發動直接的攻擊，也可能有能力透過延長這場「戰爭」的時間，在任何方便的時候透過沒那麼強大的力量去進行想辦法解決。如果你取得成功，那麼你所擁有的意志可能就會處於一種競爭狀態，那麼你就可以透過贏得間接的生理而培養你的意志能力與勇氣。除此之外，你也學會了如何更好地在現實生活中運用這些因素。

第四，情感會趨於集中，讓你的思維活躍。勇氣的情感發源於你自我感覺良好，覺得自己很有能力。這樣的感覺可以變得持久，你只要每天都這樣肯定自己：「我有能力應付生命裡出現的任何事情。」

培養勇氣的方法可以參加下面幾條：

■ 培養生理勇氣的方法

方法一：你們需要在心底意志保持這樣的想法，即你是勇敢的。

方法二：你應該培養並且儲存一種持久的內在能量感覺。

方法三：要始終透過將想像到的每一種情形的結果最小化的方式，去將恐懼的程度最小化。

請你記住：有人說：「假設我被人殺了呢？」假如你身在你應該身在的地方，你就應該將你內心的想法說出來：「那又怎樣？不論生死，我現在都在履行我的任務。」如果你沒有身在你應該出現的地方，那麼你就應該盡最大的努力離開。

當你的工作需要你生理的勇氣時，你就會習慣那種危險的感覺（雖然你可能從未留意到），那時，你可能就會懷著鄙視的心情去看待這種恐懼的感覺。這本來就值得你去鄙視，因為你在從事任何一項工作的時候，都必然要想到你所要付出的代價。

方法四：磁性要求你保持冷靜，特別是在重要的時刻。你要保持靈敏的大腦，保持旁觀者的視角，用你的自信、內在的能量及對宇宙系統的信念去最大限度地點燃你的靈魂。像個男人那樣去戰鬥，無論是深處大海，還是血戰沙場，這些都不是太壞的局面。任何能夠深刻理解真理並且擁有強大的內在力量的人，都基本上擁有生理上的勇氣。

方法五：不要將恐懼的思想與恐懼的情感混為一談。恐懼的思想可能在危險的時候產生，但你能夠壓抑軟弱、不足、傷害這些關聯的想法，相

反，你會用能力、力量、安全與堅定的立場去代替這種恐懼的思想。因此，你完全可以預防這種恐懼的情感，鍛鍊你的勇氣情感。

■ 培養智趣的勇氣的方法

方法一：你們首先要時刻牢記上面所指引的方向。

方法二：從此刻開始，你要讓你自己擁有絕對自由的心智 ── 在你的自我利益與其他人利益保持一致的情況下，讓你的個人能力得到最大限度的釋放。

方法三：你應該嘗試著向你的本能與信念讓步（時刻記住自我利益與他人利益之間的平衡關係），讓你最大限度地貼近現實，並且用行動表達出來。你有時會出現錯誤，但在此期間，你能夠改正你的錯誤，你必然能夠讓你智趣的勇氣出現磁性。

方法四：時刻將你自己及你的人生視為富於生命的假設。也就是說，你要覺得自己的人生是富於價值的，必然能夠取得成功的。你要培養這種自我意識與你想要生存、感覺、思考與按照自己方式行動的權利的意識。（在這個過程，你要始終銘記自我利益與他人利益之間的關係），讓你的人生最大限度地變得精彩！

方法五：盡可能培養與保持你內在的心靈能量。在你的任何思考裡，你都要盡力地去思考。如果需要的話，你可以在數月的時間內每天都這樣暗示自己：「我擁有無畏與積極的精神！」

方法六：你要時刻這樣暗示自己：「我的心靈是自由的。我擁有著自由大腦所賦予的勇氣！」

■ 培養道德勇氣的方法

方法一：首先，你要立即遵循黃金法則去生活。這樣的生活能讓你內在的力量處於一種和諧狀態，讓你的大腦、血液、組織及代表著心理力量

的每一種大腦功能都處於最佳的以太運動。這能喚醒你的勇氣，因為這能讓你遠離邪惡的結果。遵循黃金法則的生活能讓你吸引身邊更加美好的東西。這樣的生活並不需要你時刻留心去注意保持自己的勇氣，你的一舉一動都能夠提升你的精神與活力。

方法二：你需要尊敬你內心中的無限能量，你要在心靈與心智中尊敬這個事實，即便這要比你本身更加高級，但這對你是友好的，能讓你在宇宙系統的最終工作中充滿自信。

方法三：現在，你可以透過自身的能力、手腕、委婉的方式去最大限度地削弱你所面臨的的道德難題。每當你成功解決了道德難題，都將會增強你的道德勇氣。（關於這點，你可以參看關於成功篇章的關於磁性的第三個事實。）

方法四：你應該努力去散發出你正常的道德衝動、本能與信念，使它們都能保持最大限度的自由，釋放出最大的能量。

方法五：你要下定決心，成為道德上自由的人。首先，你要在心理態度上做到這點，其次，你要在道德狀況這一方面做到這點。

方法六：最為重要的是，你需要堅持一點，那就是你要將自己的道德自我視為一個富有生命力的假設，將之想像成一個真正的自我，認為自己所擁有的一切都是合法存在的，所有這一切都是你應該獲得的，這一切只是現在由你負責保管而已。

這些方法必將能培養你的道德勇氣。如果你能夠持久地遵循這些法則，那麼這將讓構成你最好的自我的每個元素都變得富有磁性。所以，我們現在可以談論下面這幾點：

■ 3. 關於勇氣磁性的第三個重要事實。

每一種勇氣對那些與其存在於同一等級的事物都會產生直接的磁性關係，但對於處於其他等級的事物來說，這種關係可能是間接的。

　　成功在相當程度上取決於勇氣在人類關係中所做出的行為。很多人雖然有勇氣，但卻始終不知道該如何發揮這種磁性的勇氣。這些運用始終是建立在相關的法則之上的。

　　1. 這種法則要求你首先要認清楚你的勇氣本質，無論是生理、心理還是道德上的，這些都是與你所打交道的人息息相關。

　　2. 這種法則要求你必須要與你所打交道的人處於同一種勇氣本性，但你可能身在這種勇氣本性之上，也可能在此之下，這要取決於當事人的個性。

　　3. 這種法則說明了一點，那就是任何處於不同等級勇氣的人都可能對與他處在相同等級的人產生影響，但絕對無法對真正有勇氣的人產生吸引的作用。

　　上述這些將應用勇氣的磁性方法是我們可以借鑑的。在面對這些方法的時候，我們需要像是北極的探險者，我們只需要做到一些必須做的事情，其他多餘的部分是可以忽略的 —— 那麼，這肯定能讓你取得成功。

運用勇氣磁性的方法

■ 第一 —— 運用生理的勇氣的方法

　　1. 如果與你打交道的人具有這種生理上的勇氣，那麼你的顫動從一開始也要散發出同樣強大的力量。從某種意義來說，你必須要調動起內在的生理能量與無畏之心，才能做到這點。如果你從一開始就做不到這點，那麼你必須要進行自我刺激。無論何時，你都要始終讓自己保持強大的勇氣，讓你成為勇氣的化身，無論這種勇氣是本來存在的，還是你暗示自己的。從長遠來看，這種感覺必須要是真誠的，否則你就會失敗，因為你無法在這件事情上永遠地欺騙自己。你的勇氣顫動最後肯定會影響到別人的

神經中心，影響別人對你的讚美之情。當這個目的實現之後，那麼你就能控制他們。到了這個時候，你可以按照自己的意願去進行控制。但有一點需要注意，這需要根據你個人的智趣與道德磁性去進行控制。

2. 生理勇氣的中心是大部分生理活動的中心。很多生理活動比心理活動活躍的人在對一些設計他們個性的事情上，要比外在的個人形象的事情上做出更加強烈的反應。他們比較注意外在的訊號。

在運用這種方法時，我們可以運用一系列的肢體活動，去喚醒我們的生理反應。要是你對自己能夠取得成功產生懷疑，那麼這樣的想法必然會削弱你的能力。你需要根據你想要施加影響的人所持的性格，決定是對他們施加強烈或是柔和的影響，一旦你決定了，就要迅速地對他們釋放出持續的以太顫動波，這樣在別人反抗或是固執的本性阻撓前，你就能順利取得成功。

你要在相當長的一段時間內堅信一點，那就是你擁有勇敢的意志，這將讓你所展現出的表象成為你真正的印記。

當你運用這種方法時，你表現出來的勇氣可能還是處在心理層面上的，但這能隱藏在你的外在形象之下。

■ 第二 —— 運用智趣的勇氣的方法

1. 你必須要從透過某種途徑，去發現與你打交道的那些人到底處在怎樣的智趣層面上。

2. 接下來，你必須要發現他們的智趣能力。

3. 你的第三個任務就是發現他們智趣上的弱點。擁有強大心智慧力的人可能在品格上存在某些缺陷。

4. 第四個步驟就是發現別人的心理偏愛、心理傾向、信念及其他方面。

你這方面的努力需要時間與耐心，在這個過程中也可能犯很多錯誤，但這樣的錯誤會隨著你的努力變得越來越少，最後降到最低點。在這個世界上，沒有任何成功是有一條快速而又平坦的康莊大道可以走的。所以，你一定要記住這個道理，絕對不能向沮喪的情緒低頭，這也是所有為了成功而奮鬥過程中最重要的一步。只要堅持一段時間，你就會發現自己在這方面所具有的真正能力。

5. 第五個步驟包括磁性的適應。在你按照上述的方法完成了對自己的猜想之後，你需要繼續遵照下面的指引：

a. 在你與他人的所有交往中，始終讓你的內在能量感處於一種可控的狀態。

b. 只要你想找尋的是永久的成功，而不是曇花一現的成功，那麼除非你能夠以更高的道德準則去影響別人，否則你絕對不能讓自己去影響他人，這也是關於自我利益與他人利益的一個重要問題。

c. 你始終要保持一種冷靜、不受干擾的自信情感，對你所堅持的目標及計畫保持信念。

d. 透過你的智趣散發出的顫動波與智趣之人進行博弈。這種激發顫動波的方法必須要是處於純潔與真誠的想法。記住，一定要避免任何過於激動的爭論。你要讓內心始終保持絕對的冷靜，始終保持冷靜的頭腦，做到有禮有節，保持自己的尊嚴。你可以對別人提出的合理部分給予讓步，但一定要堅持自己的主要原則。記住，你一定不要用伎倆或是欺騙的手段。

e. 你要視與你交往的人而決定你所釋放出的顫動波，如有必要，你可以下降到與別人同樣的等級。人們銷售貨物來賺錢，這樣淺顯的道理是他們明白的。所以，你一定要用別人熟悉的語言去交流，站在別人理解的角度，去闡述一些事實與真相。

f. 與此同時，你發散出來的顫動波也要與別人的心理弱點處於一種和諧狀態，你要避開別人的優勢，轉而去攻擊他的弱勢。這樣做的祕訣如下：你將你的顫動波傳送到別人大腦中防衛較弱的部位，因為這裡的防線最弱，你就能在他毫不察覺的情況下對他整個人進行影響。

然而，在這裡，我們必須要明確一點，那就是你的動機一定要是高尚的。如果你的動機是不高尚的話，那麼別人遲早都會發現的，這將徹底摧毀你是施加給別人的影響。這也是關乎人類本性的一條顛撲不破的真理，整個人類歷史都已經證實了這點。人類數千年歷史都已經證明了一點「誠實是最佳的法則」。不誠實的人是很難長久地保持他磁性的顫動。

g. 你要努力地讓你發散出的顫動波與別人的心理偏愛、心理傾向及信念等方面保持和諧。一旦別人感覺到了這種和諧，那麼他們立即會崇敬你，而這種崇敬感會讓你牢牢地吸引他們。這種方法包括你要對他們喜歡的品味、提出的理論、個人喜好等方面給予一定程度的憐憫。只要你這樣做的程度能夠保持你的尊嚴，同時能夠避免讓他們對你產生敵意，那麼你就已經成功做到了。這需要你絕對的真誠。假如他人發現了你哪怕有一丁點的不真誠，那麼你就全盤皆輸了。我們現在接著闡述：

▓ 4. 勇氣磁性的第四個重要事實

在勇氣的每一個等級裡，勇氣的情感都可能是當事人透過自身的意志能力對身邊的人散發出的一種影響。

在此，我們可以發現，智趣的勇氣在相當程度上，其實就是一件關乎調整的事情。

你的勇敢情感必須要你本人全情投入，才能影響到你想要施加影響的人。

因此，你首先就很有必要了解對方擁有的智趣的勇氣。

第二步就需要你在心底安靜地施加你的勇氣情感，同時還要按照時機進行調整。為了達到這個目的，你的內在能量感必然會投射出一部分能量，你的智趣意志就是你的磁性的導航。此時，你可以在心底默唸這樣一句話：

「我充滿了勇氣的力量，我希望你也能變得勇敢 —— 否則，你就將接受我所施加的影響。」這句話的第一部分與後面一部分是否默唸，這取決於你的目的。

但你在這件事上展現出來的能力，你在運用這一方法取得成功的限度，這就完全是你心靈是否自由的問題了。智趣上的勇氣只能源於自由的心靈。因此，我們需要記住下面這個原則：

要想獲得智趣的磁性的首要因素，就是心靈的自由。

這一原則引出了下面一些格言：

第一條格言：自由的心靈總是能讓人充滿勇氣。

第二條格言：自由的心靈所具有的磁性，首先取決於這種自由的程度，其次，取決於其他人的心靈自由度。

第三條格言：自由的心靈能在一定程度上激發他人的心靈，讓他們變得勇敢，除非他人對你懷有明顯的敵意。

下面的幾個結論可以為上面的三條格言進行例證。

1. 當雙方都真正處於心靈自由的時候，那麼智趣上自由的交流是極富磁性的，當然這個前提是雙方都有共同的理解。這是因為人與人之間第二高階的以太顫動，幾乎就處在最完美的和諧狀態之中。

2. 當雙方認為自己都處於一種心靈自由的狀態，那麼心靈之間的開誠布公也是極富磁性的，當然前提是雙方要有足夠的相互理解。因為，他們首先都讚美自由，並且對這種顫動有所回饋，二是因為他們發現了一種比

他們潛意識中對自己的認識更為寬廣的自由，他們本能地想要追求這種更為偉大的自由，所以他們必然會趨向於擁有這種更加偉大自由的人。

3. 當雙方都意識到自己尚未處於完全自由的狀態，那麼讓自由的心靈開誠布公地進行談論，也是相當具有磁性的，前提還是雙方要有互信的基礎，因為當你意識到自己受到束縛，那麼你就會有想要追求自由的欲望，這些人就會在這個過程中發現一個目標，這個目標催促他們本能地趨向於那個更為自由的人。當自由的勇氣所散發出的以太為另一個人所感受到的時候——即便對方在智趣上尚未能領悟——但他們還是能對他們的個人事業給予積極的回饋。

4. 對那些心靈並不自由且對事實物質的人，開誠布公地進行交談就會缺乏磁性。這個事實給了宇宙一個龐大的使命，讓他始終將真正的宗教不與人類不純潔的行為混在一起。在這種情況下，我們應該進行一定的改變，關於自由的問題應該被放在不那麼重要的位置了。雖然如此，任何能夠喚醒別人靈感與激情的方法，都將被證明是充滿磁性的。

■ **第三：運用道德勇氣的方法**

有兩種類型的磁性與道德勇氣息息相關。

第一種是來源於偽裝的道德。這種磁性可能在與真正具有道德勇氣的人在一起時，保持一段時間，這種磁性存在的時間幾乎取決於偽裝者的智趣能力，因為道德勇氣經常是盲目的，而且對其所持的態度很信任。但是，事物的本性遲早會暴露，因為任何的道德偽裝者都不能永遠都保持緊繃的欺騙狀態，從長遠來說，其他人的道德直覺也是敏銳的。擁有真正靈魂的人遲早會意識到這種不協調的顫動，最後本能地驅逐這種影響。

第二種道德磁性源於將真誠的道德勇氣運用到生活的方方面面中。

道德勇氣要比其他方面的品質更加高級，但正是因為它能讓人變得簡

單，做起事情來直來直往，所以下面還需要花一點篇幅來講述一下。

對擁有道德勇氣的人來說，他所擁有的磁性可以透過運用本章談到的原理來得以實現。

對那些缺乏道德勇氣的人來說，只有當他們更好的本性被喚醒後，他們才會具有磁性。因此，你的磁性成功需要你在運用生理與智趣的勇氣上多加觀察，然後給予這種勇氣一個施加影響的方向。

下面幾點就是我們需要注意的。

1. 你可以透過別人身上假定的道德或是道德勇氣，來避免遭受欺騙，你可以充分從過去的人生經驗中汲取經驗，相信自己的心靈直覺。

2. 要想獲得道德勇氣，你就要努力去領悟其所具有的價值，時刻遵循你的道德感，努力去培養更加敏銳的道德洞察力，一方面要培養自己的道德，另一方面又要對出現的結果表現的滿不在乎。

3. 要想讓你的道德勇氣富於磁性，無論是在與道德之人，缺乏道德之人或是與那些沒有特別明顯道德特點的人交往時，都要保持心靈的完全自由，千萬不要努力去彰顯自己表面的優越感。你可以透過貶低道德價值的這個方法去做到這點。

4. 勇氣的質量給予我們一定程度的個人磁性，但整體來說，保持個人的以太顫動波就足以讓我們富於磁性。因此，你應該強迫自己總是記得第六個基本注意點：

每一種權利都包含著義務。

在你的勇敢生活裡，你應該回顧第三章裡的那個重要格言：任何的成功都會將人的自我推向極致。

將你自己視為一個充滿生命的人，認為自己必將能夠取得成功。

信念

我向命運吐露祕密，

我跪在她的膝蓋前，向她吐露我的自信的欲望。

我匍匐在她的腳下，滿懷期望，心中毫不懷疑。

我用加倍肯定的神色，盯著她的臉，

我猜想她的禮物是屬於我的，

我要求，她也吐露她的祕密。

就像一尊獅身人面像端坐在命運之子，

在這個世界廣袤無垠的平原上，

歲月風乾凝固後的石塊 ——

凝固了夢想的母親與不可一世的成就，

而她身邊卻是世人發出的喧囂聲，

探索著未知的世界。

但我對她俯首帖耳，

貼在她華麗的衣袍下，抬頭望著，

我的靈魂感到前所未有的自信。

因為我就是力量 —— 活像一個太陽刺穿了她的心臟。

我就是信念 —— 一顆熊熊燃燒的火焰使之軟化。

我與強大的確定因素為伍。

法律、事實、格言、原則與商品

強迫她改變永恆的惰性，

進入一種讓步的聲音。

這是上天恩賜讓我們綻放出來的微笑，

也是一雙伸出來的手。

哦，我深深地明白，

屬於我自己的寶藏遲早會到來 ——

這是真的！這是真的！這的確是真的讓人無法相信！

我與嚴苛的母親

都在靜默中明白這點。

我可以等待屬於我的命運。

但是，我要努力歡呼，

我向被歲月風乾後，固定在石塊中的影像

吐露我的命運！

—— 作者

第十一章　成功的自信

在你的靈魂中，潛藏著一股力量，
讓你成為一個男人 —— 成為具有神性的人。
他，就像一個安靜沉默的王，駐守在
寂寞的榮光閃耀的地方。
或是向他告別，讓他感受到排場與驕傲。
一位國王最隆重的儀式，
都抵不過你說的一句話。

—— 作者

信條

自信創造並且保持磁性的和諧。

　　缺乏自信的人會展現出如下一些缺點：羞澀、靦腆、冷漠、膽怯與過分誇大的恐懼。這些精神上的狀態與磁性都是相互排斥的。一般來說，缺乏自信會展現出幾個明顯的態度（要想獲知對態度的定義，可以參看第五章的第十個方法。）

　　自我對事情的態度。

　　自我對他人的態度。

　　自我對事件的態度。

　　自我對自我的態度。

　　在每一種情形中，這些態度都說明了你內在的以太處於一種放鬆的狀態，疑惑與讓人失敗的心理暗示會在執行過程中造成災難性的後果——這將透過催眠的方式對你直接產生作用，也可以透過傳送別人的以太顫動波，激發別人身上一陣富於磁性的情感，讓別人對你不那麼可靠的信念持有積極的看法，這算是一種間接的影響。

　　打比方說：你恐懼你的自我，其他人就不會相信你。對這句話的解釋是很簡單的：

　　1. 你內在的顫動行為是軟弱的，因此，你無法給人傳遞出任何一種能量的感覺。

　　2. 你內在的顫動行為是讓人迷惑的，因此，你會散發出大量的顫動波，希望能以別人保持意志，因此，你產生了許多與別人相衝突的印象。

　　3. 因此，你的內在顫動不禁無法喚醒你的自信，而且還能傳遞出你的主要思想——就是你的自我不信任。

因為磁性的法則是這樣的：

你的以太氣場總是受到主要的以太顫動的影響 —— 這種精神上的想法能持久地主宰它的運動。

另一方面，要是我們處在充滿自信的時候，那麼我們一般都會：

1. 擁有強大的內在能量。

2. 強大的外在顫動波。

3. 波動方面出現的統一與持續。

4. 激發附近的事物一種信念。

5. 和諧的顫動吸引變得過剩。

這些因素執行的方式是顯而易見的，神經系統持續地以強大的能量進行工作，無論當事人表現的多麼消極。從神經系統散發出的以太顫動都是強烈、迅速與持續的。它們能夠傳遞出一個印象，也就是主要的思想。因為這是唯一的傳遞途徑，此時你整個人的自我才是充滿生命力與自信的。自信的「音調」有時會與接收者的以太磁場及他的大腦原子處於一種和諧狀態。那麼，其他人就會對此產生一種敬佩感（如果這種自信的「音調」沒有過分喧囂的話），因此，他們就能夠吸引人。

當上面這些因素都在你的精神磁場裡變得持久的時候，那麼之前談過的重要磁性法則就展現出來了。

現在，如果你缺乏自信，無論是因為怎麼樣的原因，你都需要牢牢按照下面的方法去做：

培養自信的方法

■ 方法一：面對這些方法你所處的位置

從某種意義來說，你展現出的自信的有效性取決於你對本書中提到的那些磁性品質所持的位置。

1. 首先，你可能對自己擁有這些品質並不是特別在意。你可能只是下定決心去學習，習得這種方法，然後去運用。這種決心一旦被執行之後，就會逐漸將你的這些品質變成你長久的能力了。你的意志會讓你的這些品質逐一變得富有磁性，讓它們變成更為聚合的一種力量。

當你完成了這項工作之後，你已經發展了自己的自信。這樣的結果是肯定的：你的自信會在你將這些品質運用到生活中後，讓你的人生變得具有磁性。你要下巨大的決心，讓自己去取得成功。

2. 第二種情況，你意識到自己的這些品質差不多已經處於完美的狀態，這樣的自我意識讓你能擁有相應的自信。現在，你需要不斷改進自己已有的品質，你的工作會讓你獲得極大的自信。記著，你需要自信地朝著意志的成功努力。

讓我們進一步地闡述這個問題：

第一種情況 —— 你有能力去獲取下面這些東西：

健康，忠誠，勇氣。

意志的力量，榮耀，大腦能力。

敏捷，希望，對系統的信念。

▪ 生理上的磁性

必然的結果：自信 —— 成功的意願。

第二種情況 —— 你或多或少地擁有：

健康，忠誠，勇氣。

意志的力量，榮耀，大腦能力。

敏捷，希望，對系統的信念。

- 生理上的磁性

出現的結果：不斷改進的意志 ── 肯定了自信 ── 取得成功的意志（這是必然的）。

你需要在此打住，直到這個方法所具有的真正意義能為你清楚地領悟。毫無用心的閱讀無法讓你有所收穫。

方法二：回憶過往的錯誤

此時，我們需要注意以下這幾點：

1. 這一方法要求你對過去的錯誤給予最坦誠的的認識。從現在開始，你要立即從你的生活中清除造成這些錯誤的原因及可能帶來的結果。

2. 與此同時，也許這個巨大的任務可能會讓你感到沮喪，但你絕對不能屈服於錯誤滋生出來的壓抑影響。熟讀這本書應該能讓你成為掌控自身情緒的主人。

3. 這一方法還要求你在面對所有錯誤的時候，都要做到兩面看，盡可能地從過去的錯誤中挖掘積極與有用的東西 ── 但要避免自我欺騙的行為。

4. 錯誤會讓人容易屈服於別人的判斷，或是依賴於自己的判斷。第一個例子可能帶來的唯一價值，就是讓我們重回自我依賴。第二個例子裡的最大代價也算不上是昂貴的，因為你總能留下唯一合理的指引 ── 你個人的決定。你一定要堅持自己的立場。人類每一個靈魂遲早都要憑藉自身的判斷去管理自己的人生。

■ 方法三：回憶過去的成功。

與之前的方法類似的是，下面的這幾點是讀者朋友們需要注意的：

1. 在每天行將結束前，你都要回憶你在過去二十四個小時內所做的成功事情，並在盡可能不自我欺騙的前提下，誇大這些事情的重要性，與此同時，堅決地抵抗臆想出來的重要的成就給你帶來的壓抑影響。這樣的行為你應該一直重複，直到成為你的第二天性。如果你已經做到了最好，那麼你也完全不需要自責。

2. 在你方便的時候，比如每隔一個星期，用同樣的方式去回憶你人生中主要取得的成功。

3. 在你方便的時候，好好分析你生活中的成功是在怎樣的情形下取得的，是處於什麼原因，你運用那些法則，取得了怎樣的結果。你應該誇大這些因素的作用，並且牢記在心。這些因素能夠指引你未來的前進。

當前的工作所具有的價值就在於它對潛意識所產生的作用。你深層的自我會在你工作的時候獲得清晰的想法，正如你的成功及成功的因素會陪伴你一樣，而這樣的想法應該逐漸成為你潛意識裡不可或缺的一部分。你的以太顫動肯定能夠出現一些特點 —— 這是關乎靈感與鼓舞的事情 —— 因此會向你的信念自動發出這樣的暗示，你能夠重複過去取得的成功，甚至能夠超越以往取得的成功。不用過多久，你就能透過這樣的潛意識過程，消除恐懼的波動與阻礙你前進的想法，不讓它們構成對你的阻礙。

■ 方法四：確認自信為一個事實。

這個方法的目的就是要透過不斷地心理暗示，為你營造出這樣的心理狀態。你可以按照下面的要求去做：

1. 你每天只需要騰出幾分鐘的時間，讓身體處於完全放鬆的狀態，讓心靈處於一種貧乏的狀態。你具體可以這樣做：嘗試著深呼吸與肌肉伸

縮鍛鍊（可以像貓那樣），時間是一分鐘。你要讓自己處在一個舒適的位置，無論是坐著還是斜倚著，讓你的每一根神經與每一塊肌肉都得到放鬆，放空你的心靈，只留下自我滿足感，花時間去確保自己的精神與生理都處在一種惰性的狀態，在此時，你只需要花五分鐘的時間，內心不要激動，讓自己在心底默唸這句話：

「我的身體正在吸收並且逐漸充溢著磁性的力量。」

在你即將結束這個訓練的時候，你要滿懷自信地感受內心的想法：

「我屬於成功人士的階層，我就是成功的典範！」

2. 在平常的日子，你要時常用這些積極的想法去為自己的自信充電。你將發現這樣的自我暗示所帶來的作用是非常寶貴的。

3. 在你與他人的所有交往中，你都要保持禮貌與緘默的面具（如果情況需要的話），始終最大限度地儲存你內在的能量與無所畏懼的自信。如有必要的話，不斷透過肯定自己與堅持內心的想法，讓自己擁有諮詢你的感覺。記住，要讓深刻感覺內心最深處的情感。

4. 在處理個人關係的時候，你可以按照上面談到的所有關於勇氣的磁性的方法，儲存自己的情感力量。

5. 但是，你可以按照時間、所處的狀況或是別人所具有的不同特點，去估量自己應將自信展現到何種程度。

6. 透過讓你隱藏的意志力富於能量與持續的努力，讓你自信的情感從你身上流露出來，實現你富於磁性的目標。你可以透過這樣的想法，認為自己就是一塊能夠散發出自信顫動的電池，讓你能夠將自身的情感傳遞給別人。當然，我們的行為必須要與行動保持一致。這樣的方法必然能夠讓你擁有這樣的心理狀態。

■ 方法五：形成正確的自我猜想

心靈通常會讓人嚴重扭曲現實。缺乏自信會讓人產生一種貶低自身成功的傾向，反而會誇大自己遇到的困難及別人取得成功的難度。這一條方法就是幫助你擺脫這樣的心靈扭曲。

1. 你應該擁有並儲存一種深厚的情感，認為自己有能力取得其他人能夠取得的成就。但你應該記住，你的成功是不可能超過你與生俱來的天賦。因此，其他人的成功是不能成為你自身成功的一個絕對標竿。因此，你需要避免一些錯誤的習慣。

a. 那種拿自己的失敗與其他人比較，讓自己感到沮喪的習慣應該被嚴屬地壓制。一個人的失敗可能在別人眼中就是成功了。你的失敗只與你的能力有關。如果你的失敗看上去比別人更加嚴重，那麼這個看似的事實應該為你所完全忽視。

b. 拿自己的成功與別人比較，讓自己感到沮喪的習慣，也應該為你嚴屬壓制。在這裡，我們需要談到，所有的成就都只與個人的能力相關。你所取得的成功很可能要比用來與你比較的人更偉大。

在這兩種情況下，你看問題的視角都是錯誤的，你的比較思想激發你的以太反應與自動的心理暗示，讓你更容易感覺到自己的不自信。

c. 你應該避免為自己設立一個隨意的成功標準，不需要透過觀察別人或是按照自己內心的欲望去做決定，而斷然忽視了自己原本的天賦與所處的環境。你可能追求多個目標，但最後都失敗了，但即便如此，你還是可能在其他方面取得了成功。這本書真心希望你能夠最大限度地發揮自己的才華，讓你篤信一點，那就是如果你努力地去做一件事情，那麼你現在就是處於一種成功的狀態。記住：你的天賦到底在哪個極限，只能透過你們全部的人生努力才可能見分曉。

2. 現在，你應該透過了解自己的天賦與所處的環境，去估量你的成功責任與成功特權 —— 這些都是你應該努力去提升的。

■ 方法六：抓住機會。

自信既可以是一種天賦，也可以是後天習得的。在後天習得的這方面，這需要我們成功地抓住機會。每當我們因為內心的恐懼而拒絕了某個機會，那麼我們的信心就會受到削弱，也就是說，我們的意識會不斷地強調自己缺乏信心的這個訊號。缺乏自信所喚醒的以太顫動也會對你潛意識造成傷害，讓你處於跟不自信一樣的精神狀態。無論任何時候，當我們接受了一個機會，那麼阻力就立即會出現：你接受機會的這一事實會增強你對自我的信念，雖然最後的結果可能並不總是讓人滿意的，但前提是意志能夠堅持下來，去接受其他方面的機會。在運用這種方法的時候，自信的成長是不能被偶爾的失敗所阻擋的。從絕對意義上來說，從來沒有人是完全失敗，或是完全成功的，只要他們努力過，就不存在這個問題的討論。下面，我向你們提供一些具體的建議：

1. 你應該隨時做好準備，透過發揮自身的敏銳與保持忠誠，特別是注重生活的細小方面，隨時做好充分的準備。對那些一心想要發展成功磁性的人來說，生活中每一個細節都是極富價值的。

2. 你應該懷著自信 —— 無論這種自信時發自內心的，還是你強迫自己的 —— 去接受你所面臨的每一個機會。成為最好的你，堅定地相信自己能夠取得成功，對所有的恐懼與憂慮關閉心靈的大門。

3. 你要時刻努力做好準備，你應該尋找那些看上去並不是很明顯的機會，並且去創造那些原先並不存在的機會。要是一個人能夠在創造機會的過程中始終保持認真的態度，那麼這個努力的過程必然能夠發展他的自信。

4. 對那些失敗者而言，當他們抓住機會後，就要多向別人了解情況，並且應用上面提到的那些方法。

■ 方法七：隱藏你的不自信。

所有不自信的表現一旦暴露出來後，肯定會在別人的心靈中扎下根，因為你會向外發散出一種不自信的以太波，讓別人對你這種以太波做出反應，最後再給你相應的回饋。所有不自信的行為一旦得到掩蓋之後，就相當於部分被掩飾了。在第一種情況裡，你與自身的不自信及你讓別人覺得你不自信的心態做鬥爭。在第二種情況裡，你只是與自我的情感做鬥爭。當你努力去掩蓋它們的時候，你就會去壓制它們，那麼你就能削弱恐懼的以太顫動。一旦你處於一種不同的心理狀態，那麼別人顯然的無知與你成功地掩蓋了你真正心態就會給你帶來自信。因此，你需要按照下面的指引去做：

1. 你絕對不能讓自己沉湎在不自信的深溝裡，也不能覺得自己很無能 —— 一旦這些不良的感覺出現後，你就要立刻趕走這樣的情感。

2. 你要想盡一切辦法去掩蓋自己的不自信，不讓別人知道。你要養成戴上不外露情感的面具的習慣：記得佩戴保持禮貌的面具，讓你的大腦、嘴巴、眼睛、聲音、手勢及行為都展現不出你內心真正的想法。

當你獨處的時候，你可以透過想像自己面對著別人，但卻始終沒有向他們展現你內心真正的自我，強迫你的臉龐、神經與嘴巴等器官都表現出你想要展現的東西。這樣的訓練會讓你逐漸變得強大與自信。

這樣的訓練可能收穫兩個結果：個人關係之間的磁性與不斷提升的自信。

3. 我建議讀者朋友們努力去看透與你打交道的人所戴的的自信面具，但在這過程中絕對不要顯露出你努力的樣子。你將會發現，他人也通常是用自信的面具來偽裝自己，雖然如此，但這樣的面具還是能讓他們收穫成

功，這樣的發現也將鼓勵你更加勇敢地走下去，因為他人其實也沒有比你自信多少。

■ 方法八：形成成功的信念。

這個方法主要是處理一個很重要的問題。成千上萬的人都鬱鬱寡歡地認為，成功並不屬於他們，無論怎麼努力，失敗都是他們最後的歸宿。篤信你能夠取得成功，這是屬於你特權。下面的一些指引肯定能夠對你有所幫助：

1. 你可以透過讓自己深刻領悟本書所倡導的精神，篤信取得屬於自己的成功是你與生俱來的權利，透過這樣的心理暗示，建立起自己的成功的信念。你要深信一點，除了成功的信念之外，其他的信念都是錯誤的，只能給你帶來災難。你可以滿懷豪情地肯定自己能夠取得成功，並且沉浸在這種成功的信念，直到這樣的信念成為你靈魂中不可或缺的一部分，那麼你肯定能夠培養這樣的信念。

2. 你可以用意志力與時刻的訓練去養成這樣的習慣，不要將你生活中遇到的困難看的太重。你要相信，任何合理的事情都是有可能去實現的。如果你能夠將困難擴大化，那麼你也能將之縮小化。這樣的努力只是需要你的一些時間與耐心。在這個過程匯總，你可能需要勇敢的自我肯定：

「我能！我就是力量！我能夠走到，我能夠戰勝我應該戰勝的困難！」

3. 每當你對自信提出了一個要求，那麼你就要果敢地向自己肯定一點，你能夠做到，你能夠完成手上的工作。

4. 在你的私人生活裡，你要保持這樣的情感，同時要低調做人，不要自吹自擂，要學會自力更生。你要將自己想像成一塊已經充滿了智慧能量的電池。

將你自己視為富有生命力的人，認為自己一定能夠取得成功。

如果你正確地認為自己享有成功的特權，如果你能以恰當的眼光去面

對困難，但始終懷抱著能夠戰而勝之的心理態度，如果你在需要的時候說出你的自信，如果你認為自己能夠做到上面所說的一切，那麼不用多久，你的心靈就將充滿了成功的信念。

5. 現在，你需要遵循下面的指示，在這個過程中，你需要極為認真，懷著虔誠的心態去面對生活的儀式。

A. 序曲 —— 在一天開始的時候，你就要讓自己與純潔的宇宙處於一種和諧的態度之中，你可以在心底有意識地重複這句話：

「我與純潔的宇宙合而為一。我就擁有純潔的人生！」

B. 祈求 —— 懷著一個願望默唸下面這句話，記住一定要在心底默唸，保持專注，充滿自信。

「現在，我就從宇宙力量中汲取所有必要的能量，讓我獲得今天的成功權利！」

C. 肯定 —— 這一天，你要對自身的正直與你取得相當程度的成功保持深沉的信念。你要相信自己。你要相信你的工作。你要相信自己的命運。你要控制自己的情緒，默唸下面這句話 ——

「我與純潔的宇宙合而為一。現在的每個時刻，我都在接收著所有需要的積極力量。」

D. 認知 —— 一天行將結束，在你入睡之前，你要想純潔的宇宙表達你的讚美與尊敬之情，當你緩緩呼氣的時候，要在心底默唸這句話：

「我向你貢獻了最好的我，我認知了所有的好處，向你表達我的忠誠。」

■ 方法九：發展與保持自己的氣度。

當各種情緒湧進你心靈的時候，你的自信通常都會隨之消失。當身體處於崩潰狀態，當神經處於失控狀態，當你身患重病的時候，心智或多或少都會受到影響。憂慮、恐懼、沮喪等情緒都會影響個人能量的發揮。但

即便如此，心靈最後都可能取得勝利！

在很多情況下，我們都可以透過信念與意志的力量去驅趕身體的惰性。

在很多情形下，你需要回想起下面一些事實：

情緒本身是變化無常的，所以也是暫時性的。

無論情緒出現的根源是什麼，它們都只是一時的，根本不是你心靈生活的本質所在。

當它們反覆無常地出現的時候，也會毫無緣由地消失。

當這些情緒進入我們的心靈，生活似乎就蒙上了一層讓人不悅的陰影。當它們消失的時候，一種驚奇的感覺從我們心頭冉冉升起，似乎之前所經歷的不愉悅的情感，所持的態度都是錯誤的，都應該被視為我們的敵人。

因此，我們絕對不能相信情緒本身。暫時性出現的情緒說明我們的以太顫動尚未處於一種可靠的狀態，無論出現這種狀況的原因或是品格的問題。自信的真正目標應該是聽從我們內心的「國王」，而不是眼前這些稍縱即逝的情緒。如果進入我們心靈的是是一種積極樂觀的情緒，我們當然要最大限度地去利用，但我們還是不能相信這樣的一種情緒，因為它們可能毫無緣由地消失了。如果進入你心靈的情緒讓你感到不快樂，那麼這同樣是不可信的。我們要保持心靈的鎮定，將這些情緒視為外來的入侵者，看成是撒謊者，認為它們是反覆無常且錯誤的，因此應該被我們無情地逐出心靈的大門之外。這個方法可以從下面幾點進行詳細的解析：

1. 你需要完全控制因為反覆無常的狀態所產生的情緒。你可能在研究自身的性格，熟知這樣的情緒類型，分析它們，注意它們存在的原因、狀態、反覆性與錯誤性，來實現自己的這種控制。你絕對不能給予這些情緒任何正面的評價。你應該時刻貶低它們存在的價值。當這些情緒來襲的時

候，你要保持耐心，拒絕向它們低頭，自信地等著它們的消失。如果你下定決心，希望透過學習這本書來保持這樣的磁性態度，那麼你最終必然能夠擺脫情緒套在你身上的枷鎖。

2. 此時，你需要記住一點，那就是身體的氣質是精神能量處於最佳狀態所必不可少的。你可以透過認真注重身體的結晶，特別要重視有關健康那一章所提出的建議，透過這樣的方法去培養自信。

3. 你還需要讓宇宙的完美力量進入你個人的磁性，這可能透過讓你的心靈能量處於一種和諧的合作狀態，不斷挖掘與保持你心靈最高層次的氣質，讓你的生理與精神層面都得到最大限度的發揮。

4. 你可以篤信一點，那就是身體與心靈所具有的讓人歡喜的氣質，是可以透過安靜的內在堅持去培養，讓我們的精神處於愉悅狀態，讓我們的身體處於健康狀態，讓我們的心智處於敏捷與充滿力量的狀態 —— 總之，讓我們的個人狀態處於最好的狀態 —— 當然，這一切的前提都是我們完全遵循精神與生理的法則。

當然，這些事實都是有其限制性的。要是你的神經力量處於匱乏狀態，要是你剛剛從一場恐怖的事故中走出來，如果你的心靈沉浸在萬分的痛苦之中，那麼你是不可能獲得這樣的氣質。要是面臨這樣的情形，你應該避免激烈的腦力活動，讓你自己處在一個相對安靜的態度，更容易接收宇宙的力量，耐心地等候自己能量的恢復，為下一個成功的需求做到準備。你能夠以這樣的方式去讓你深層次的自我慢慢恢復到正常的狀態。這種方法也能運用到情況不像上面所說的那麼嚴重的情形上。即便如此，在一般的情形下，你生理與精神的氣質都能夠透過自信的自我肯定得到發展。現在，我們可以闡述下面這一條關於身體精神控制的重要法則。

精神 —— 生理的控制現在並不是萬能的。但是，現在還沒有一個真正合理的理由，讓人相信，要是心靈擁有一個對其本質最佳的機會 ——

或是假如遇到阻滯，就會因為多年來不規律的生活是恐懼的無知——而讓人無所適從。當惡劣的環境已經榨乾了我們最重要的能量後，意志與信念就無所依附了，心靈就沒有能力對自身或是對他人做出回應了。因為精神的能量已經被消耗殆盡了。但是這樣的消耗並不總是如此的。通常來說，內在的以太活動與原子或分子自然或獨立的顫動都會繼續，雖然能量會變弱或是出現紊亂，但心靈本身或多或少還是擁有能量的。當然，這也要取決於每個人的具體情況。即便一些人有些時候看上去不堪重負，但要是能懷著一種開放的態度，耐心地等待，不斷地堅持，雖然這個過程會感覺比較脆弱，但卻能讓這些活動與顫動都連在一起，直到你能夠緩慢地將這些能量累積起來，獲得與宇宙能量同樣的節奏，然後，靈魂就有能力去對自身的需求給予回饋。

這就是精神治療對個人的氣質健康與自信所具有的價值。這種治療方法並不具有全能的效果，但它背後潛藏的事實卻是歲月最偉大的發現。人類的自我隨著時間的推移能夠重拾他的自主性。下面這句鼓舞人心的句子獻給你們：

「我安靜地接受宇宙的力量。我自由地向他們要求獲得我的生理與心理的氣質。我很好，我擁有足夠的能量。我相信自己能夠提升我的身體與心智！」

現在，我們可以討論一下自信所具有的磁性作用。

你的自信感是個人以太發出一種積極的顫動，若是能夠持續的話，就能在他人身上獲得一定的回饋。他們能夠感受到你的自信，這樣的情感一旦延長之後，就可以透過暗示的方式作用於神經中心。有時，他們甚至會屈服於你的意志，並且準備要執行你的想法。要是你能夠憑藉自身的信念與意志去對他們發散影響的話，那麼他們是很難抵抗的。有時，正如那句老話說的，他們會向你這邊趕過來，但你也要注意，這並不一定就能取得

真正具有磁性的結果。我們寧願更好地贏得別人深思熟慮後的認同，這樣的結果能讓我們更加的確定，除非外在的因素或是一些讓你無法質疑的強大品格阻擋著你，讓你感到毫無希望 —— 這些情況下的建議是你不應該去承認的，誰也不可能一直是贏家。成功是指一般性事情的成功。從這個層面來看，雖然別人來了又去，去了又來，但只要你能夠堅持自己的信念，那麼運用自信磁性的這種方法肯定能讓你收穫成功。

但你一定要記住，在你使用一些方法去激發對方的敵意時，你是不可能在與你打交道的人面前保持充分的自信。

現在，你可以回顧我們一開始所提到的原則。自信能夠創造並且保持磁性的和諧。因此，我們能夠進入下面這個部分與自信磁性相關的態度與教訓。

在本章一開始的時候，我們就談到了幾種態度，並且還涉及到了一些極為重要的附屬章節。

第一個態度：對事情的磁性自信。當你觀察一位做事充滿自信的人 —— 比如動物、器具、機械、火車、輪船等等 —— 你都會發現這些事物集合了某種能量與不可動搖的信念。這在你心底會產生一種集合了信任與崇敬的情感。在其他條件都相同的情況下，你可能就會受到這些人的吸引。你的以太顫動波對這些事物給予積極的回應。在此，我們又得出了下面這個教訓：

第一個教訓：你應該假定，如有必要的話，你可以強迫自己對你必須要做的事請保持絕對的自信 —— 讓你對安全的因素充滿了自信。你可以在這方面進行持續的努力，那麼不用多久，你肯定能夠激勵自我與他人。你將讓第二與第三個預備目標成為你人生的指引，讓你獲得鼓舞與靈感。

第二個態度：對他人磁性的自信。如果一個人充滿自信，你對他的能力真正或是假定的自信都會與他的以太顫動處於和諧狀態，喚醒他內心一

種友善的情感，讓他知道自己已經擁有了什麼，因此這也能吸引你。如果一個人缺乏自信，那麼你展現出來的自信模樣就能鼓勵他，並有可能喚醒他內在的能量，同時還能喚醒他意識中一種滿足的情感，讓他對你所持的態度也充滿了磁性。你向他的以太磁場發散了你的自信感與你思想波的和諧狀態。這些事實引出下面這個教訓：

第二個教訓：每當你想要贏過別人或是利用別人，你都要盡可能地保持自身的榮耀，對別人的能力抱有一種高度的自信，相信他們能夠在某項特定的事業中取得成功。

第三個態度：對事件的磁性自信。作者理智而堅定地相信，人類心智某種玄妙的能量可以透過對自身信念的肯定，在一定範圍內去讓事件安全地度過。信念是一個範圍很廣的詞語，與其他語義豐富的詞語一樣，這個詞語囊括了信任、意志的力量、精神的力量、回饋能力還有抓住現實中想要事物的一種專橫的潛意識欲望，以及認為自己的全部能力尚未得到全部的發揮與展現。我們所生活的這個系統每天都在不停的調整，或是至少為了每個人而做出調整。在現有的宇宙體系下，個人才是排第一位的，人群還是次要的。

個人需要進行調整，這意味著我們在讓個人以太與無限的宇宙空間處於和諧，必須要更加努力才行。

宇宙系統方面做出調整，這意味著它也要做出相應的努力，讓它與個人處於和諧狀態，並且做好隨時滿足個人提出的正當需求。

你是無法滿懷自信地提出你的判斷力與道德本性都反對的要求。

但如果努力地讓自己的以太個性與宇宙力量處於一種和諧狀態，那麼你就可以完全依賴於這本書中所提出的預備目標，特別是關於你取得成功的權利。在這樣做的時候，你需要對自己的成功權利發揮理智的判斷，這樣的鍛鍊會讓你發現你的成功義務，這樣的發現還會讓你對宇宙系統產生難以磨滅的信念。

因此，你會讓你的以太電池處於最佳狀態，讓它與以太空間處於最佳的狀態。

在這樣充滿能量、和諧的精神狀態下，你可以憑藉自己對成功所擁有的天賦，去向宇宙的力量提出一個合理的要求。

對每一位擁有正確生活態度的人來說，宇宙力量是可以為他們所用的。

你憑藉堅持的努力而培養讓人鼓舞的自信，要是在能用無限的勇氣與希望去充電，就能向外發散出持續強大、和諧與讓人振奮的顫動波，能夠強迫一些尚未展現出端倪的事情露出原形。人類歷史上每一位成功的人士都用自己的人生證明了這點。

獲得成功的事件創造出來的自信態度，這是你的特權。這樣的態度並不只是一種神祕主義，這涉及到我們的判斷、敏銳、忠誠、希望、勇氣與意志力 —— 所有這些因素都需要我們認真地努力。但最為重要的是，這些因素能夠催生你身上一種偉大的能量，我們稱之為神性。

每一個人的靈魂所具有的無限性都是他人所無法窺探的，也要超過我們對此的所有認知。對人類個人的培養，就是培養神性的過程。掌握了內在的神性就能對事件有了神性的控制。

磁性的自信就是一種充滿活力的力量。

這是一個現實 —— 而並非僅僅一種狀態 —— 這是一個與萬有引力一樣具體的事實。

這就是造物主的力量。因此，我們有了下面這個教訓：

第三個教訓：你應該讓靈魂的每個角落都發揮出真知的力量，在你安靜的需求中，發揮你信念的磁性力量，運用你最佳的判斷力，透過你的自我認知與過往的經驗去仔細規劃，肯定屬於你的特權與權利，那麼你必然能夠將宇宙的力量引入你的生活中。你可以透過嚴格遵循現實生活的合理

性努力，在不可思議的玄妙能力與合理與普通的常識之間取得平衡，去抵抗幻覺或是出現的失望情緒。

遵循這個教訓必然能讓你像事件的泰斗那樣，發展屬於自己的合理自信。

此時，你需要下面這樣一句話：「我需要健康、富足與能力的釋放——（或是任何你覺得合理的要求）。我肯定能夠收穫這樣的能量！」你可以在生活中應用這些教訓。

第四種態度：對自我的磁性自信。

顯然，這種態度涉及前面提到的兩種態度，即對事情的自信與對事件的自信，這兩種態度都是自信的不同表現形式。因此，這種態度的重要因素都被第一種態度與第三種態度所掩蓋了。

對他人所持的磁性自信所具有的重要性，僅次於我們對自我的自信，因為以太的能量是巨大的，但對自我的自信是不可能伴隨其中的。你的磁性力量可以透過對弱者的回饋去衡量。這樣的憐憫與同情是不具有磁性的。磁性本身是「寄生蟲」的出現——即便偶爾出現了這些東西，那麼它也是在忍受而已。富於磁性的人是具有力量的，所以是不可能受那些展現出不自信之人所吸引。如果你缺乏自信，那麼你可以透過向別人展現出你的信念去取悅他們，但你卻無法喚醒你內心真正的信念。此時，我們有了下面這個教訓：

第四個教訓：如果你已經擁有了自信，那麼就要透過堅持你的成功權利，實現你的成功義務，儲存你生理與心理最佳的氣質去保護你的自信，這樣的話，透過最大限度地利用本章所揭示的重要因素，讓你的以太顫動不受到損害。

你應該富於磁性地運用你的自信。也就是說：

1. 根據時勢與外在的情況去估算。

2. 根據與你打交道的人所持的個性去估算。當有需要的時候，你可以展現出極為自信的你。

3. 當展現過分的自信會招致他人反感時，記得隱藏你的自信。

4. 保持內在充沛的能量與磁性思想，正如下面這句話所建議的：「對自我的自信，能夠喚醒你的信念。我能夠獲得你的信任，我能夠隨意地贏得你的信任。」

這些關乎希望、勇氣與自信的教訓都是極為重要的。現在，你需要指出本書中這些教訓重要的原因，並且要接受與利用下面的這條法則：

所有真誠的希望、勇氣與自信首先存在於潛意識的精神層面，然後加以釋放。意識的自我是有力量的，但不能創造、演進或是直接指引它們，一方面，讓這些能量處於沉睡狀態，另一方面，為它們提供管道與機會去釋放。因此，這些品質的磁性取決於你在潛意識中對他們設想的圓滿程度，以及運用你在潛意識中的能量與能力，去主宰你的意識生活，透過通靈或是感官意識，根據與你打交道的人，做出不同的調整。

記住！這本書中提到的所有教訓都是教育潛意識自我的絕對可靠的建議。

還是要提到這本書中最重要的思想，也就是這本書中每一頁都散發出的中心思想，所以，本章以這一思想來作結：

將你視為富於生命力的人，相信自己必然能夠取得成功。

大腦

它是珍珠鸚鵡螺，

具有生命的靈魂的家。

它是國王的皇家宮殿 ——

它是最高無上的皇位。

它是以太孜孜不倦的追求結出的花朵，

散發出各種香味，綻放出美麗的花朵，

彰顯出宇宙無盡的力量，

上天的法則，

不論是天涯海角，

都一直伴隨著我們。

這是造物主最後的成就，

這要比鋼鐵還要硬，

比轉瞬即逝的膠片更容易被摧毀。

分析它，讓人絕望，

它是祕密的藏匿者，

也是儲藏難以計數的細胞的宮殿。

這是讓人難以置信的機械，

讓人感受到宇宙的每一種力量與性質，

人類只能張開口感嘆，

對此無以言表。

這是難以置信的傳送器 ——

傳送化學的活力，傳送精神的原子 ——

傳送整個以太的顫動 ——

解析所有的資訊 ——

傳送每一句構想出來的話 ——

它具有超自然的雙重性，

像電池那樣充著電，卻儲存著自我。

上帝的原子在精神的創造中

建造一個美麗的無形世界 ——

它就是人類的大腦！

—— 作者

第十二章　大腦能量的勝利

電池不能創造任何力量，
不管你怎麼釋放。
以太波只是遵循其自然的過程，
經過類似於泥土的精明細胞。
如果你想贏，這就是你的源泉：
這是心靈取勝的方式。

—— 作者

信條

活躍且具有磁性的心智慧強烈地吸引我們。

　　從本質上來說，大腦的能量是富於磁性的，因為這代表著神經系統中一種強烈的原子顫動。當大腦能量釋放出來的時候，神經物質就會處於活躍狀態，心靈的器官就會處於緊繃狀態，個人的以太也會在瞬間處於顫動狀態。

　　但我們必須要明白，大腦能量與知識並不能劃上等號，也不能與天才劃上等號。

　　知識是精確的，是就某些議題或是一個大的方面進行的一些分類的資訊，這需要我們具有某種特定的心理品質。雖然如此，很多缺乏重要大腦能量的人也能掌握知識。

　　天才是天生就能很輕易地做好別人耗費巨大精力去做的事情，但天才也不是無所不能的。天才這一個詞語經常與大腦能量連繫在一起。但我們也經常看到，某人雖然在某個心理功能上存在著超乎常人的天賦，但在其他方面卻還處於幼稚階段。布萊特・湯姆是一位音樂奇才，但他卻缺乏大腦能量。天才所產生的影響並不總是侷限在他個人，更多情況是因為他們的繪畫、雕塑、音樂作品或是發明創造上。

　　正因為這個道理，只要我們有足夠的耐心與堅韌，就能在一年的時間裡，肯定能讓我們獲得更為強大的腦力能量。

　　現在，腦力能來拿個被定義為大腦以太的能力可以持續地進行可控地顫動，讓我們獲得創造性的能量，讓我們心靈的主要器官處於靜止或活躍狀態，但這種能量或多或少都能充溢在我們的神經系統之中。

　　從最寬廣的意義去看，腦力能量的主要表現形式就思想。

　　如果你能夠在第一遍仔細閱讀的時候，就能明白相當艱澀的技術類書籍，那麼這說明你的具有相當程度的腦力能量。如果你選擇你比較熟悉的話題，然後努力去將個話題想的比較完整，那麼你將發現，在緊急的時候，你的大腦也產生很多從未想過的念頭，這也是大腦能量的表現。如果你能夠透過自主的思考去解決現實生活中的問題，那麼你就有了很強的大腦能量。如果你能理解本書的內容，並能將其中的思想運用到生活中去，你的大腦就擁有了一個深厚的基礎，顯然這是值得你去培養的。

　　我希望你能在應對上面這些考驗時，能夠取得一定程度的成功。

　　如果你發現自己在這方面還存在提升的空間 —— 誰不會發現呢？所以，你要下定決心，最大限度地發展你腦力能量。

　　為了進一步訓練你的腦力，你需要持久地遵循下面培養腦力能量的方法：

　　方法一：你要最大限度地發展自己的內在能量，並且保持下去。

　　方法二：要是你願意的話，你的內在能量感可能隨時都能被調動起來。你每天只要投入五分鐘去研究處於緊繃狀態下的大腦，避免頭皮與頸部出現肌肉緊張。

　　方法三：無論你是從事腦力工作還是體力工作，都要有意識地控制自己的能量 —— 表現的要冷靜，內心要充滿了能量。

　　方法四：你可以時常記憶一段文學選集。你可以低聲背誦這段選集，讓你內心充滿激烈的能量。

　　你可以時常在腦海裡想像一些涉及到行動與能量的畫面。

　　方法五：你需要懷著最大的能量去遵循下面的具體方法：

　　1. 你要擦亮雙眼，認真地觀察事物，並且銘刻在心，每天都要重複這樣的訓練。

2. 你要耳聽八方，用相似的方法去留心各種聲音、音調、和音與雜音。

3. 你要注重觸覺，留心你與各種事物的接觸感覺：是柔和，是結實還是強大。

4. 你要注重嗅覺，對各種事物散發出的氣味保持敏銳的嗅覺。

5. 你要注重味覺，方式跟上面類似。

方法六：從現在開始，你就要培養實事求是的習慣。你可以遵循下面的方法：

1. 了解一個事實或是多個事實構成的部分。

2. 單個事實中所包括的多組事實。

比方一：一朵玫瑰：有花萼，有花瓣，有雄蕊，有雌蕊，有顏色，有芳香，等等。

比方二：花瓣：它的大小、厚度、物質、形狀、生命力、顏色與構成元素等等。

這個很通俗的方法讓你很容易理解它的重要性與價值！所以你要立即去應用！

方法七：培養從紛繁的事情中總結出原理與真相的習慣。

比方：一朵玫瑰，這是一個事實 —— 一個事實的集合。你可以找到所有構成這個集合的其他事實 —— 一朵玫瑰。然後，你可以接著去確認其他事實：A. 具體某一種玫瑰；B. 很多種玫瑰所共有的特性。

此時，我們能看到這個方法所具有的價值。所以，快點去應用吧！

方法八：選擇你的一些想法或是一些事實，然後對此認真地研究，知道你這些想法或事實的全部，並且對這些事實有自己的一套看法。比方說：血液的循環或是甜菜與糖分之間的關係等等。在你這樣做的時候，任

何事情都可以，最好是與你工作相關的事情。你要下定決心去了解你工作的全部，至少要對工作中的某一個特定部分有所了解。掌握這個方法能讓你更好地創造世界。

方法九：你只能去閱讀最優秀的小說與詩歌。在你這樣做的時候，要研究這些作品的風格、敘事的元素、美感、對生活的忠誠、不足之處或是可能提升的地方。你將發現這能給你帶來巨大的能量。

方法十：在閱讀任何書籍的時候，都要想著從書中獲取一些觀點或是證明作者某些地方存在謬誤（當然，一些公認的科學權威的書籍除外），在閱讀的過程中，時刻保持一種嚴格審視的態度。你要檢視作者對引用的解釋。那麼，你很有可能發現作者帶著某種偏見。你可以試著探尋作者所舉的事實不正確，或是證明他的結論是錯誤的。換言之，在你閱讀的時候，要保持開放的心態，但只有在你確信的時候，才能停止自己的懷疑精神。但這樣的方法並不意味著我們固執或是可以對作者妄加批評。

方法十一：在你與人交流的時候，也要對他人所說的話語或是談論持相同的態度。當然，這樣做的時候必須要與磁性成功的法則相一致。

方法十二：發揮你的創造性才華：

透過創造一些能讓你更好發揮的途徑。這樣的工作需要受到你嚴格的控制。

透過做出計畫，並且在家庭、工廠、商店、農場或是其他地方加以執行。

透過做好計畫，管理好自己的經濟狀況，看清楚以後必須要走的路，確保自己獲得想要的結果。

透過將獨創性的想法運用到你現在的工作中。

方法十三：你可以試著將你的想法、幻想、思想寫下來，記住，在這

個過程中，你下筆要慢，認真仔細，忠於自己的內心。你要不斷努力地去改善自己的語言，注重語法，措詞的當下注重精簡。你要用最好的墨水，使用適合你的鋼筆，還要用好一點的紙張，用心寫下你的每一個字，彷彿你是在刻下這些字眼。之後，你可以將這些東西儲存下來。

方法十四：嘗試著說出你心中的想法：首先大聲對自己說出來，然後對其他人說，記住要清晰簡潔地說出來。

仔細地講述自己遇到的事情與經驗，說的時候要注重語法，但也要保持活潑的狀態。

與此類似地，你也可以用自己的語言闡述這些故事。

用言語整理你所有的思想。

認真選擇恰當的詞語，說出（對自己）你的情感、信念、原則與方法等。

方法十五：此時，你需要了解自己的心理弱點與優點，為了方便與人合作，你可以選擇加強優點或是弱點。

方法十六：此時，你可以去研究邏輯學。一開始，你可能從最基本的只是學習，然後對某個方面有了一定程度的掌握。每天只要堅持幾分鐘，那麼這件事情是可以完成的。

方法十七：審視你過去的一年。你的腦海產生過什麼新想法、新視野或是新靈感嗎？你取得了什麼新成就？這個方法讓你強迫自己進入全新的領域與收穫全新的成就。你應該下定決心去挖掘未來讓人欣喜的結果。

方法十八：你應該與之前那些碌碌無為的生活告別，讓你腦海充斥著偉大的思想與偉大的事情。讓自己培養與偉大的存在之間的親密感。

你可能會說，這些都是需要花一輩子時間去踐行的。沒錯！這本書並不適合在夏日午後消遣的時候閱讀。即便如此，你投入了多少努力，就會

有多少產出。不用多久，所有這些方法都會變得自然而然，必然能夠發展你取得成功的腦力能量。

　　下面講一下如何磁性地運用腦力能量的方法。

磁性運用腦力能量的方法

　　第一種方法：這一方法需要我們發現與我們打交道的人所具有的大腦能量。

　　第二種方法：這一方法要求你適應對方的這種大腦能量。你必須要讓大腦發出的顫動波與對方顯現的能力相一致。如果你比別人高出一截，那麼他們就會感到困惑，無法理解你，因此也不會被你所吸引。如果你的能力比他們低一些，他們會對你表現出冷漠或是鄙視。

　　還有，在你對他們的心理進行了評級後，你必須要按照他們的心理習慣發散你的顫動波，在這樣的情形下，相同的喜好可能會排斥，不同的喜好可能剛好相互吸引。在兩個喜好不同的人進行交流的時候，以太的顫動波之間的交流能保持一種平衡，但在喜好相同的兩人之間就缺乏這樣極為自然的交流。但別人的思想與情感所發散出的以太顫動波是需要你以某種方式去與之取得和諧的，當然只有這樣你才能影響他們，如果你的行為太緩慢，太迅速，太激烈，太軟弱，太強烈或是太懶散，那麼別人都不會給予回饋的，因為你未能喚醒別人身上與你處於和諧狀態的以太顫動。每個人都有自己表達情感與思想的頻率與強度，當然這也必然受到大腦能量的影響。

　　第三種方法：這一方法需要你發現你想要施加影響的人的喜好與厭惡的東西，他的心理偏愛與傾向，然後對此給予恰當的反應。

　　第四種方法：這一方法需要你發現與你打交道的人身上的某一優點或

是弱點，並且努力地根據他們的生理、心理與道德的個性，透過展現你的能力，去贏得他們的信任。

無論你從事什麼工作，你都絕對不能忘記你個人的榮耀。缺乏榮耀的成功是毫無價值的。從長遠來看，缺乏榮耀的大腦能量是缺乏磁性的。

第五種方法：這一方法要求你審時度勢。你不可能永遠都能保持自身能量、緘默與自我控制等能力，所以你應該防止別人藉此機會去影響缺乏磁性的你。與此類似的是，其他人發散出的以太顫動波也是出於混亂狀態，他們的內在狀態始終騷亂狀態，或是他們無法向著某個方向傳送顫動波，所以，你也不能盲目地闖進來。如果你真的這樣做，那麼你從一開始就會喚起他人心中對你的反感。真正具有磁性的人都會在不利於自己的情形下，避免與人發生不愉快的事情。

第六種方法：這一方法要求你堅持不懈地培養淡定的自我控制。培養完美自我控制的祕訣就需要我們對目標有一個清晰的認知，讓心智保持高度的專注力，並且拒絕為了其他次要的滿足而犧牲掉自己的重要目標，這是一種極為重要的方法。

第七種方法：這一方法要求你保持強烈的內在能量，表現的冷靜，始終保持有禮有節的態度。

第八種方法：這一方法需要我們在事關個人尊嚴的事情上保持謙和與平和的態度。

很多人之所以失敗，就是因為他們屈服於比他們差很多的人發出的磁性或是吸引。要是我們能夠關緊個人尊嚴的大門，那麼這些有害的影響是不可能進入的。

以此同時，你也可以透過坦誠與開放的心態去贏得尊嚴的意識。

在面對能力比你強的人，這一方法同樣適用，但是你的情感需要透過

禮貌、順從、自然或是謙卑來掩蓋。本書中談到的每一種原則與建議都是你可以磁性地進行運用的。

如果你想將本章的內容變成你生活中必不可少的一部分，那麼你必將發現，在成功當中，存在著活躍磁性的心智驅動。

大腦能量與接受學校教育的關係其實並不大。你自然的天賦是你自己可以去培養的。如果你後天有機會接受了學校教育，這樣當然很好，但即便你沒有這樣的條件，你也能發揮自己的天賦，釋放你的潛能，讓你牢牢地去吸引別人，讓你充滿動力去取得成功。

第九種方法：磁性的運用大腦能量涉及到一個調整的問題。

在與能力差的人交往的時候，你應該讓自己下降到他們所處的層級，但絕對不能表現出炫耀或是自以為高人一等的狀態。你需要運用本書中有關磁性的原理。

在與跟你能力差不多的人打交道時，你也只需要遵循相同的原理。

在與比你能力強的人打交道時──或是那些自認為能力比你強的人──你應該用某種方式去向他們傳遞你這樣的請求──不要太在乎內心的不願意與個人對此的情感──但一定不能顯示出你的自卑或是無能。記住，你要遵循本書中提到的磁性的原則。

第十種方法：批評的習慣，不管是說出口的還是埋在心裡的，在朋友或是其他人之間，都會產生一種磁性的影響，但這特別會弱化大腦的能量。要是我們開放的心理態度代表著持久以來追求的真誠，那麼這必將激發我們的大腦活動，讓我們的能量處於一種和諧狀態。

因此，你需要從生活中改掉吹毛求疵的批評習慣，培養一種開放的心理態度，更好地把握你所遇到的每一個合理的機會。這也是一個極為重要的方法。

第十一種方法：在所有關於如何運用大腦能量的嘗試中，我們要始終保持內在的磁性感。你是磁性的學生；因此，你要記住在發揮你的個人力量時，要始終散發出磁性。

第十二種方法：下面這段話結束本章的內容：

對於這個世界的每一種物質與事實真相，我們都會事先採取兩種不同的態度：一是知識方面的態度，二是實用行為上的態度。第一種態度讓我們更好地去了解事情，第二種態度讓我們更好地理解事情，應用一些知識。現在的這一條方法就包括將我們的理論性的只是變成一種具體的態度，因為只有這樣，我們才能確保收穫的知識所具有的價值。因此，你需要不時地就一些新發現的事實問自己：「我該怎麼將這樣全新的發明運用到我的品格與生活中呢？」接著，你應該盡快將這樣一個事實變成你生活中確切的一部分。比方說，當你遇到一個新的單字 —— 那就學會應用它；當你碰到一個全新的想法 —— 透過訓練變成自己的；一個全新的機會 —— 現在就牢牢地抓住；一個全新的真相、原則與法律 —— 應用到你的生活中。透過這樣的方法，你就能以非常實用的方法去發展與使用你的大腦。

純潔的人生

我的周圍
翻滾著各種以太的光線，
它們散發出光明的白色，與所有美德為伍。
這是充滿力量的生命，讓所有的價值都在演進，
這是一張尚未被玷汙的美感，消耗掉了所有的吸引性。
我站在最為純潔的中心。
我從我的靈魂中收穫著無盡的弓箭。
它們傷不到我。哦！但它們讓我們感到興奮，讓我變得純潔。

它們喚醒我內心永恆的自我！

它們不排斥我，卻指引著我

乘上善意的翅膀，我飛走了。

帶著一臉善良的笑容，面對著所有生物，

我看到了手足情誼的存在，

我感到無比的快樂。

因為我與每個人的靈魂都被這些光明與美麗的宇宙

所深深愛護著。

然後，我似乎是從生命清泉的洗浴中站了起來，

感覺全身充滿了勇氣與希望。

我向我遇到的第一個男人或女人致敬，

我感覺自己很龐大，別人也很龐大。

我的親人在這個世界上到處流浪，

我不擔心他們，因為無論他們成為怎樣的人，

我都能駐在宇宙的中心，

我已經征服了屬於我的純潔人生。

我擁有純潔的人生，

我與這個美麗的宇宙合而為一。

—— 作者

第十三章　純潔的宇宙

對上帝的信念似乎很不可靠，
但信念是人創造出來的。
篤信你就是一個宇宙！
你的身上就充溢著勝利者的喜樂，
洋溢著行為與夢想與歡欣，
讓你獲得終極的能量儲藏！

——作者

信條

富於智慧的信念會讓人對事物屬性的磁性有著難以抗拒的欲望。

從本質上來說，你的本性與宇宙的本性是一致的。這一切都是個人的。只有你的整個人體系與宇宙處於一種和諧狀態，你才可能取得真正的成功。現在，我們可以這樣說，和諧包含著成為我們本性中想要我們成為的人。宇宙就是在尋找這樣的一種和諧——一種自我的視線。因此，這也必須要成為你的目標。對這種和諧的追求構成了一種宗教——個人的、非教條主義的，甜美自由的。在實現你真正自我的過程中，你的自我可以從宇宙中吸取所有積極的能量。

為了擁有磁性人生所具有的強大能量，你需要全面地研究與遵循下面這些重要的事實：

第一條重要的事實：成功是自我融入了時勢，且讓自身的本性得到了全部發揮的產物。

你的本性中存在著一切侷限，這是你無法踰越的。我們的身體、心智與道德意識都存在著這樣的侷限。但無論是還是其他人，都不知道這些侷限存在所具有的重要意義。在我們現有的科學發展水平的基礎上，我們尚未能對此有一個合理的解釋。

即便在這些侷限裡，你仍然是掌握自己的唯一人選。也就是說，你能夠將自身的潛能全部激發出來（當然，這是以一種安慰的口吻說的），或是在你狀態最佳的時候，展現你所取得的成就，那麼你肯定能得到發展。無論是在哪一種情況，你都能取得最大程度的成功。

但如果你成就了其中一件事或是兩件事，那麼你就成功地融入了這個時代——這也是你一生中所處的一個大環境。

讓自我融入這個世界

首先，讓我們明白一點：先驅者是從自身所處的環境出發，然後投入到荒野之中，開闢出全新的天地。這樣的結果是 —— 一位成功的農民或是公民。林肯（Lincoln）能夠讓自己適用每一種環境，從最廣泛的意義上來看，他進入創造了屬於他的時代。先驅者都能真實地做到啊，可能程度不像那位解放黑奴的林肯那麼深。

讓自我投入到環境中去，總能產生兩個結果：個人的發展與環境的改變 —— 只要他們是真正地融入到環境中了。

很多人都是環境造就出來的。富於磁性與意志之人卻是環境的創造者。前者或多或少都代表著某種失敗，後者而代表著成功。

第二條重要的事實：相比於你對挖掘自身潛能的興趣，宇宙對此更感興趣，也比你更加急切地盼望能夠給你最高的名聲、地位、工作與成功！請記住這點！

上面的這個建議包含了個人的培養、心理的培養與道德的培養，當然還有物質上的富足。宇宙希望你絕對不能在自我發展的過程中失敗，也不希望你面對真正的匱乏。

在個人的發展與經濟的富足方面，除非你能讓大腦充溢著這一條的建議，即便你可能還沒有意識到這點，否則你是絕對不能成為一位磁性之人。如果你去研究成功人士，你就會發現他們自覺或不自覺地活在這樣的假設或是與此類似的假設裡。

第三條重要的事實：在個人天賦的侷限下，每個人都有權利去吸引宇宙中所有必需的力量去幫助你取得個人與經濟上的成功。

宇宙就是一個法則的集合。要想獲得宇宙的幫助，你就必須要遵循宇宙的法則。

很多人放任自己變得沮喪，他們抱怨各種事情、環境、上帝或是這個世界都在「鄙視」著他們，這是無能且愚蠢之人發出的哭聲。除了他們自己及其他幾個無能之人，世上沒有誰在鄙視著他們。他們只需要在遵循法則的前提下，讓自己融入到所處的環境中。要是你能明智地選擇堅持，那麼事情的本性也會與你合作的，這是你人生中必然會出現的事情。

宇宙本身就在參與一場不斷實現其自身潛能的鬥爭，它的無限性在始終與它保持著一致。但你是一個整體的一部分，你的最終成功取決於你能否努力地將你最好的個人成功釋放出來。

宇宙的努力也是你可以利用的。抓住這個機會！立即尋求宇宙的幫助。

生理的人生努力掙扎，只是為了其本來的屬性。這可能被我們稱之為惰性（對抗者生活）的東西所阻擋，最後的表現形式就是死亡。

心智也在為實現自身而努力奮鬥，它也會受到惰性（對抗著事實）的阻礙，最後表現出多種結果 —— 我們一般將這些結果稱之為無知道德能量也在為實現自我而努力，但它也受到惰性（對抗著正義）的阻礙。

在上面這些情形下，惰性意味著失敗。在較低的層面上來看，遵循宇宙的內在系統的規律，最終能讓我們從惰性中獲得解脫。

對每個人的事業來說，這種解脫只能透過意志讓心靈與道德都遵循法則，才能最後獲得。

你可以透過下面這些方法向宇宙能量發出請求：

第一：對所有積極有用的力量，都要採取意志接受與期待的內在態度。

第二：在任何情形下，都要最大限度地發揮自己。

第三：將你最好的自我以最好的方式投入到你的生活狀態之中。

第四：特別地，你要吸收本書所提出的建議，並在生活中踐行。

這本書告訴你們該怎麼做。如果你能夠耐心地遵循本書的建議，那麼你肯定能夠讓你的自我投入到環境中去。

這裡提到的每一個元素都是一種請求，對宇宙的力量都有一種請求的力量。這些集合起來的願望具有強大的力量。在我們研究的時候，要試著去明白其具有的真正含義。從下面的敘述中領悟強大的力量：

和諧地融入環境的自我讓宇宙的力量對下面的因素給予了回饋：

信念，機敏，希望，腦力能量，

健康，忠誠，勇氣，信念，

意志，榮耀，自信，生理磁性。

只有當我們與宇宙的法則處於和諧狀態，才能確保這些因素都能一一實現。只有在你最大限度地發揮自己，讓自己融入環境之中，才能做到這點。

因此，進入你身上的宇宙的力量，都說明了你處於一種和諧狀態。

如果深入了解了本書的觀點，你將發現一個主要的因素 —— 在其他的品質都實現後，能讓你實現處於一種最圓滿的和諧狀態 —— 那就是榮耀。在人身上，榮耀代表著宇宙的正義的本質。這種需要努力去掌握的榮耀，會讓你的個性與宇宙的顫動波處於和諧狀態，讓宇宙對你剩下的十一種的請求給予回饋。雖然你的天賦是有侷限的，但如果你身上充溢著榮耀，那麼你是難以抵擋的。要是你身上缺乏榮耀感，你發出的顫動波、你的品格、你的行為都會違背宇宙的本意，喚醒你的惱怒情緒與困惑。

宇宙是一個純潔的宇宙。想要尋求真正生活的人都會努力過上純潔的生活。神性是純潔的生活無限性的表現，而神性的這一目標顯然說明純潔的生活能夠收集人類所有有限的智慧。

因為純潔的生活代表著神性的幸福與福利，純潔的宇宙的幸福與福利也是神性的，因此，純潔的生活應該是每一位成功人士的追求，這種強大

的事實下面的自信就是信念。

如果你真的下定決心去獲得榮耀，那麼你就能對剩餘的十一種磁性品質產生了磁性，並且將這些品質融入你的自我之中。

榮耀本身具有磁性的能量，甚至在獨處的時候也是如此。當榮耀融入了成功因素，那麼這能釋放出能量與本來的品質。這樣的效果是巨大的，但這是真實的。

當榮耀融入到磁性品質的整個集合體的時候，它的超級作用得到了最大的展現，因為榮耀變成了一種超自然的力量，這種集合也展現出神奇的能量。

對純潔的宇宙的信念

在這裡，我需要再次重複一點，完美是不能超越每個人天賦的侷限。如果某人有著自己的信念並且對想要的榮耀保持最大限度的追求，努力去與別人打交道，那麼他就能實現某個階段的宇宙榮耀，與宇宙力量給予的回饋處於和諧狀態。但如果你缺乏一些品質，這些力量在給予回饋的時候就會受到極大的限制。如果所有的品質都得到了很大的發展，榮耀與信念都融入了整個集合，那麼個人就可以朝著宇宙的系統的完美和諧前進了，那麼肯定能夠收穫相應的回饋。

你需要研究上面所述的一些集合因素，直到這些磁性品質的巨大價值能夠逐漸成為你生活中的思想種子。

現在，你需要回到對宇宙系統的信念上。只需要對此稍微進行研究，就能讓你明白，完美的信念就是完美的榮耀。宇宙系統中的一百度信念就需要一百度的榮耀。其他的信念數值也對應著榮耀數值。比方說，一百度的信念等於一百度的榮耀，因此一百度的榮耀也等於一百度的信念。

你所持信念的有效性取決於你所持榮耀的程度，當然這還部分取決於你信念的力量。但你所持信念的主要力量還是在於你的榮耀程度與其他磁性品質之間的融合。

上面提出的等式不能在信念與其他品質上劃上等號。因為，如果可以的話，肯定會出現下面的情形：

十度的信念加上五度的健康。

七度的意志加上九度的希望等等。

因此，十度的信念加上八度的忠誠等等。

但如果其他的品質都能得到大大的提升，那麼信念無疑會變得更加強大。

但在這裡要特別注意，如果榮耀被落下了，那麼整個集合就將遭到破壞，從宇宙系統中獲得宇宙信念也將變得不可能。

由此可見，榮耀是最高層次的磁性力量的首要品質。

發展與利用對宇宙系統的信念方法可以參看下面的內容。

培養信念的方法：

方法一（生活的需求）包括了讓榮耀融入每一種處於發展中的成功因素（本書中提到的各種品質）。因此，你們要下定決心：

1. 從今天開始，為了獲得榮耀，我要最大限度地發揮自己的天賦。

2. 從今天開始，我會在遵循健康法則的前提下，認真追求我的榮耀。

3. 從今天開始，我要以榮耀的方式去培養意志。

4. 從今天開始，我會讓我的所有敏捷的行為都充滿著榮耀。

5. 從今天開始，我要充分展現我忠誠的榮耀。

6. 從今天開始，我會懷著確信的榮耀去希望。

7. 從今天開始，我要展現榮耀的勇氣。

8. 從今天開始，我要獲得充滿榮耀的自信。

9. 從今天開始，我要讓大腦能量去創造榮耀。

10. 從今天開始，我要培養榮耀的信念。

11. 在所有的生理磁性中，我要特別去追求榮耀。

如果你現在就想扔掉這本書，顯然你不是很想獲得個人的磁性，或是你覺得這是某種不需要遵循人性偉大法則的超自然力量。

你可以透過順從某些狹隘的環境去獲得催眠能力，但個人的磁性涉及到你靈魂與身體最美好的一部分。如果你想要獲得最完美的個人發展，這需要遵循你個人最深沉與最廣泛的法則。

方法一被稱為磁性的生活需求，這一方法在搜尋宇宙力量的合作方面的能力時不可估量的。

方法二被稱為態度的需求。它主要包括透過意志的行動，在潛意識裡對內在的自我對純潔的宇宙力量的態度做一個假定。這些態度可以參看下面：

第一種態度：一定要遵循健康的法則，旺盛的身體經歷也是發展身體力量需求的一個重要方面。

第二種態度：早餐之後，立即進入一個安靜且黑暗的房間，你可以順著後背躺下，讓你的頭部處於舒服的位置，讓身體的所有肌肉都處於絕對放鬆的狀態，然後緩緩地輕鬆肺部的氣體，連續做幾次。當你完全處於冷靜的狀態時，要對宇宙積極的態度採取開放積極的心理態度。

在遵循了上面的指引後，你可以透過緩慢地重複下面的句子，去堅定自己所持的態度。

我 ── 現在 ── 接受著 ── 來自 ── 純潔宇宙 ── 的積極能量，讓我的身體 ── 我的心智 ── 我的道德 ── 都充滿了信念。

你可以用這樣的方式重複幾次，中間可以休息一下。

白天的時候，無論你在哪裡，你都要採取這樣的態度，遵循這樣的方法，當然你不一定要躺著，但你要重複上面的句子。

第三種態度：在完成了上面的這些步驟後，你應該挺直身板，進行幾次的深呼吸，一開始要保持身體一動不動，然後可以在房間裡來回走動，將你的內在能量都集中在胸膛處，保持數秒鐘，在心底默唸上面的話，讓自己處於放鬆狀態，在這一天的時間裡重複這句話。

第四種態度：在做到了第三種態度後，你應該讓自己舒適地坐在一張椅子上，用平靜的語氣去重複下面這句話：

我 —— 即便是我 —— 都可以 —— 取得成功。現在 —— 我 —— 屬於 —— 成功的 —— 階層。我 —— 對 —— 純潔 —— 的宇宙 —— 有著 —— 完美的 —— 信念。

不要對此表示懷疑。忽視那些顯而易見的事實，保持這樣的態度，不管發生什麼事情。

你可以按照這樣的態度重複這樣的話語。

第五種態度：你應該遵循上面提及的態度，無論是在早上還是一天的時間，都要讓你的大腦充斥著這樣的話語：

我 —— 必然 —— 能夠 —— 期盼 —— 成功。我 —— 始終 —— 毫不動搖 —— 一定 —— 要 —— 取得 —— 成功。

第六種態度：你應該遵循上面提到的態度，無論是在早上還是在白天的時候，都要讓你的心靈感受到下面的思想：

我 —— 能 —— 做到！我 —— 能在 —— 與人交往 —— 的時候 —— 保持 —— 完美的 —— 榮耀 —— 所以 —— 上帝 —— 請拯救我吧！

第七種態度：你應該遵循上面提到的態度，無論是在早上還是在擺

脫，都要以冷靜與深思熟慮的態度對自己說：

我——不——恐懼——任何——邪惡。我——不——恐懼——任何——邪惡。

第八種態度：你應該遵循上面提到的態度，無論是在早上還是在白天，都要在你的本性深處這樣提醒自己：

我——對——地球上——的每個人——都——沒有——懷著——任何——惡意。

第九種態度：你應該遵循上面提到的態度，無論是在早上還是在白天，都要努力地去實現這條有關和諧的法則所具有的重要意義。

現在——我——與——純潔的宇宙——懷著——同樣的意志——與同樣的欲望。我——正在——努力——過上——純潔的生活。

第十種態度：你應該遵循上面提到的態度，無論是在早上還是在白天，用你強大的內在能量與欲望去肯定自己：

我——是——具有——磁性的。我——擁有——最強大的——個人磁性。

第十一種態度：你應該遵循上面提到的態度，無論是在早上還是在白天，都要遵循信念的驅使：

我——相信——你！哦——宇宙——純潔的——宇宙！

第十二種態度：你應該遵循上面提到的態度，無論是在早上還是在白天，說出你對自己的肯定：

我——能！我——就是——力量！

每一種態度只需要花上一分鐘，十二種態度一共也只需要你十二分鐘。久而久之，這樣的行為會變成機械化的行為，與此同時，你要對任何

積極的宇宙力量保持絕對的磁性信念。

每天晚上入睡前，你最好心懷著這些態度。

方法三就是這些態度的轉換。當你對上述的十二種態度都已經很熟悉的時候，那麼你每天都可以運用其中的一種態度作為你的守護神，第一天可以運用第一種態度，第二天可以運用第二種態度，接著又循環這個過程，你只需要一共花一個月的時間去訓練就可以了。

這些態度包含著我們對純潔生活的一種祈禱，因為它們能讓你接受良好的影響，能讓你不需要在抱怨與哭泣的情況下，更好地讓事情的本性與你合而為一。

（在喜歡抱怨的人身上，是絕對不會存在磁性力量的。）

這種蘊藏多種態度的祈禱是人們可以從本書的教誨中獲得的，這將讓你取得真正適合你的成功。

不要感到沮喪！不要覺得不耐煩，不要讓所謂的「艱難事實」喚醒你的疑惑或是摧毀你要獲得磁性培養的決心。這是完全有可能的，也是基於法則的，只有時間與堅韌才能證明它的價值。

記住！沒錯，你一定要記住！

富於智慧的信念讓人對事物的本性有著不可抵擋的需求，這在思想態度方面是屬於精神層面的，在具體行動上是屬於實用層面的。

信念讓你產生欲望，行動讓你為實現欲望創造祈禱。

如何做到的

鐵匠在打造一雙鐵鞋，

他的臉上映襯著熔爐的火光，

他那結實的肌肉在強而有力的手臂間顯得醒目。

鐺！鐺！鐺！

這是鐵砧發出的歡樂聲音！

哈！嚯！哈！嚯！

這是鐵匠唱起的歌曲。

鐵匠全力地擊打，

鐵砧隨著而起伏，

一塊火熱的鋼鐵，

一顆要努力鍛造鐵塊的誠實之心，

直到鞋子像磁鐵那樣成為現實，

賽馬者耐煩地站著，

馬蹄捧著鐵匠鋪裡到處是垃圾的地板，

它嘲笑著這個世界的野蠻的美感。

火光的眼睛！花朵般曲線的脖子！

四肢？更加苗條一些，但似乎完全不適合。

馬蹄鞋應該是最為適合與完美的。

那一個男人 —— 具有真正的力量。

你看到了沒有？讓它們彷彿擁有了翅膀

以光速去前進。

賽馬贏得了比賽嗎？那是肯定的！

鍛造馬鞋的人贏了嗎？沒有！

那位侏儒一般的選手取得勝利了嗎？

經過鐵匠、選手與馬匹的努力

成功了。

哦，偉大的比賽就這樣誕生了！

—— 作者

第十四章　磁性的專長

如果勝利在你毫不懈怠的意志當中，
用你最擅長的能力去融合你的能力，
愛人擁有最圓滿的藝術——
他能夠開啟，也能夠隱藏他的內心。
所以，真正的大師能夠估算工作與力量，
對人來說，這意味著我們的情緒、狀態與時間。

——作者

信條

專注的目標決定了個人的氣質。

從某種程度來說，每個人都與他人是不同的。

這些不同之處匯在一起，就構成了每個人的個性。

每個人之間的相似之處是很重要的，但是每個人的不同之處 —— 也就是個性 —— 在個人的發展中更是占據主要地位，這是因為所有的生命都具有反應，你的成功所遇到的問題也是你對生活所遇到的最好判斷力。

個性會讓你個人以太場趨於集中，並且決定這種以太場的強度。

因此，每個人都擁有一種以太磁場，或者說，每個人都擁有屬於自己的個人氣質。

自我與行為

在下面一章，我們就將知道，個性是獨一無二的 —— 是從一出生就擁有的 —— 當然也受到後天的影響 —— 因此，也是行為的產物。個人氣質的類型與品質取決於個人的本性與品格 —— 這些都是構成一個人最為重要的組成部分。

你一出生就擁有了某些本性：你擁有了某種特定的品格。你與生俱來的天效能夠創造 —— 也就是說，能夠發出 —— 你的以太場，當然這是相對於你一般的品行來說的。當然，這能夠讓自我直接作用於個人的氣質，也能讓自我間接作用於自我，最後反作用於以太磁場。

你需要對這個問題進行深入的研究，直到你對此完全熟悉。這樣的工作將證明最有利於你保持專注的精神。

　　你還需要注意一點，你習得的品格或多或少都會改變，這樣的精神狀態有時甚至會讓你個人氣質發生變化。

　　這樣做的意義是這樣的：不僅你身體，就連你的心志與道德個性，都能表現湧進來的宇宙力量 —— 也就是說，要是沒有這些宇宙力量的存在，也就不會有你的存在。但你對來說，單單就你個人來說，你是擁有能量去改變屬於你個人的自我。

　　因此，在你這樣做的時候，你需要決定你個人氣質，無論是在讓氣質儲存在體內，還是釋放出來。

　　但是鍛造品格必然會對原先的本性產生影響，因此透過反應，最後對以太場產生影響。

　　因此，能夠對你的本性與品格產生持續的影響的行為，是極為重要的。

職業與自我塑造

　　現在，我們要明白一點，你的行為在相當程度取決於你對生活的追求。

　　職業能夠鍛造我們的品格，改變我們的本性，因為這些因素能夠持續地給予我們帶來反應。

　　你的工作、交易行為、職業，對於塑造你的自我，都具有重要的作用。

　　這可能並不完全是真實的，但通常都是如此。職業通常能塑造你的自我，而不是自我去塑造一種職業。在一個磁性自由散發的世界裡，自我才能夠塑造職業。

　　你覺得自己是在做一番事業，但其實你所追求的事業正在改變你。將數年的時間投入到任何一項工作中，都足以決定你成為怎樣的人，當然這

也決定了你的個人氣質。

因為磁性總是代表著一種狀態與以太磁場的活動，所以，你想要獲取磁效能量的努力能夠獲得兩個結果：一是一般性的磁性，二是特殊的磁性。

在獲得特殊磁性的這一方面，你很必要去發展之前提到的一般磁性。之前的幾章內容都提到了一般磁性的問題，但這些內容對於我們培養特殊磁性也是很有幫助的。你要做的，就是將本書的重要原則運用到生活中去。這件事情是作者本人無法替你完成的。對這些章節的研究與踐行，不僅能夠發展你的總體磁效能量，還能幫助你在從事某項特殊工作時，讓自己能更為實在地運用。

為了進一步討論這些特殊磁性，你需要考慮一些生活中出現的問題。

但在我們開始前，你需要記住一點，那就是你的磁性取決於你的個人氣質，你的個人氣質是受到你的天賦所限制，對你天賦的發展能夠培養你的品格，而你的品格在相當程度上又是取決於你的工作，而你要想在工作中有所成就，就必須要按照正確的意志去做到最好。因此，正確的意志必然會讓人具有磁性。

因此，特殊的磁性就是正確意志的特殊化。現在，我們要對特殊的磁性進行一番講解。

■ 對特殊磁性的第一種講解：體力勞動者。

首先，你的腦海裡應該牢牢記住這點：體力勞動絕對不存在著任何墮落或是低人一等的意義，只要你擁有一個自由之人的精神，那麼你與別人就是平等的。所有的奴役才是墮落的表現。

你絕對不需要恐懼你的僱主或是擔心失去你的職位。恐懼就像地獄，這能讓人處於奴役之中。你最應該恐懼的，應該是你的工作做不好。對真正的人來說，馬虎敷衍的工作才是真正的地獄，也才是他們真正的枷鎖。

當你有意識地去做馬虎敷衍的工作時，你是絕對不可能富於磁性的。

如果你能夠憑藉誠實的努力去做好工作，那麼你是無須去恐懼你的僱主或是害怕被解僱的。因為對大多數僱主來說，他們都能明白你的用意，知道哪些員工是在努力工作，哪些是在人浮於事。對他們來說，認真積極的員工能為他們創造更大的效率。

很多遊戲的體力勞動者都具有極高的尊嚴。很多腦力勞動者可能會仿效這些人，投身搭配體力勞動中去。健碩的肌肉與技術找到了全新的發揮空間，這支撐起了我們，讓我們有所成就。

第二，要想成為一名具有磁性的體力勞動者，你必須要全身心地投入到你的工作中去 —— 將你最好的表現都投入到眼前的工作當中。在這樣的「商業能量」裡，你將發現體力勞動所具有的磁性也是非常值得你去研究的。

體力勞動者應該明白，在很多人為爭吵著各種權利而大聲喧囂時，他們最為重要的權利就是讓他們成為企業最高層不可缺少的一分子。

第三，你應該讓自己的利益與老闆的利益處於一致。這是一種讓人取得勝利的磁性 —— 這能讓為別人著想。最後的結果當然是跟自然法則一樣 —— 你獲得了擢升。如果你還沒有的話，那就說明了你尚未能成為老闆身邊不可或缺的一分子，說明你未能始終保持靈敏的心，未能證明你的能力。你在工作的時候，應該時刻思考著老闆的意圖，但又絕對不能純粹為了迎合老闆。當你成為老闆身邊不可或缺的一分子時，你就能喚醒老闆對你的讚賞。當你能夠迅速地把握全新的機會，那麼你的個人氣質就能讓你不斷地前進。

第四，你要對你的老闆與同事始終保持禮貌。

第五，你應該贏得老闆與同事的真正友誼。即便是在經常見不到老闆的時候，你也還能與他們達成深厚的友誼。如果這是無法做到的，那麼你就需要放棄這項工作。記住，這個宇宙更著急著讓你身處一個適合你的位置。

第六，你要下定決心，在你的所有工作中都保持磁性的思想──「我就是成功，我必定能夠取得成功！」

第七，你要想盡一切辦法去培養對自我的強大信念。但這樣的信念應該掩蓋起來，不能激起他人對你的反感。

第八，你對宇宙培養一種完美的信念，讓你透過自身的天賦與意志能力，看到最終的成功。

這些反覆過必將讓你的個人氣質充滿了磁性的力量。

■ **對特殊磁性的第二種講解：職員。**

一般來說，所有的公共職員都可以分為三大類。第一類的職員會想定決心去取悅老闆，寧願犧牲自我與顧客。第二類職員會以犧牲顧客與老闆的利益去取悅自我。第三類的職員下定決心，在顧及老闆利益的前提去取悅顧客，因此，這也是為了自我。

從長遠來說，只有最後一類的職員是富於磁性的。

如果你屬於第二類的職員，那麼你需要加入第三類職員的行列。當然，這是很難發生的，因為第二類的職員根本不會去研究磁性。所以說，這類人必然是這個世界的失敗者。

如果你的僱主堅持讓你按照第一種方式去為他工作，那麼你也只能辭職了，因為你是無法在犧牲自我的前提下，很好地為他工作。

最成功的職員就是那些在顧及僱主的利益，同時最大限度地發揮自身的潛能。但這還意味著他需要為顧客的最佳利益著想。

商界裡有一條絕對真實的格言，那就是滿足顧客才能讓顧客掏錢。經商要想取得成功，就要從長遠去做打算。

我們可以發現一名職員的生活是由兩部分組成的──一是外在的舉止，二是內在的態度。只有當你的舉止是真誠的時候，你才能真正表達出

自己的態度。只有當你的態度是富於磁性的，你對顧客表現出的舉止才能擁有磁性的力量。

在此，我們總結了職員的三種態度與三種類型。在抱有第一種態度的員工裡，我們發現他們在面對顧客的時候，基本上都會表現出冷漠或是敵意。世界上有數以百萬計這樣的職員，他們從來都不會想著去改變自己。在抱有第二種態度的員工裡，我們能感覺他們身上透出一股自大的感覺，給顧客傳遞出傲慢、不可一世的感覺。這個類型的員工可能創出一番天地，但這需要一個奇怪的顧客，他們的成功展現的是一種迫切的需要，而不是磁性的展現。在抱有第三種態度的員工裡，我們發現他們下定決心去取悅顧客，他們表現出禮貌、耐心，順從別人的觀點，展現出願意取悅顧客的願望，所有的這些因素都讓他們透過嫻熟的技巧給處理好了。

一些員工與公職員會透過表現出冷漠、傲慢與不屑一顧的反駁去進行反抗；一些員工則透過讓顧客覺得自己比想像中更有知識，滿足自大的感覺。而一些員工則試圖去理解顧客的需求，這才是具有磁性的表現。

磁性的態度與舉止能讓我們的品格與行為的特性對個人氣質產生影響。這些因素能夠喚醒以太磁場中一種友善與積極的因素，從長遠來看，這能與顧客發散出的以太波保持意志，讓他更好地光顧你。因此，你需要遵循下面的建議：

第一：因此，你需要透過意志與思想，讓你的個人氣質與善意與顧客處於一種和諧狀態。

第二，你要感受到取悅別人的念頭，並且要表現出來，無論商品交易是否立即開展。

第三，你應該在觀點上讓步，承認對方所持觀點的價值，保持你們之間的不同之處。你可以用一個友善的微笑或是某種尋常的方式去對待這些事情。

第四，你應該將你的全部能量都集中在滿足顧客的需求上。

第五，你要時刻將自己放在對方的位置去考量。

第六，你要時刻保持磁性的想法。「我贏得你的信任，而且是透過公平的競爭來完成的。」

第七，你不應該過分在意顧客的風格、語言、衣服、明顯所處的社會地位或是外在的表現。無論男人女人，能夠賺取他們的金錢都是不錯的選擇，而贏得每個人的友誼則是更為重要。

第八，除此之外，你需要透過讓你成為磁性的員工，然後憑藉日以繼夜的努力，讓強大的意志去讓你擁抱更大的成功。

在此，我們要談論一個重要的法則：那些每天都想要努力追尋磁性態度的人，最終能讓自己身處宇宙的成功力量之中，讓自己的人生與別人的人生之間建立起一種持久的吸引關係。

要想對職員有更進一步的培訓，那我們必須要談到「商業能力」。

■ 對特殊磁性的第三種講解：律師。

一份職業代表著一份事業，這是你一生的選擇，並不是你的權宜之計，也不是你單純為了混口飯而去做的，更不是你前進的一塊墊腳石。因此，這需要你全身心地投入進去，因為這就好像一位「喜歡嫉妒的情婦」，無法容忍其他女人的摻合進來。

在所有成功的事業裡，我們都能看到當事人全身心地投入到他們一生的事業當中，對他們來說，事業中的每個細節都是極為重要的。

當你看到這點的時候，你就知道一個細節能夠決定你的成敗。

但是，專業上的專注囊括更為廣泛的範疇。從本質上來說，這意味著對其他行業的基本知識都有著深刻的理解。

特別地，這涉及到我們要不停地研究法規與決定，研究人類行為的法

則與人類個性的問題。

假設你正在努力地追求這些目標，那麼你的磁性將取決於下面三個方面：

- 你的這些努力能否取得成功。

- 你在法庭上展現的能量。

- 你影響陪審團的能力。

從長遠來看，我們必須要注重精神層面的磁性培養。在法庭上，你要想展現出精神上的成功，就需要你首先在品格上做出改變，第一，你要表現出真誠，第二，你要有合理的推理。這意味著你能夠按照事實的「真相」去陳述這個「案子」，讓你的陳述變得簡短與富於邏輯性。

磁性與任何違背法律或是道德的事情都沒有半點關係。

一些律師似乎贏得了一些官司，但他們只是展現出生理上的磁性，只是將人類最低階的能力錯誤地運用了，或是使用一些奸詐的手段去矇騙別人。

你在陪審團前面取得的精神出軌，這需要你相信自己所處的位置。你一定要相信這一點，你能夠有禮貌地對待誠實的目擊者，發現那些說假話的證人，你用你坦誠的舉止與開放的態度去進行辯論，你給陪審團成員留下了尊敬與自信的印象，你在陳述一些明顯事實的時候，顯得那麼公正，展現出你對公正審判的一個勇敢的期望。

更為重要的是，無論是在法官還是陪審團來說，你都要讓你的陳述變得簡單明瞭，必須要讓他們聽的懂。當然，在陳述的時候，你也要注意邏輯性，透過你的陳述風格與心理暗示，讓他們做出對你有利的決定。這能讓原先無法理解你的陪審團成員為你動搖。

現在這些考量適用於法律事務中所有個人的接觸，當然，這也能讓我

們變得更有磁性。下面對此進行分類地闡述：

1. 透過激烈的精神努力，將你的個人氣質變成磁性態度。

2. 始終對富於積極影響力的目標保持著高度的專注力，忽視你所處的逆境與所有沮喪情感。

3. 讓你始終保持不屈不撓的意志與磁性的思想。「我充滿了能量，必然能夠取得成功。」這樣的想法必須要時刻存在於你的意識當中。

4. 對所有的外在印象都要保持高度的敏感性。

5. 展現出不冒犯任何人的勇氣，相信自己必然能夠成功。不能讓自己出現動搖，不要讓內在的心靈去顫動，不要去猶豫，不要流露出任何疑惑的表情。

6. 在面對心理層面的攻擊時，你要緊閉你個人氣質的大門。

7. 發揮你最大限度的決心，去贏得法官、陪審團與旁聽者的讚賞。

一般人都傾向於藉助通靈的方法去影響那個法官與陪審團成員，讓他們的心智慧夠「出現傾斜」，而與你持相反態度的人則努力地從另一方向進行抵抗。

運用上面的這些方法一開始可能會覺得很難，而且會讓你覺得感到疲憊不堪。在你的天賦與環境的範圍之內，你必然能夠取得成功。

上面的一些方法我都用斜體標示出來了，因為這也方便我們進行一般性的替代，當然，這也適用於任何個人接觸中磁性專業應用。

■ **對特殊磁性的第四種講解：牧師。**

牧師絕對不應該對自己產生一種優越感。他所身處的職位很容易讓人產生一種特殊的個人信念。因此，他必須要為一個堅定的目標負責，而不是為某些宣稱的事實背書。對他來說，磁性也是一個必不可少的因素。

如果你是一位牧師，那麼你也需要遵循上文提到的一些方法。如果你你能將教堂裡的教眾當成是法庭裡的法官與陪審團成員，那麼這樣的運用必將給你帶來磁性。

但是，你需要將本書中一些重要的法則都運用到你的工作中去，特別是那些涉及到個人情緒與人類調整的部分。

特別地，你的生活與你的公開言論及日常的行為舉止密切相關。

在你發表公共演說的時候，你需要持久地運用上面提到的方法，這是讓你的演說充滿磁性的重要一種方法。

但是，你同時也要記住，你的演說閱聽人者一般都會因為你優雅的措詞與思想，合理的推理與情感的表達而感到滿意。因此，你要根據聽眾的需求去調整自身的演說需求。在所有平常的狀況下，記得在闡述你的思想的時候，讓別人能夠理解，喚醒別人熟悉的觀點與生活經驗，在用讓人信服的邏輯去打動聽眾的心。如果你單純只懷著去取悅聽眾的想法，那麼你是不配站在那個講臺上的。如果你心懷著要幫助他們，並且遵循上面提出的建議，那麼你必然能夠成為富於磁性之人。

在個人的接觸中，富於磁性的牧師能夠激發我們的友情。

（除了一些拒絕所有建議或是不按常理出牌的人），每個人都可以透過個人真正的興趣，真正的行為方式，在與人交往中保持專注的思想，心中懷著磁性的目標，耗費足夠的時間去實現這個夢想。「我就是透過一次的見面，就贏得了你的友情。」這句話應該植根在我們的意識當中。

絕大多數人在面對他人真誠的精神磁性方面的攻擊，都會顯得極度無助。

一條更富於磁性的法則現在出現了：

你要在心底始終保持這樣的思想：「現在，我是一位極富磁性的人。」

這將比可避免地讓你的個人氣質變得富於磁性，透過自我暗示的重要心理法則，喚醒你所有內在的磁性態度與外在舉止。「一個人有怎樣的想法，他就是怎樣的人！」

■ **對特殊磁性的第五種講解：老師。**

老師必須要能夠引領學生的心靈。他的目標不是將一些事實灌輸到孩子的心靈當中，而是透過喚醒學生們的精神活動，讓他們發揮自己的心靈能量。

要是一名老師無法喚醒學生精神與智趣上的能量，那麼他就算是相對失敗的。

人不單純只有這幅肉身，人更不單純只有心智。他就是透過自我利用身體，讓心智去指導生活。

老師的工作就是喚醒學生的自我，讓他們將自我發展到最佳的狀態。

如果老師缺乏磁性的能量，他是無法做到這點的。因此，老師身上的磁性就顯得極為重要。

當最深層的精神自我被喚醒，轉化成行動後，那麼行動必然會以最高的心理形式去表現自我。如果老師單純去幫助學生解決心理方面的問題，那麼也是錯誤的。老師要喚醒學生內心的重要能量，讓他們勇於行動。這個過程會讓學生受益匪淺。顯然，磁性的教育包括下面幾點：

1. 作為教育者，必須要有堅不可破的節操，因為教育的工作不僅涉及到學生智趣的發展，也要培養他們的精神。

2. 一定程度的專業技能。因為一些知識需要老師具有專業的技能，所以他們必須要具有扎實的專業背景。

3. 一定要有深厚的專業知識，因為教育本身就是很需要知識的專業。

4. 說話要清楚。因為這說明一點，一個人要說能清楚地說出他所知道

的，就說明他清楚這些知識。還有另外一點，那就是只有清楚地講解，才能說出準確的知識。

5. 為了學生做出調整，因為教學是心靈之間一種接觸，絕對不是一種事實的結合。

6. 要對你手頭上的主題充滿了興趣，因為一件事情的價值不在於它所具有的細節，只有讓你感興趣的主題，你才能讓別人對此感興趣。

7. 要對學生充滿熾熱的情感，因為教學並不是一個背書的過程，而是一個自我釋放的過程，要想釋放出真正的自我，你必須要對某一種特殊的自我培養充滿興趣。

8. 你要下定決心去取強迫自己去做到最好，讓你充分地釋放自己。

9. 老師要耐心地運用上面提到的第三種情形，那麼就必然能夠在與人接觸時展現出磁性。

因此，作為老師的你，必須要牢記上面提到的建議。如果你全身心投入到踐行這些建議時，那麼你絕對能夠創造出一套極富磁性的教學方法。

▓ 對特殊磁性的第六種講解：醫生。

健康不是一件事情 —— 它就像一棵樹，是一種狀態。疾病不是一件事，也是一種狀態。

健康是指我們與宇宙力量處於一種和諧狀態，最後在所謂的身體磁場裡展現出來。疾病並不單純是不舒服 —— 這並不是單純的一種疾病或是感到不舒服，這是我們的身體與宇宙力量處於不和諧狀態的一種表現。

只要宇宙力量能夠自由、正確地與個人磁場處於和諧狀態，那麼我們就能擁有健康。當我們無法實現這樣的和諧狀態，疾病就會找上門。

因為從理論上來說，個人是宇宙力量的控制者 —— 也就是說，個人決定著自身能量的發揮。疾病的根源可以從精神層面首先找到。這一點是

誰都無法反駁的。我們人生的主人不是身體，而不是我們的心靈。

因此，世上是沒有直接治癒疾病的良方──我們無法透過藥物的手段──去讓自身與宇宙的能量處於和諧狀態。

讓我們認真地審視這個問題吧。藥物是一種物質。物質是由原子組成的，很多原子都可能在以太場中處於運動狀態。這樣的運動形式就構成了人體最基本的組成部分。世上沒有比以太的移動更容易讓人想到的了，當然心靈與精神的力量除外。物質的宇宙緣由就是心靈。物質透過心靈持續的活動去形成以太運動場。宇宙的力量就是心靈的產物。人體的形成就是人類心智讓身體展現宇宙能量，讓我們獨特的品格展現出來。

當這樣的能量釋放遠離了正常的狀態──這是一般人，特別是個體所處的狀態時，那麼人就會出現疾病的症狀。精神能量決定著我們透過宇宙力量去釋放出正常的品格，所以不正常的精神能量也能讓我們表現出不正常的品格。

單純的物質是無法脫離其正常的途徑，就好比任何形狀的大理石都不可能自行成為一尊美麗或是殘缺的雕像。物質是具有惰性的，如果一直放在那裡，那麼就會保持那樣的狀態，一旦有人去動它，它也不會改變原本的屬性。

只有精神的力量能夠改變我們內在的身體狀態。要是我們始終遠離精神層面的影響，那麼我們的身體狀態是始終不變的。身體狀態的改變總是因為宇宙的能量在智慧地工作，或是對人精神層面的影響，或是對這兩者都有印象改革。

但是，宇宙的智慧是想讓每個人的身體都處於正常狀態──說白了，就是讓我們處於健康的狀態。只有當我們的精神法則受到外在的干擾後，這樣的本意才會遭到扭曲。這樣扭曲的情況讓宇宙的能量與我們處於不和諧的狀態，因此讓我們患病，並且世代遺傳下去，知道形成多種不正

常的生理特徵、習慣或是狀態，最後導致這種疾病成為了一種常態。所以說，疾病的源頭可以追溯到某些人的自我——這裡是說精神層面的——這當然是指你的祖先或是你自己。

因此，要想治癒疾病，就很有必要去關注這個精神變化的過程。藥物是具有惰性的，只要放在那裡不動，就不會激發起內在的藥效，一旦服用後，也不會改變它們原先所具有的藥效，當然，要是宇宙智慧能夠進入的話，這將得到改變。當藥物被放在架子上的時候，這個事實也不會改變。對人的胃部來說，事實也是如此。體內進行的化學反應只是宇宙智慧的一個過程而已——這是忠於它本來的屬性——要麼讓我們的身體越來越糟糕，要麼越來越健康。

但人類的智慧也能夠放權，就是能自動執行某些身體功能。當然，這種執行能力是有一定限制的。你無法單純透過意志力、精神願望，去阻止身體自然出現的化學反應，但你能夠增強這一自然的過程，能夠透過讓精神處於和諧與充滿能量的狀態，讓自己維持這樣的能力。你可以延緩體內進行的一些活動，也能加速另一些活動。你能夠減弱藥物對你產生的影響，也能讓藥物發揮最大的藥效。

這些精神影響下的狀態可以用下面的話進行更詳細的闡述：

首先，讓我們明白一點：「認為健康的正常狀態是可以用一條長長的水平線來代替的想法，是錯誤的。我想可以這樣說，身體的健康是收到一些已知原因的影響而提升或是壓抑正常的身體活力——造成了身體重要能量處於一種有節奏的波動之中。體內的『發動機』為我們的意識提供了足夠的能量，讓身體能夠以年、月、日的方式去傳送顫動波，即便會出現漣漪，也依然不停止這些顫動波的發散。每個人的日常活動都會讓這條『水平線』出現起伏——這也是一系列的上升或是下降的運動，這一週期性的運動取決於有機體所從事的工作的狀態。」

如果當我們的身體系統攝取了有害的物質後，身體狀態的曲線就會向下降，它的不良反應就會被迅速地傳送，副作用也會更為明顯。如果曲線是處於上升狀態，那麼有害物質產生的藥效就會被壓抑或是被清除。

當一種天然的有益物質攝取身體系統後，身體狀態的曲線出現了下降，那麼有益物質的積極影響或多或少都會被抵消，或是被完全阻止吸收。如果身體曲線處於上升階段，那麼有益物質的營養就可能迅速被身體所吸收。

不管健康的曲線是取決於精神原因或是身體方面的物質原因，這樣的調整都只是精神層面執行的表現。

其次，我們要明白：我們的精神狀態同樣存在著一個週期——一條精神狀態的曲線。當這條曲線趨於向下的時候，藥物就跟石頭一樣，對身體毫無價值。當這條曲線處於上升狀態，那麼藥物又變得毫無必要，因為藥物反而會延緩這樣的勢頭。當健康的曲線處於下降的狀態，精神的曲線可能也會如此，但事實並不總是如此。當精神曲線處於下降狀態，那麼健康曲線必然會下降。當健康曲線處於上升狀態時，精神曲線一般都會跟著上升。當精神曲線處於上升狀態時，那麼我們就有了治癒疾病最好的藥方。

即便是對初生嬰兒，這樣的建議也是適用的，因為嬰兒的心智充斥著遺傳的衝動，因此，也能按照自己的能量去控制身體的狀態。

如果你能夠完全掌握上面所說的思想，那麼你就能擺脫所有的藥物與藥品，認為他們是毫無價值的，只會讓人的身體處於失調狀態。

第三，我們要明白：所謂的藥物背後到底有怎樣的祕密？到目前為止，世界上絕大多數醫生能夠治好的疾病，最後都會自然好起來的，即便醫生開的藥方不是很適合。還有一些疾病最終都會讓人死的，不管我們做怎樣的治療，也有小部分的疾病是需要醫生精湛的技術才能挽救的。藥物

只能在偶爾地拯救生命，通常只能縮短疾病的週期與移除症狀，但藥物的重要性遠遠不及食物、空氣、溫度與其他關乎生理衛生的東西。

「遠離鴉片，遠離酒精，遠離一切喚醒感官刺激的東西。我堅信，要是人們能夠遠離這些藥物，肯定有強壯的體魄潛游到海底。這對人類額發展也是一件好事。」

雖然有很多偉大與讓人尊敬的醫生，但醫學本身或多或少都帶有一種野蠻的氣息。現在的醫學應該朝著最終透過精神能量去治癒別人的方向前進。真正的醫生還是很有必要的，他們也是我們的朋友，因為他們懂得身體的知識，知道身體哪裡出現了失調。

第四，我們要知道：上面說了那麼多，藥物對於治癒我們的疾病其實是作用不大的。真正能夠治癒我們的，只有精神的能量。從醫人員存在的主要價值就是他們可以提供衛生指引及給予處方。無論是醫生還是病人，都應該將精神治癒的方法視為最為重要的，讓這種療法發揮最大的作用。

在我看來，醫生的成功在於它有能力調整自己的治療方法，讓病人的身體與精神曲線都處於上升狀態，並讓病人的精神能量處於積極活躍的狀態，讓他憑藉自身能量治癒自己。

所有疾病最後的痊癒，都要歸功於自我治療，即便是對初生的嬰兒來說，也是如此。要是缺乏主觀的精神能量，那麼疾病是無法治癒的。我們的這種能量必須要透過暗示去喚醒，再透過有形或是無形的途徑，從一個人的心靈傳遞到另一個人的心靈。

對醫生來說，最基本的做法就是要喚醒病人的精神能量，讓他們為了實現目標採取其他辦法，無論是物質上的還是其他，因為這能夠透過心理暗示來做到。在這點上，我們需要做到下面幾點：

第一 —— 醫術精湛的醫生一開始肯定是先了解病人的疾病。成千上萬的病人之所以死亡，就是因為醫生錯誤的診斷所導致的。

第二 —— 醫術精湛的醫生很少會開出刺激人的藥物。

第三 —— 醫術精湛的醫生不會讓病房顯得那麼壓抑，不會跟病人提到某某病人身患絕症或是要接受手術，也不會說一些不利於他們自身發展的話。

第四 —— 醫術精湛的醫生始終充滿了希望與勇氣。他相信自己與自己的能力，能夠給病人留下自信與積極的印象，激發起病人對他能力的信心。

第五 —— 醫術精湛的醫生對他的病人展現出個人的關心。當然，這樣的關心是他們職業的要求，但這也應該是他們發自內心的，因為他們的一舉一動都可能牽涉到病人的生死。他不僅希望自己能在醫學技能方面取得成功，更想去幫助這個病人。他的專業興趣要屈從於他的人性。

第六 —— 在條件允許的情況下，醫術精湛的醫生對每位病人都給予充分的照顧 —— 並且不懷著一絲的抱怨心情。他會花時間去讓病人相信他的個人忠誠。

第七 —— 醫術精湛的醫生身上總是散發出磁性的態度、磁性的氣質與舉止，當然還有磁性的潛意識思想。

第八 —— 醫術精湛的醫生將精力都投入到了精神層面的救治，透過精神的能量去治癒別人。他不大依靠藥物。他讓精神的自我投入到醫學中去，全身心地為病人治療，在這過程中，他一直保持著思考與希望。

第九 —— 醫術精湛的醫生能夠喚醒病人自身的精神能量，並且想盡一切辦法去做到這點。他會努力讓病人的精神狀態處於上升的曲線，按照病人的健康狀況進行一定程度的調整。

第十 —— 醫術精湛的醫生會透過富於智慧的思想與生理及精神方面的鍛鍊，去提升自己的個人磁性。他會讓自己的身體保持乾淨，讓心靈具

有磁性的能量。他能讓自己的個人氣質處於最佳狀態，抵擋那些不良的影響，讓病人去接觸宇宙的力量，更加自由與有效地與之交流。

如果你是一名醫生，那麼你需要將上面所說的方法變成你日常工作中的基本準則。

如果你是一位專業的護士，那麼上面的方法也同樣適用於你們。

如果你既不是醫生，也不是護士，那麼當你去病房拜訪病人的時候，你也要帶著富於磁性的態度、氣質、舉止與精神影響，讓你向醫術精湛的醫生那樣富於磁性魅力。這樣做的話，你可能會幫助一位病人更快地好起來，甚至能夠拯救他的生命。

讓我們明白一點，要是將我們的精神狀態排除在外，那麼藥物對一個活人的作用與對死人的作用是相差無幾的 —— 也就是說，這隻能引起一種化學反應而已。要是缺乏生命力的配合，任何化學反應都不可能去治癒疾病。我們稱之為生命力的東西，其實就是精神因素最為本質的一個因素。我們稱之為精神因素的東西，反過來又對化學反應造成加速的作用。因此說，精神就是第三個因素，讓藥物產生的化學反應對治癒疾病產生作用。所以說，病人的精神狀態必須要良好，藥物與護理對人體康復造成部分作用，但最為重要的還是我們的精神狀態與醫生激發了病人意識裡與潛意識裡的信念。因此說，醫生與他的助手都應該是富於磁性的人。

艱辛的結束

消磨不是創造，
需要力量去檢查目標。
哦，一直在努力的簡單之人
還沒有意識到，
靈魂高尚之人給予的反對，
感覺是那麼的好。

如果艱困的結束是毫無價值的，

如果重要的神經不去思考，

如果生命的神經不去發散能量，

就無法待會成就的歡樂，

只能重返過去的混亂。

如果自我倦怠了，心智也會變得僵硬，

最後揚起塵土，

讓鑽石變得一文不值。

為了這個世界好，就要全身心投入進去，

你越是閃耀，

世界就越加輝煌，

你的努力讓你成為榮耀之人，

獲得了人性的皇冠。

—— 作者

第二部分　身體的基本原理

精神的攀登

在預先注定的各個循環裡，

生命在湧動，卻受制於某個神祕的中心，

但這個中心卻時刻變動，

有時如螺旋槳地上升，

沿著血紅的環行道上升，

從柔軟的搖籃到時間的盡頭，

漸漸地讓自我成為自身的主人，

經過人生的閱歷與情緒 ——

高點！高點！再高點！

直到生命在終極的火焰中變得完美，

直到靈魂與激情變得心滿意足，

直到血紅的心臟感受終極的命運。

思考這個事實：你的肉體神經

分散在無垠天空裡的無盡軌道。

—— 作者

第十五章　磁性的血液

鮮明的色彩，
冷酷的肌肉，
強大的心臟如紅酒般鮮紅，
健康的神經
與大腦蘊藏的財富。
哦，這些造就了神性的人生。

—— 作者

信條

「血液就是生命！」

　　在談論培養生理的磁性前，我們很有必要先去討論第四部分所談到的一個哲學原理。

　　這個原則有一個生理的基礎，所以，第二部分與第三部分的章節就顯得那麼重要，是不能輕易地繞過去。你可能在沒有掌握如何培養磁性的方法時仍能獲得生理的磁性，但超過的磁性需要你知道其中的原因以及你現在從事的工作所懷抱的目的。

　　在我們對身體進行研究的時候，絕對不能忽視以太與精神因素。本書堅持一個觀點，在我們的身體範圍內，靈魂的地位堪比國王 —— 從某種意義上來看，靈魂就是一為造物主，而之前章節談到的意志則決定著我們的生理品格。而獨立行動的潛意識自我也會透過以太媒介，影響身體的狀況。

　　為了讓身體處於良好的狀態，身體就必須要儲存能量。身體的能量取決於幾個因素，比如食物、空氣、鍛鍊、休息、氣候與天氣狀況，心理與情感方面的影響，還有每個人處於不同年齡層的體質。儘管如此，身體能量最直接的能量來源還是血液。所以說：「血液就是生命！」

血液

　　血液是由血漿、流體與白血球（不要將這種白血球與以太中的微粒混為一談）以及纖維蛋白質組成的。血漿會形成模子，讓血球泡在其中，隨之浮動。我們可以會將血液中纖維蛋白質這種物質忽略掉了。

　　白血球是球狀的或是不規則的，分散在紅血球裡。這些白血球的體積要比紅血球大，但數量卻沒有那麼多。白血球能夠自由地進行變形運動——也就是說，白血球能夠讓自身的一部分向外延伸，這就是我們稱之為「過程」（後者可以與任何組織連繫起來。）其他血球的流動也要經過這個過程。白血球的變形運動會經過毛細管的動脈，進入相鄰組織的淋巴間隙，後者會隨時與血管連繫在一起。當某些有害身體健康的物質存在於身體內部時，那我們就能在淋巴間隙中找到。白血球可以一開始透過吞噬這些物質，然後吸收它們，來摧毀這些對人體有害的物質，所以這是白血球能夠在很短的時間內，以犧牲自己的代價，讓身體重新恢復健康的狀態。當白血球扮演上面提到的摧毀功能時，它們被稱之為「吞噬細胞」或者是「破壞者」。因此，在正常狀態下，白血球是身體的守護者。從某種程度上來看，身體的健康也要取決於白血球是否處於正常狀態。如果白血球處於不正常狀態或是數量不夠，那麼身體的敵人就會趁此機會進攻免疫系統，讓疾病占據上風。白血球似乎能夠以某種精神的方式去操控自己：在正常狀態下，它們會按照身體的利益去智慧地工作，而一旦身體變得不正常，那麼它們就會變成「吞噬」細胞，吞噬掉那些紅血球。

　　在我們處於精力旺盛，身強體壯的時候，血液中還存在著一種成分，那就是調理素。這種調理素的功能就是對身體的有害機體產生作用，這樣的話，有害的機體就能夠與白血球形成一種連繫，從而讓白血球完成吸收或是完全摧毀有害機體的作用。當然，心理的因素與消化吸收等功能都關聯，從而對健康產生影響。血液中富含營養的物質與調理素能給人提供充足的營養，顯然，白血球能夠按照人的精神意志去發揮它的功能。磁性的健康能夠保護身體，讓我們處於正常狀態。

　　紅血球是紅色的，呈環形狀的雙凹式圓盤狀，能夠在血液中的血漿或是流體中漂浮，能夠被循環的流體所帶走，而不需要經過血管。同理，白

血球與血漿都不需要經過血管，而是留在血液中繼續保持循環狀態。紅血球存在的唯一功能就是為血液提供氧氣，這能夠透過血液的組成成分血紅蛋白 —— 一種對氧氣有著很強親和性的化學物質 —— 同時對氧氣的束縛力也不強，隨時能夠與氧氣分開來。紅血球的循環又被稱為血液循環。記住，氧氣的詞根可以追溯到梵文裡的「Gan」這個詞根意味著「生產、製造」。要想生存，我們必須要呼吸 —— 呼吸一詞的詞根也可以追溯到梵文「呼吸，才能生存」 —— 之後，我們才能成長，「成長」一詞源於梵文的詞根「bhu」就是「成長，成為，變成」的意思。呼吸的物質肯定包括氧氣。空氣一詞在梵文裡的詞根是「aw」，意思是「可以吹的東西」 —— 我們可以看到，肺部能夠吸收紅滾雪球，並且讓食物的元素進入血液，這就構成了生命最基本的成分。「充滿鮮紅血液」這個短語就說明了我們擁有良好的健康、活力與力量。合理的訓練與深呼吸會加速攜帶氧氣的紅血球的運輸，讓我們的身體變得更有活力，這是我們獲得身體磁性的最重要的基礎。

　　血漿裡包括了氧氣與血液中的食物成分，食物的營養成分在消化後成為了我們身體的一部分。與紅血球有所不同的時，血漿一定要經過血管，與身體的每個組織進行直接接觸。要想完成其功能，血漿還要經過更小的動脈血管壁與毛細血管，進入身體組織附近的淋巴間隙。這些間隙之所以被稱為淋巴間隙，是因為流體物質在出現外滲現象後，會經過毛細血管進入這些空間，帶走了身體組織一些廢氣的物質以及一些能夠修復身體組織的食物營養。處於這樣混淆著雙重物質的流體就被成為淋巴。因此，動脈裡的血漿能夠流經身體，直接與所有身體組織進行接觸。在我們洗浴的時候，體內被廢棄的物質會透過與淋巴間隙有連繫的淋巴管道，進入靜脈循環，然後在透過細胞內的浸透，進入靜脈壁。「在這些淋巴間隙中，淋巴與機體元素之間可以進行最為自由的交換成為了可能。」持續的新鮮流體

從血管中流出來，這讓原先的供應速度變得更快，從而保持了血液的循環。最後，淋巴進入了淋巴竇，並且被送到了淋巴管，成為了淋巴系統的一部分。透過淋巴系統，淋巴能夠回到靜脈系統中去。這個過程（從動脈毛細管經過淋巴空腔與血管進入靜脈的過程）就被稱為淋巴循環。淋巴一詞與乾淨純潔一詞一定的關聯。血漿的詞根可以追溯到希臘語，是「一塊模型或是模子」的意思。這個觀念與事實就代表著人生的清泉，因為血液代表著「鮮活的人生」。當我們處於健康狀態時，血漿能夠擺脫不純潔的物質，富含氧氣與食物的營養。本書中提到的所有指引與養生法都是為了實現剛才談到的那些重要的目標。一個貧血、鮮血不純或是循環系統出現問題的人是絕對不可能富於磁性的。要是他能夠按照這裡提出的方法去做，那麼他最終還是有可能培養自身的健康磁性。一旦健康的基礎被牢牢打下了，那麼這裡所給的建議就必然能夠讓我們更好地建構上層建築。

循環系統

因此，我們也看到了兩套的血液循環系統，一種是血液的循環，一種是淋巴的循環系統。顯然，在淋巴系統的循環裡，血液多少都會在運輸的時候出現延遲，而身體的機體卻正在浸泡在鮮血中，接收者食物的營養，排放出廢氣的物質。但為了讓整個身體都能有新鮮血液的補充，血液的循環會依靠自由的管道（比如動脈或是毛細管），傳送到身體的每個部位──直接抵達每個需要血液的身體器官組織。血液流經心臟的速度越快，就會經過動脈與毛細管（血管裡包含著新鮮的血液）還有靜脈與靜脈支根（含有不純的血液）。在血液的循環過程匯總，當血液從心臟流出去的時候，就會透過肺動脈，經過氣囊的一層很薄的血管壁，進入肺部，從而與空氣中的氧氣進行最直接的接觸。此時，鮮血能夠與氧氣發生反應，

而血液中的二氧化碳則透過血管與我們的呼吸排除體外。

從本質上來說，心臟就是一個肌肉器官，它能透過縱向的隔膜與橫向的隔膜，分為四個空腔。上層的空腔是左右兩個心房，而下層的空腔就是左右兩個心室。心臟的心房與心室都能相應地與動脈產生連繫，讓心臟與血管保持聯通。心臟的單獨功能就是將血液抽到血管裡，透過循環系統讓血液流經全身。

動脈就是體內自由的管道，但靜脈有時會關閉，因為心臟的瓣膜會對血液流進的方向予以放行，而對流出的血液關上大門。

血液循環的一般過程下面簡單談一下。血液從血管進入了心臟的右上部位，也就是右心房，然後進入了右下部位，也就是右心室，然後經過肺動脈與動脈毛細管的細胞壁與肺部的氣囊，進入肺部——排放出二氧化碳，透過細胞壁的外滲作用，吸收氧氣——肺部毛細管可以透過細胞壁與血管連線在一起，進入左心房，然後在流經左心室，之後在透過主動脈進入動脈與動脈毛細管。此時，在透過細胞壁的外滲現象，血液進入了淋巴系統，讓周圍的機體都浸泡在血液當中。之後，血液經過血管，流向腔靜脈，然後回到心臟，開始一趟全新的旅程。

身體能量的源泉

血液是身體能量的源泉，因為血液流經身體的每個角落。血液所具有的能量源於體內發生的化學反應過程，因為血液內的食物營養在產生反應後，可以將能量運送到身體的更為複雜的機體。這種轉化的一般過程讓身體儲藏了超過正常狀態下所需要的能量。身體與生理的活動會讓機體的化學物質逐漸腐化，從而啟用身體記憶體儲藏的能量。

上面提到的這個過程一般被稱為新陳代謝。新陳代謝可以透過兩個子

流程來完成，一個是合成代謝，一個是陳謝作用。

正是透過這兩個子流程，食物變成了正常的原生質，分解出廢氣的物質，然後被投入到淋巴間隙，形成了淋巴的組成部分。合成代謝是指原生質的化學方式（有些人可能會說結構）就這樣建立起來了，讓身體能夠儲藏化學物質所帶來的能量，反過來又能為原生質提供活力。在陳謝作用的過程中，這個化學方式被打破了，也就是說，原生質的元素被打破了，儲藏的能量可以自由地為身體所消耗。

但是對任何身體機體或是器官的能量供給，都取決於後者所獲取的能量。因此，這些身體機體與器官要想保持健康與正常的能量輸出，保持一定的活動是必須的。

當某個機體或是器官處於活躍狀態，那麼就會從所吸收的營養中消耗能量，如果能量的消耗大大超過了供給的能量，那麼機體與器官就會感到疲憊不堪。

因此，充足的能量需要富於營養性的活動能比消耗能量的活動更加重要。

雖然如此，我們也要明白，要是不讓身體參與任何活動，也是難以儲存營養與儲存能量的。這樣的法則同樣適用於精神層面。對自我的發展需要行動，過度的行動會消耗比儲存更多的能量，而過分的懶惰反過來會因為能量無法消耗，降低人的精神能量。

因此，純淨的血液供應與強大的循環系統是多麼的重要，當然少不了是恰當的活動與休息。當我們說那是一個以太形式的複雜體時，就會發現血液本身以及其他所有組成部分，都是以太活動的產物。因此，身體的每個過程都會涉及與影響到媒介，我們能看到這會影響精神因素 —— 也就是自我 —— 從而讓我們在現實的本原中生活與行動，生理功能的以太背景，在其行為方式上完全適用於身體的氣質，讓人血液順暢，充滿能量，

讓紅血球能夠氧化，讓白血球處於正常狀態，讓新陳代謝的過程取得圓滿的成功。由此可見，以太在扮演著神奇的角色，除非我們在大腦中忽視了這樣的工作。有人會說，在血液循環的過程中顯示出了某種選擇與創造性的力量，甚至連血液都似乎有自己的想法。當今的科學可能會將所有的這一切都歸結為化學反應、向性運動或是諸如此類的解釋。但這其實只是用其他話語來代替相同一件事情的解釋。最後，進過詳盡的分析，我們得出了一個結論，那即是一個擁有真正自我的人 —— 他身體的每個部分 —— 都是獨立的，擁有自主行動的權利。

生活的節奏

兩種噪音間的安靜，
擁有神祕的流暢感，
夜晚的星星毫不費力地眨著眼，
它們慵懶地駐足天空之中，
睿智的靈魂到處飄蕩，天馬行空地夢想，
這都是無形的上帝創造的 ——
但男女們那燃燒的大腦，
卻想著讓宇宙轉的更快一些。
此時，當六天過去了，
他在不需要休息的時候休息。
看！造物之初的法則，
在嘲笑他最初的任務，
讓這個赤裸的世界回到原位。
哦，儲藏能量的意志力，
當人生的暴雨已經停歇！
看！心靈充滿活力地呼吸，
身體卻在文學的想像中顫抖

但這不過是一陣轉瞬即逝的幻想！
生命的節奏轉過彎了，
那人再次挺起胸膛，
閉上眼睛，臉龐安靜，顯得無動於衷，
但看看你！明天就要到來啦！

—— 作者

第十六章　磁性的休息

我的靈魂，請你休息，好好休息吧！
疲倦的肉體，請你沉睡吧！
如果你依然充滿活力，
目標就越來越近了。

—— 作者

> 生命並不是沿著直線前進的，而是處於有節奏的曲線當中。

休息的重要性就在於我們要進行恰當的休息。

在正常狀態下，一些身體活動或多或少都存在著持續性，因為這樣的能量消耗至少可以透過接收的能量去補充。

如果接收的能量與消耗的能量剛好處於平衡狀態，那人類為什麼就不能永生呢？

但是，身體的一些器官組織需要一段週期性的休息，因為它們所儲藏的能量有時被大量地消耗。所以，身體很有必要在自身清醒的時候進行恰當的休息。這些事實說明了鍛鍊的價值。

假設血液裡富含一定程度的營養元素，記住，這是可以透過血管牆進入淋巴間隙與附近的組織。顯然，血液循環的增強會加大身體組織對營養的需求。

在身體正常的運作中，我們都知道，肺部扮演者非常重要的角色。

我們呼吸空氣，是為了將肺部的二氧化碳（從血液中吸收到的）排出去，並透過將二氧化碳排入血管循環中的血液當中，讓我們獲得充足的氧氣。肺部收縮是為了排出氣體，肺部擴張是為了重新恢復正常的狀態，從而吸收更多的氧氣。也許，肺部的擴張是為了讓血液中充滿更多氧氣，收縮是為了讓身體器官所處正常的狀態，從而將二氧化碳排出去。身體的這些執行原因將在下面有所解釋。

當肺部充滿氣體時，胸腔的凹處就會擴張，系統靜脈的血液就會流向右心房，一旦收縮後，就會讓血液流向右心室，然後在透過血管讓血液流向左心房與走左心室，然後在主動脈進入動脈。

在四肢運動的時候，動脈分支就會將血液吸收過來，流向更大的靜脈。

因為這些靜脈中存在著很多肌肉叢，肌肉的收縮會壓制較小的靜脈，讓血液從一個方向朝另一個方向流去，從而改變血液的流經方向。

透過讓肺部進入動脈系統的呼吸與鍛鍊，能讓心臟的活動超過血液對其供應的極限。

鍛鍊與同樣的方式增強血液的循環，肌肉活動強迫更多的血液流向靜脈與心臟，而心臟則會讓更多的血液流向肺部的血管，這樣的刺激能夠讓肺部處於更加活躍的狀態。

按照上面提到的方法，要是缺乏特別的肌肉訓練，那麼有意為之的呼吸訓練也能取得同樣的效果。

因此，肌肉鍛鍊與腹部的呼吸訓練都能加強血液的循環。

在其他條件都相等的情況下，增強血液循環能讓我們更好地進行消化食物中富含營養的物質，而我們的肺部則能供應必要的氧氣，從而增強那個身體的肌肉組織，更好地儲存身體的能量。

一般來說，神經與肌肉系統的活動都要比同一時間段內的鍛鍊更加消耗能量。

因此，身體必須要有休息的機會，比方我們在睡眠的時候，就是為了讓我們累積能量，讓之前消耗的能量得以恢復。

但是，我們要記住，一些活動只涉及到神經與肌肉的某些部分（要將專注力集中在此），而身體的其他部位卻可能處於一種靜止狀態。整個身體可能並不需要休息，但身體的某些器官可能需要休息。當處於工作狀態的神經與肌肉完成了任務，那麼之前處於休息狀態的那部分功能就要工作了，前者就有時間去恢復能量，而後者則在消耗能量的時候也沒有影響能量的恢復。

因此，最佳的鍛鍊就是包括各項活動，絕對不要讓某部分的肌肉或是神經長期處於活動，或是持續地過度使用。

休息的法則

因此，磁性之人知道如何休息。也許，你也覺得這並不算是什麼難事。事實上，真正懂得休息之道的人是極少的，這是一項極為寶貴的藝術。

有些人睡得很好，但卻無法透過睡眠獲得身體上的磁性。

睡眠的磁性源於精神中的平和狀態，讓自己與純潔的宇宙合而為一，遠離憂慮，獲得自由，並對宇宙力量向你發散的重要與吸引性的力量保持開放接受的態度。

當你在白天休息的時候，也也應該要「放開」一切事情，讓自己進入上面所說的狀態。

在你晚上入睡之前，你也應該這樣──

保持平和的心態！

與宇宙保持合而為一的心態！

驅除心靈中所有的煩憂。

放鬆肌肉與神經。

悠然、冷靜與自信地這樣思考：「今天晚上，我要讓身體的每一寸肌膚都充滿磁性的力量！」

請你記住！在執行這套方法的時候，偶爾中斷一兩天的訓練就顯得特別重要。因為在這樣富於創造性意義的暫停中，你能讓自己在工作的時候處在發展磁性的最佳狀態。

　　真正的休息能讓人恢復精神能量。當有意識的心靈處於平和狀態，與自己的內在與萬物的存在處於平和狀態，那麼他就有權利去汲取宇宙的偉大能量，然後潛意識就將知道，是時候讓身體吸收宇宙能量，讓身體組織與功能重新恢復過來。因此，磁性的睡眠能讓人做好神性的工作，這對人生活動中所有的清醒時刻與磁性暫停，都具有同等意義。

空氣

我發現一個女人行將就木，

只剩下一堆毫無生氣、飽受痛苦的肉體，

她可憐的靈魂接受過「最後的儀式」之後，

轟然倒塌。

我說：「開啟窗戶！離開床榻！

敞開心扉！不要像隻狗那樣死去！」

現在你可以呼吸 —— 要耐心 —— 透過呼吸的鼻孔

讓世界感受到你的氣息。

你也見過一朵小花在凋零，

旭日初昇之時，緩緩地抬起頭顱，微笑著

重新恢復了起能量。

我的病人也要這樣，呼吸純潔的空氣，

讓生命之火焰變得涼快！

如果你真的需要，可以服藥，

可以找尋所有的幫助！

但在上帝的堅持下，

無限的宇宙仍然在繼續顫動！

第十七章 磁性的呼吸

海水散發出強烈的腥味，
青蔥的松樹散發的味道，
太陽的光芒給人勇敢的感覺，
來一場陳年老酒的盛宴吧！
過來，提升你的神經，
過來，懷揣全新的想法。
勇敢地過來！提升自己！
讓天才智慧的時刻過來！
讓美感以太的花朵過來！
讓上帝的情緒過來！讓力量過來！

—— 作者

信條

氧氣讓以太的人生得以存在。

基督傳統宣稱，造物主將生命的呼吸吹進人類的鼻孔，然後人就擁有了活著的靈魂。

這段話意義重大：這說明了呼吸的重要管道就是鼻子，不是嘴巴。除此之外，呼吸的重要性不僅僅限於生理的作用。呼吸的真正重要性應該是精神層面的。

呼吸

脊髓有一個神經中心，正是透過這個中心，我們的多個肌肉組織才與呼吸系統連線起來。我們的大腦也有一個呼吸中心，可以透過某些神經與神經中心進行交流。

一般情況下，我們可以說，呼吸時所產生的活動能提升肋骨之間的肌肉，讓肺部、橫膈膜與下腹都產生活動。

在整個肌肉系統的多重神經中，呼吸中心對大腦與脊髓神經的肌肉都有關聯，影響著我們接收外在資訊與衝動，這一過程是從呼吸傳遞到大腦與脊髓的，後者反過來也對呼吸系統產生必要的刺激。

在吸入氣體的時候，肋骨會提升，肺部會充滿氣體，橫膈膜會呈下垂狀態，而下腹的器官會受到壓制，對腹部的細胞壁產生擠壓。在呼氣的過程中，則會出現與此相反的過程。

當靜脈血液從右心室到達了肺部，或多或少都會包含著二氧化碳，這些二氧化碳必然要透過氣囊的細胞壁排出去，這會導致氣囊缺乏氧氣，必

須要透過肺部補充氧氣。

還有就是血液所處的狀態 —— 過多的二氧化碳與缺乏氧氣 —— 可能是缺乏氧氣這一因素 —— 會透過行動對肺部神經與脊髓的神經中心產生影響，大腦的呼吸系統中心就會向呼吸過程保持連繫的肌肉發去訊號，讓它們執行自己的功能。此時，我們需要注意到下面一些重要的事實：

1. 排出的二氧化碳的數量與我們所處環境的溫度及身體的溫度有著緊密連繫。

2. 如果外在的溫度要低於身體溫度，那麼排出去的氣體就會減少。

3. 如果身體的身體處於上升階段，那麼更多的氣體就會被排出去。

4. 如果周圍的環境要比體溫低一些，但卻沒有讓體溫變低，那麼身體就會排出更多的氣體，吸收更多的氧氣。

5. 肌肉活動能夠增強我們排出去的氣體，吸收更多的氧氣。

6. 要是身體在很短的一段時間內從正常的大氣密度進入較為稀薄的空氣，那麼氣體就無法完全地排出去，血液所吸收的氧氣也會變少。

7. 因此，呼吸訓練應該在正常大氣密度的情況下進行，感受空氣的純淨，所處的氣溫要比身體的正常溫度略低一點。

8. 呼吸的數量與深淺並不能增加身體吸入的二氧化碳數量，但可以讓我們加速排出這些氣體。

9. 因此，深呼吸能將氣體排出去，並增加血液裡氧氣的濃度。

於是，我們就有了下面這些深呼吸所帶來的結果：

1. 二氧化碳被排出去，氧氣吸收進入了血液，有害的物質部分被溶解。

2. 血液的循環增強了，身體的組織獲得了更多的能量與營養補充，當然還有氧氣的供給，身體的各項功能都處於健康狀態，化學與各種重要的

過程得以順利地展開。

3. 肺部獲得了更為全面的鍛鍊，因此功能變得更加強大。

4. 因此，神經系統受到了刺激與提升。

5. 身體的大部分肌肉都可以處於健康的活動之中。

6. 胸腔會擴大。

7. 反射動作或者肌肉活動的影響會刺激相連線的神經。

8. 神經系統增強的能量會對循環系統、呼吸系統、消化系統、分泌系統及消解功能也都具有重要的影響。

9. 一般情況下，深呼吸的活動能讓身體的每個部位都增強能量的供給。

10. 大腦接受了更多的營養物質與氧氣，那麼它排出廢物的能力也得到了增強。它的行動 ── 或者說它對心理活動的回饋 ── 就會變得越來越容易，越來越強大。

11. 因此，呼吸的訓練能讓心靈擁有更大的自由度與力量。

12. 可見，深呼吸能夠「提升我們的精神」── 讓我們遠離恐懼、憂慮、壓抑與惱怒等情緒事實上，所有這些精神狀態都會以一種顯而易見的方式對我們整個身體組織產生影響。

如果我們呼氣的時間要比吸氣的時間更長一些，如果肺部裡的其他能經常更換，也就是說，如果我們能夠保持內在的能量與磁性的思想，那麼呼吸就會成為最具磁性的身體鍛鍊方式。深呼吸所帶來的刺激會讓腹腔神經處於一種活躍狀態，這比我們的其他身體功能都更加接近精神領域。這能喚醒我們身體的潛能與希望。除此之外，深呼吸還能讓我們內在的以太活動恢復到自然的節奏，讓身體與精神處於最佳狀態。因此，磁性的呼吸

也是屬於精神性的 —— 整個人的靈魂都要身處這個過程，接受著能力範圍內的磁性力量。

分享者

威嚴的機制 —— 宇宙 ——
在有節奏地顫動，
這要比夢的節拍更加精緻，
要比本能的火光更迅疾，
電波最後從卑微的身體掠過，
讓天空的野獸充滿了磁性。
這個微觀的世界，
人散發出以太波，
它假裝為骨頭、血管、神經與細胞。
正如每個分隔的星星，接收著能量，不斷地穿越，
散發的衝動讓人變得圓滿，
事實是，
他是神性天賦的分享者。

—— 作者

第十八章　靈魂的途徑

神祕的要道，為自主的心靈，
建構神經的肉體。
要是你願意，可跑到所有的王國，
羅馬式的皇宮，無所拘束，
你是羅馬人嗎？
與所有人交談，不管是後生還是長輩。
你就是一座帝國，你就是國王。
出發吧！成為你想成為的人！

—— 作者

神經是以太能量的首要傳遞者。

正確地運用我們的神經 —— 也就是利用靈魂的通道 —— 能讓我們掌握生活最美妙的藝術。每個人的神經系統中的天賦要麼是一種判斷，要麼是一個機會。如果我們因為無知而濫用的話，就會造成嚴重的後果，要是我們能夠明智地去管理，讓自己與宇宙處於和諧狀態，那麼就會讓收穫良多。

身體的每一處神經都希望主人能夠成為一位富於磁性的人。這個事實說明了這些章節裡談到的正確鍛鍊神經系統所具有的價值。

控制與自願地運用身體能量，無論是在行為或是磁性的發展上，都存在於被精神自我激發與指引的神經系統。接著，我們可以更深入地談一下 —— 解開我們身體系統的方法。

神經系統

神經組織代表著自然演化的最高水平。神經系統主要包括三個方面：一個是神經細胞，一個是神經纖維，一個神經膠質。

神經細胞是不規則的三維度的原形質，其中包括多種元素，並有著圓柱筒式的擴張，這在某方面來說是相對較短的，並且能像樹枝那樣分開。第二種神經細胞則要更長，形成了神經纖維。神經纖維是神經細胞中延伸的比較長的部分。這種纖維也有兩種類型，一種是白色的，一種是灰色的。白色的神經纖維大多數與腦脊髓系統有連繫，而灰色的神經纖維則與交感神經系統有關係。神經膠質所含機體產生的功能只能支撐細胞與纖維。神經細胞與神經纖維存在於身體的每個角落。神經節就包含有神經細

胞與神經纖維，而且這是透過支撐組織連繫在一起的，可以在身體的各個部位看到。一些神經節作為神經能量的中心，讓相互連繫的器官能夠在中樞神經系統之外獨立地執行。特別對交感神經系統來說，更是如此。這些交感神經系統可能被稱為「小腦」，並且像接力棒那樣不斷地增強大腦能量。

我們按照自身對神經系統的理解對其進行劃分一些衝動會經過大腦進入感測器 —— 會產生向心性 —— 這具有傳入的功能 —— 而對於衝動經過大腦進入「發動機」的情況 —— 就會產生離心力 —— 傳出神經。感應神經的路線止於皮膚，黏液膜、特殊的感官與神經的中轉區就構成了皮膚的觸覺、舌頭的味蕾、眼睛、耳朵與鼻子的神經終端。傳動的神經路線會從神經中樞傳送到肌肉系統的各個部位。這些神經路線都是按照自願排序的方式，一旦處於意志的控制之下，就能控制四肢、脖子、臉龐、腹部與皮膚等等。而在非自願的順序下，一旦處於不可控制的情況，就會讓心臟、胃部、肺部與血管都遭受傷害。

大腦是進化的頂峰。大腦裡面包含著大量的神經細胞與神經纖維，這些神經細胞與神經纖維的唯一功能就是應激性，也就是說，它們對外來刺激會隨時做出反應，讓機體保持適應性。從一方面來說，這樣的刺激幾乎都是源於外在與身體的，從另一方面來說，精神的自我在整個機體中處於控制地位。簡單來說，大腦就是脊髓的增強版本，包含著大腦、小腦與骨髓與延髓，延髓在一定條件下也能轉化成為脊髓。神經束會在脊髓內保持一定的距離，會對體內各個脊柱關節產生影響，與此類似的神經束產生的影響會延伸到皮膚邊緣與處於關節邊緣的脊髓，從而讓身體的所有機體與器官都形成了一個複雜的迴路，讓我們的生命始終保持著感官刺激。

大腦與脊髓會發射出四十三對神經，其中大腦發射出十二對，而脊髓會發射出三十一對。但是，大腦神經發射的對數要比脊髓神經發射的對數

顯得更不勻稱。

　　大腦神經主要控制著呼吸、循環、聲音、言語等技能，當然還與皮膚及頭部與頸部的多重肌肉產生連繫，當然，某些腦腔的黏液膜也與大腦神經分不開。延髓發射出的迷走神經會向頭部、頸部、胸腔與下腹傳送指令，這與器官組織的感官與活動存在著重要連繫。迷走神經對心臟、靜脈與動脈的血液循環、呼吸系統、消化及其他身體功能都會造成壓抑的控制。迷走神經的這種控制作用能有效地阻止身體不聽使喚的問題，防止它們出現過度活動的行為。

　　脊髓神經主要與肌肉的自動活動與神經元活動有關。皮膚也含有一部分的神經元，這是神經系統不可或缺的一部分，透過皮膚上的神經元，我們能夠與所處的環境取得連繫。脊髓傳遞出來的刺激可以經過傳動路線，喚醒身體肌肉的自願行動，而來自神經元的衝動則會經過感覺束，進入脊髓。

　　回想一下，脊髓神經進入了脊髓，然後開始以成對的形式活動，這些與神經元有所連繫的對束會進入脊髓比較後的部位，而脊髓較前部分也能發出肌肉活動的指令。我們應該要注意一點，那就是感官與活動之間並沒有絕對明顯的區別，因為感官的源頭都可以追溯到神經束的活動，這種活動是無形的，且與分子的形態出現，但這的確是存在的。而在內部器官所發生的肌肉活動中，必然會出現某些與身體器官正常功能相連繫的感官 —— 雖然是潛意識，但必然是真實的。這些更為深沉的事實說明了，對正常人來說，精神的因素是多麼的重要。

　　交感神經系統主要包括兩條延伸的交感神經節狀索，這兩條狀索都在脊椎的前面。這些節狀索是由從脊髓中發射過來的神經束組成的。在脊椎的各個部分重新接縫的時候，那麼他們就能連在一起，形成交感神經系統。交感神經系統還包括胸腔、下腹與骨盤內三個重要的神經網路。當然，這些神經網路都與上面提到的交感神經系統有著緊密的連繫。在上面

提到的這些神經中樞路，特別是太陽穴神經叢，這也被稱為神經系統的「瘋狂的野牛」，與傲視沒有迷走神經所產生的壓制性控制，那麼必然會對身體產生災難性的後果。「這一重要的交感神經系統與脊髓有點類似，或者可以說，它就是脊髓的一部分，最後分解為富於營養的物質。」

可控制的深呼吸能夠讓處於胸廓與腹部位置的血管叢與神經中樞處於健康的狀態。

為了方便起見，神經都是按照它們所扮演的功能去取名的，有的稱為傳送神經，有的稱為感應神經，有些稱為動脈神經，有些稱為消化神經，有些稱為抑制神經。也就是說，一些神經與肌肉有連繫，一些與感覺器官有連繫，一些與血管有連繫，一些與消化腺有連繫，還有一些神經能夠控制身體或是功能的活動。

神經功能就是這樣運作的。神經衝動進入了大腦：從一般系統出發（沿著神經束進入脊髓的各個部位），喚醒我們的生理意識。皮膚（在與脊髓的神經束產生連繫之後）讓我們產生觸覺、壓力感與溫度的感覺。我們的雙眼、雙耳、鼻子、舌頭都能喚醒我們的幻想、聽覺、味覺與嗅覺。正是因為肌肉與脊髓的神經束產生了連繫，我們知道了運動感覺、抵抗力等等，連通的其他部位也讓我們對外界有不同的感覺與經驗。

神經衝動還能夠從脊髓的神經束中心出發，傳送到身體的每個部位，激發與引導身體的非自願功能，讓我們所有的行動都屈服於意志。

我們的電波系統

「神經」一詞源於希臘語「Neuron」此詞的意思是「力量與精力」。這個詞語在梵文中也有溯源。梵文中的動詞「sna」就是「旋轉與扭動」的意思，而範圍中的中「wi」也是「轉動與扭曲」的意思。我們的神經系統就像

一個無數條線纏結在一起的電纜系統。神經纖維與肌肉束都以類似的方式捆在一起。規模較小的束集結在一起，形成相對較多的物體。要是需要，我們可以使用「電纜」一詞去形成身體的各個部位。身體的「電纜」再次被分離，分布在機體、器官與肌肉當中。源於感官組織的衝動會對脊髓與大腦產生作用，這個傳送過程與電波傳送的方式是極為類似的。

肌肉與神經

肌肉組織由肌肉纖維組成，這有兩種類型的肌肉組成：一種是橫紋肌，一種是平滑肌。心臟或是心搏肌肉是由細胞組成的。橫紋肌的纖維被很多支持組織包起來的束所覆蓋，這樣的束於「電纜」的形狀很類似。在與骨頭相連的部位，神經末梢會覆蓋連線骨頭的腱。橫紋肌的特徵是在纖維上有多道有規則的橫切紋，縱向則有更為光滑的條紋。無論是這兩種肌肉活動的哪一種肌肉，都能夠進行收縮活動，然後回復到原先正常的狀態。神經可以延伸到肌肉束，這樣的話，神經衝動就能刺激肌肉，肌肉對神經有所行動，但這只能間接地影響身體的健康。無論是神經叢還是肌肉叢都分布著密集的血管。神經與肌肉所進行的恰當活動可以從鮮血中吸收營養，讓我們更好地儲存能量。下面舉一個相關的例子。

肌肉緊繃的例子：埃米爾·杜·波伊斯·雷蒙德 (Emil Heinrich du Bois-Reymond) 在進行一項相關實驗時，曾經這樣描述道：「他用一個極為敏感的電流計，然後用兩塊與肌肉性質完全一樣的白金。他將這兩塊白金放在兩個裝滿鹽水的盤子裡，同時將雙手的手指放入盤子裡。當電流計的指標因為一開始的運動產生的移動平復之後，他繃緊兩隻手臂的肌肉。此時，電流計的指標再次移動。洪博特 (Humboldt) 宣稱：「這個試驗證明了磁性的指標會受到手臂緊繃肌肉的影響 —— 這是一種自然而然產生的

影響 ── 這個事實是不容置疑的。」但這樣的影響肯定是因為神經束中的神經電流引起的肌肉緊繃所引起的。

磁性的結論

肌肉系統與運動神經有著直接連繫，肌肉活動是神經刺激透過神經束對肌肉進行刺激的結果。

肌肉的營養是從流經它的血液中獲取的，然後轉化成機體組織，進而儲存起來的。這與神經及它們的行動有所類似。神經可以影響血液的循環，當然，神經系統的狀態提升也會提升循環系統，循環系統反過來也會對神經系統產生積極的作用。

因此，正確地進行神經鍛鍊的重要性就顯現出來了。神經鍛鍊能夠刺激我們的呼吸系統與循環系統，這能增強我們身體吸收氧氣與從食物中汲取營養物質的能力，反過來讓神經系統獲得恰當的營養，並且儲存更多的神經能量。

我們可以將神經及肌肉的能量來源追溯到血液，但肌肉獲取能量的最終目的就是小號能量，而神經系統獲取能量的最終目的就是傳送與刺激能量。「能量並不是立即從血液中汲取的，每當在進行功能性活動的時候，能量都被儲存在機體裡，當然這是透過消化道的細胞進行儲存的，其消化的數量與其參與的活動密切相關。因此，我們可以解釋一點，那就是在神經系統與血管系統的連繫完全遭到破壞之後，神經系統依然能夠堅持一段時間的執行，也將知道一旦隔斷的時間太長，那麼神經活動就會自然停止。」實驗讓我們更深入地知道，神經系統記憶體儲的能量是可以立即使用的，但這部分可以使用的能量只占全部能量很少的一部分。每個刺激都能讓神經系統消耗其全部潛在能量的一部分。這部分重新組成的能量在消

耗後，會迅速受到影響，這似乎是與消耗能量相反的一個必經階段，當然前提是這樣的能量儲藏沒有完全被消耗殆盡。當神經與血管分離後，那麼這種消耗則是致命的。當神經系統始終與血管保持著連繫，那麼能量就很難被消耗殆盡。這也得出了一個相對誇張，但卻非常真實的觀點，那就是神經是不會感到疲乏的。

「我們要特別注重研究神經系統裡的兩種能量，一是熱量，一是電波。」

如果用正確的神經衝動去刺激肌肉，使其處於活躍狀態，那麼在這樣活躍的狀態下，必然會出現一種間接的影響，並對整個身體都產生一種好處。如果對肌肉的刺激是以某種恰當的方式進行，並且持續一段時間，那麼這將增強肌肉活動的範疇與能量，對神經產生的相應活動也同樣會持久地改變神經所處的狀態。也就是說，按照本書的方法去鍛鍊品格必然讓你的神經系統獲得充足的能量。我們還記得肌肉與神經系統所擁有的以太背景，擁有大量的神經能量及保持神經處於正常狀態的重要性是顯而易見的。

儲存的肌肉與神經能量一旦超過了我們正常使用的限度，就會讓人變得失去理智，就會展現出超乎起正常潛能的限度。當一些外在的狀況重新激發起我們的希望，那麼我們在疲憊之後就能重新出發。這也是我們在生活中經常能夠體會到的。我們似乎擁有多重的能量，一層覆蓋著一層，在恰當的時候，這些能量可能被接連地運用。這些儲存的能量要麼是重要的能量，要麼是屬於化學能量，要麼就是電波能量。也許，儲存的能量是這三種能量的一個集合。也許，我們有時候使用的化學能量，有時使用的電波能量，有時則是重要的身體能量 —— 否則我們也不可能獲得全面的發展。

鑒於有人這樣說：「絕大部分的（即便不是全部）重要能量都是源於化

學能量的，也可以藉此獲得解釋。」我們也可以說：「生命的過程是一個讓化學力量與生理力量持續發生改變的過程。我們所說的生命，是指某些能夠指引這些力量的東西。」

有人說，身體儲存的神經能量是化學與電波活動的結果，這種能量的發生、儲存與消耗都是心智的功勞。若是我們能用「心智」一詞廣義的解釋，就會發現這包括植物與動物所存在的現象。

記住，神經是控制身體的重要器官，這涉及到我們的機械與自願行動，讓我們知道它們是靈魂的通道 —— 鋪設在以太之上的管道 —— 每個獨立的自我都能透過以太這種媒介傳送神經衝動。顯然，處於健康狀態的神經系統給對我們擁有磁性的人生是至關重要的。遵循這本書的指引必然讓你取得這樣的結果。

磁性

從沒有一顆心靈會說，
從沒有一個人精魂知道，
到底是什麼來了，
讓男女充滿了活力。
指定「愛」或「思想」，
「政策」、「智慧」或「能力」
從未逮住一個祕密，
一切仍是那麼神祕。
聽！你為什麼仇恨？
為什麼要甘願取悅控制你的力量
而讓自己背負罪孽？
這是命運嗎？
一種讓你抵抗的力量。
這是一種病嗎？

理論指導，如果你願意，
科學可以探究，如果你願意。
但無論是錯是對，
人活著，就有屬於你的能力。
擁抱黑人與白人，
擁抱好人與壞人，
無論信念是錯是對，
讓你的兄弟姐妹都感到高興。
因為星星的吸引，
身體肯定會顫動，
就像一塊充滿力量的
緊湊磁石，
這個世界會實現你的意志。

第十九章　人的磁性

每個原子都會晃動，
無論是直線、波浪形或是旋轉的環形，
排斥著一些原子，吸引著一些原子。
不管喜不喜歡，每個原子都在反映，
聚集在大自然神祕的計畫當中，
磁性就是在地球與人類當中出現的。

—— 作者

> **信條**
> 宇宙的力量正在努力地透過人體去和諧地展現它們的力量。

　　說到底，神經能量與電波存在著讓人驚訝的相似之處。約翰・赫謝爾（John Herschel）博士在談到大腦的時候，認為大腦就是為肌肉活動提供電能的源泉。我們這裡並不是說神經能量與電波是兩種相同的物質，而是說電波的出現伴隨著前者的活動。

　　偉大的科學家法拉第（Michael Faraday）說：「雖然我對於神經流被認為只是電波的說法感到不滿意，但我認為神經系統內的媒介可能是缺乏無機的能量。如果用這個理由去支持磁性就是比電波更高階的一種力量，那麼我們也可以說神經能量擁有更為高尚的品格。但這些都是我們可以用實驗去證實的。」下面談談幾個重要的事實：

神經活動與電

　　1.「富於生命力的機體每時每刻都在製造著電。」

　　2.「肌肉與神經，當然包括大腦與脊髓，再其擁有生命力的時候，都具有類似於電動機的能量。」

　　3.「大腦所消耗的能量透過神經傳遞出去，這是一種自然的本性。」

　　4.「動物機體內電流的出現，取決於肌肉的營養，特別是這些機體出現的氧化反應。」

　　5.「當一塊肌肉出現收縮，如果某個神經是控制另一塊肌肉的話，那麼另一塊肌肉也會出現收縮。」

　　6.「在不同可收縮的機體裡，類似於電動機的能量總是與機體的機械

化能量成正比的。」在其他條件都相等的情況下，讓肌肉系統獲得正常的發展能夠增加電力能量。

7.「肌肉收縮的行為會弱化電流的強度。多餘的電流被消耗在其他地方——這可能與機體或是神經連繫在一起了。」

8. 處於正常健康的動物也會製造電流，但我們現在尚未能用任何儀器去偵測，因為動物各種的身體活動會讓它們將電流隔絕掉，這會影響靜電計的使用。

據說，一個女人在長達數月的時間裡不同地充電，知道她的身體都冒出電火花了。心靈的平靜與讓人愉悅的情感有助於我們體內的電波狀態，而與此相反的情緒則會削弱這樣的電波。

9. 最近的科學研究已經證實了，神經管裡有一種膠狀物質——就像果凍溶解在水中一樣的東西——在這種膠態物質中出現了凝膠化的現象，透過收縮變得厚密，這是因為帶負電的原子或是原子群對帶正電的微粒所產生的影響。這類膠狀物質出現的凝結就會出現電的蹤影。

當神經的一系列活動進入肌肉之後，那麼相同的過程就會在肌肉部分重複，肌肉的收縮是因為膠狀物質的凝結所導致的。

因此，電流會出現在動物的神經與肌肉之中。

正因為構成身體的物質或多或少都帶著電，那麼也就能在某些情況下展現出電學現狀，也必然會展現出某種程度的磁性。因為電通常出現在機體內。顯然，動物機體就擁有這種磁性，也許還能展現出來。

10. 血液中含有鐵元素與氧元素，這兩種物質本身就具有磁性。

11.「圍繞著電流的空間是一個具有磁性力量的場。」

12. 因為身體的每個部位都有電流，因此每個部位都是一個磁性場。

13. 法拉第曾說：「如果能被極為謹慎地懸掛起來，然後放在一個磁場

當中，那麼此人會指向近赤道的位置，因為構成他身體的所有物質，包括血液，都具有那樣的傾向。」

14. 在 1838 年一月出版的《法國科學院報告》(Comptes Rendus) 裡提到一個 M. 德・拉・李維透過神經來研究被磁化的針之間產生連繫的重要實驗。日內瓦的普雷沃斯特 (Prevost) 教授已經成功地將每一根細小的軟針放在神經附近，然後放在他認為與電流呈垂直方面的位置。在產生磁性的那一瞬間，受到刺激的脊髓發出指令，動物的肌肉出現了收縮。

15. 埃米爾・杜・波伊斯・雷蒙德教授成功地「透過肌肉活動額影響，讓電流計上的指標發生了偏離。」

16. 處在理想狀態下的認同，必然可以透過交流的狀態或是以太的活動，讓自己在與他人交往的時候充滿磁性。

因為，以太對心靈生活來說是極為重要的，下面這段話就可以說明這點：

「不少物理學家都認為，以太可能具有心理層面的作用。現在，以太被證實是大量存在的，是一種普遍的存在。所以說，以太對精神層面的影響絕對不低我們已認知的關於物質所帶來的影響。上面談到的觀點與飲用的句子，都是讀者應該以認真的態度去盡可能了解的。

「無論這種等方性的物質的同質擴張不僅成為相隔遙遠的身體之間進行身體交流的媒介，還能實現其他身體功能。也許，我們對此沒有任何概念，但正如《無形的宇宙》一書的作者所說的，要想成為一個能夠讓生命與心智都一同運作的物質機體，超越我們的現有的身體狀況，這是一個遠遠超越物理猜想的問題。」

你播下的種

你播下肉體的種子，也將收穫你的果實。

肉慾主義、物質主義、產業主義與唯美主義。

這些都一樣，一個卑汙的目標。

首先是壽星，然後變得愚鈍，接著就是搶奪不義的錢財，最後是自我美化的欲望。

物質就是物質，從泥土到裸體的藝術。

誰收穫黃金的精神財富，

誰將永遠獲得營養，永遠保持靈感。

播下神性靈魂的種子，

一定要種在人性的土壤裡。

要感受身體、骨頭、神經、血液與時刻顫動的大腦，

要種在讓肉體獲得證明的地方，

使之變得高尚，燃燒著激情，

進入到一種光榮的存在。

注意！

回憶過去時充滿樂趣，

讓推理的混亂變成統一的神聖，

還有你那想像的永恆，

不要有抽象的想法，那是一個難以言喻的王國，

上帝讓祂孩子都得到愛，

擁有獨立自主的靈魂。

第二十章　緊急需求

所有的世界都需要人去控制與征服，
這就是人類的榮光所在。
但下面這條鐵一般的法律：首先他必須要教育，
然後才能終止所有衝突。

信條

宇宙的力量只對遵循法則作出反應。

經過之前的考量，我們可以得出一個結論，那就是最有益心理與身體的健康，再加上能夠有效地刺激肌肉與神經系統的各種活動，必然能夠發展與儲存身體的以太與磁效能量，那麼這樣的生活方法則是最為和諧的。

儲存的部分能量可以用來維持身體與心理能量，同時用於思想的能量與精神煥發所消耗的能量。

一部分儲存的能量對周圍的以太會產生作用，可以吸引或是排斥他人，這可以透過直接的方式或是透過身體的媒介去進行的。也就是說，這能讓以太處於某種運動狀態當中，讓他人獲得一種吸引或是排斥的感覺或是意識的狀態。

有一點是可以非常肯定的，那就是一個人的每個舉止 —— 包括他態度、手勢或是面容的變化 —— 都必然會讓他的磁場發生相應的改變（就像一塊磁鐵），也必然讓其他人對此產生相應的反應。只要心靈活動還取決於大腦結構，那麼後者的任何變化都必然會讓大腦磁場產生相應的變化，身體其他與此相似的結構也必然會受到某種程度的影響。

這些事實說明了下面幾個緊急的需要：

■ 第一輪次的需求：食物的基本原理

第一個需求：對營養的第一個需求需要我們獲得充足的各種食物與飲料 —— 當然，對每個人來說，所吃的食物也是不一樣的。

第二個需求：為了我們更好地消化與吸收，我們要讓精神處於樂觀狀態，處於良好的外部環境。

第三個需求：只有當我們全面認真地咀嚼食物，並且在吞嚥前讓唾液

充分地與食物接觸，才能滿足這個要求。

第四個要求：這需要我們擁有健康的消化系統，在就餐時間或是就餐後，都能遠離不快的情感或是身心的疲憊。

消化的過程會將食物分解為其最簡單的機械或是物質形態，然後用各種分泌液進行分解。

食物在胃部與腸子的時候，依然未能給我們提供營養，只有在食物以液態形式滲出，進入淋巴間隙與血管之後，才能為我們人體所吸收。

消化之後的過程是一個極為重要的化學過程，尚未被吸收的食物此時會經歷一些沒人知道的化學反應，變成富於生命力的有機體。這些化學反應是富於建設性的，也就是說，這涉及到更為複雜的過程與更為複雜的形態，讓身體能夠不時地儲存能量。

所有的勞作 —— 不管是身體的 —— 有機的還是本能的行為 —— 或是涉及分子活動的心理行為，也就是說，身體出現了化學反應，這樣的改變會讓處於活動中的有機體與器官釋放出一部分能量。

釋放出的能量透過熱量、運動、心理或精神的產物等形式 —— 排出身外 —— 我們可以這樣說，身體是透過各種以太顫動去釋放能量的。

在剩下的能量裡，一部分繼續用於支持內在的生理活動，一部分繼續儲存起來。

第二輪次的需求：心靈狀態的基本原則。

我們首先要遵循兩個重要的基本原則。第一個事實涉及到心靈對所有身體功能與狀態的影響，第二個事實涉及到身體對心靈的影響。

這些影響是透過神經系統的管道傳送出去的。機體的中心與器官都會不可控制地感覺到。

如果心靈處於健康的狀態，那麼以太的神經流就能進入非自願系統的

每個角落，產生刺激的效果。身體的各項功能也將會處於正常的執行，身體的活動將會透過重要的神經中心與大腦，對心靈施加強大的反作用。

與此類似的是，如果心靈處於鼓舞的狀態，那麼以太的神經流就會到達自動系統，刺激身體的活動、呼吸與循環系統，最後產生的反身刺激影響也將返回到心靈中。

結論：

a. 因此，神經、肌肉與呼吸來說，進行某些恰當可控的訓練，是能夠讓人更好地儲存能量，反過來也會對心靈的器官與大腦產生積極的作用。

b. 因此，對心靈、情感與意志來說，進行某些恰當可控的訓練──能夠對身體的機體與細胞產生影響──更容易儲存身體的能量，反過來也會對各種神經細胞與神經管道產生影響，最終對肌肉系統產生積極作用。（當然，這是在其他條件都相同的情況下）

c. 就因為這些緣由，身體所有的鍛鍊都應該伴隨著積極的思想與情感，所有的心理活動都應該有最佳的身體狀態作為支撐。

d. 這些結論特別適用於身體的鍛鍊：不受惡意情感干擾的心靈，應該要專注於手頭上的工作，讓肌肉與神經都調動起來。

如果我們放任肌肉去本能地行動，而不用一直去控制的話，那麼肌肉的活動必然無法釋放出最大限度的能量。如果心靈能夠指引肌肉的活動，那麼這樣的訓練必然能夠收穫最大的價值。

現在，我們需要下面的幾個事實：

第一個需求：經驗告訴我們，只要按照下面的指示的話題去進行心靈訓練，才能讓大腦中樞更好地以健康的方式儲存能量：務實、美感、發展、服務、真理、善意、快樂、生活、規律、和諧、力量、愛。培養這些因素吧！

第二個需求：經驗告訴我們，與上述說到的話題完全無關的心理活動都會消耗與摧毀已經儲存的能量。

第三個需求：經驗證實了，只有正確與積極向上的情感才能以建設性的方式去儲存神經能量。記住，要培養這樣的情感。

第四個需求：經驗清楚地告訴我們，所有不快樂的情感都會削弱神經與身體的能量。一定要清除這些不良的情感！

第五個需求：所有影響神經的藥物或是狀態，都是無法讓人具有磁性的。無論是在心靈或是生理層面的磁場都會受到影響！一定要遠離這些東西！

第六個需求：經驗最後告訴我們，任何形式的過度與放縱行為都會消耗已經儲存的能量！做事一定要有節制！

■ 第三個輪次的需求：剩餘的磁效能量。

這讓我們叫你如了第三個雙重事實：

第一重事實：從生理的角度來看，培育磁效能量就是讓身體透過食物、空氣獲取能量，然後儲存起來，最後將能量分配到肌肉、神經與大腦上。沒錯，所有的機體與器官在利用能量的時候都會遵循本能的節約原則。

第二重事實：精神能量或多或少地取決於有機體正常地執行，但這是儲存在一個神祕的精神自我之中。

對此的評論：

a. 在身體的絕大多數層面上，一個人的生命是圍繞著一個循環進行的。一般來說，每個人總是在時刻地建構與摧毀機體的而過程當中，時刻地儲存能量與消耗能量。

b. 人必須要儲存能量，才有能量可以運用。人必須要動起來，這樣做

是為了儲存與消耗能量。因此，增加自身的能量需要我們進行更多儲存能量的努力，不能讓消耗的能量超過儲存的能量。

c. 如果一個人發現自己在正常狀態下消耗的能量比儲存的能量少，那麼他就發現了儲存能量的祕密。

或者說，在任何活動中，只要他儲存的能量大於消耗的能量，那麼他就是在儲存能量。

d. 只有行動才能創造東西。懶惰要是超過一定的限度，就會摧毀身體的組織，消耗與阻止我們去創造，無法讓我們累積能量。

e. 只有行動才能消耗能量。行動要是超過一定的限度，也同樣會摧毀身體的組織，將儲存的能量全部揮霍掉。

f. 還有，懶惰要是加上壓抑的心靈與情感狀態，會加速上述摧毀的過程。

g. 如果一個人處於行動，但懷著壓抑的心靈與情感狀態，也同樣會加速摧毀的過程。

理想：根據每個人的機體與儲存能量的最大限度與消耗的最小限度，我們的活動應該要保持適當的專注度與滿足的情感，這樣才能讓身體的功能更好地執行，從而更好地儲存身體所必需的能量。

複雜的結論

現在，我們可以總結一般的理論了。磁性的能量就是可儲存的力量。它的累積過程需要下面幾個條件：

1. 適當的週期休息。

2. 生理與心理活動的交替。

3. 適當的食物與飲料能獲得很好的消化。

4. 足夠的新鮮空氣。

5. 推理地說，身體的乾淨有助於排出廢物。

6. 有節制的肌肉活動能夠增強循環與呼吸系統，增強那個胸腔的活動能力，還對神經有積極的作用。

7. 有節制的神經活動能夠刺激本能系統與非本能系統，反過來這又對神經中樞有積極地作用。

8. 有節制的呼吸行為能夠刺激循環，排出二氧化碳，吸收氧氣，有效地將食物的元素輸送到身體各個部位。呼吸涉及到肌肉活動，這反過來對整個神經系統、大腦與心靈都有積極的影響。

9. 有節制的鍛鍊再加上各種活動能大大地增強身體的能量儲備。

10. 有節制的心靈、情感與道德鍛鍊，可以刺激精神的自我，反過來對生理機體也有積極影響。

11. 要讓心靈與情感活動始終處於健康平穩的狀態，這將加快大腦神經的運轉，透過身體對心靈產生連鎖反應。

12. 要遵循身體的自然法則，這樣的話，身體所儲存的能量才不會突然間因為疾病或是各種苦痛，而消失殆盡或是無法釋放出來。

13. 得當的穿著，對身體氣質與健康有益的環境，都是有助於儲存能量的。

14. 懷抱著高尚的道德情懷。

15. 避免各種過度放縱的行為。

16. 要控制性行為，保持磁性的身體與心理的和諧。

17. 對個人磁性的各種自我要求要保持深沉的自信。

寶石與綻放的花朵

海上吹來一陣狂暴的風，

掃過紫丁香的叢林，

夜晚涼氣凝結的露水，

閃爍著鑽石般的光芒。

哦，陽光是公平的！

讓花朵有了一陣優雅的美感，

大自然的自信是無所畏懼的，

誰有膽量去裝飾百合花呢？

一切都很美好，直到狂風吹過來！

可憐的鄉巴佬！

寶石落在地面，

粉色的花瓣與白色的花瓣

飄在空中，然後落在陰溼的泥土裡。

磁性靈魂發出的火光與美感，

正從興奮的肉體中升騰。

不能忍受肆無忌憚的發洩與無所用心的行為，

堅持你的神性，

不要浪費內在的能量，

也不要失去追求自由的激情，

不要失去安靜時刻內心的寶石，

你富於創造性的情緒能夠結出的花朵。

你一定要儲存！千萬要注意啊！

第三部分　防止浪費

在你生活中那最為孤單的房間裡，

有幾堵讓你覺得親近的牆壁，

沒有誰進去過，

你可以自由地宣洩情感與人性，

你負責自己的靈魂。

你慢慢地記錄下祕密的自我，

你展現出你真實的自己。

家具、圖畫、書本與牆壁，

各種小玩意，愚蠢的遊戲，

各種用於訓練的樂器，

坐墊與稀奇的蓋子，

讓人覺得舒適與安詳，

這些都記錄下你所有的行為。

《聖經》是那麼簡單，向你精神的自我，

展現赤裸裸的真理，

認為你自己是一個無關緊要的人？

覺得你只能被動地接受以太波？

世界上的每一種物質，

都能影響其自身，

過度的反應不能帶來什麼，

現在我們發現了一個莊嚴的事實：

你擁有提升自我的真正能量，

你就是這條法則的執行者，

所以，所處的環境書寫著你的歷史。

所以，自我改變著環境。

每個人的靈魂都會選擇其棲息地，

要麼是小屋，要麼是宮殿，

根據跟人的選擇，

你走在正確或錯誤的道路上。

第二十一章　磁性的節約

心靈雄偉的大教堂，
周圍必然會出現一些浪費，
你要按照一個明晰的目標去建設，
不要讓自己迷失方向，無從下手。

—— 作者

宇宙的力量具有一種強大的保守性。

正如受心靈控制的身體活動能夠儲存磁性的能量，同樣地，不受控制與過度的身體能量消耗也將浪費我們神性的能量累積。

我們要相信宇宙將神性注入到我們「靈魂的殿堂」裡。

宇宙是一種思想，宇宙的力量就是處於活動狀態的無限力量。因為健康的身體正如一朵花，也是需要這些力量的幫助 ── 因為「血液」的意思就是「花開」── 你能夠創造性地運用宇宙的力量，對你來說是一種常態。

若是你能夠專注於一個高尚的目標，那麼你的身體就是神聖的。

若是你的心智缺乏理想，那麼你的身體就像一塊墓碑。

如果你的人生變得墮落，那麼你的身體就會變成一個地獄。

所有的身體力量，若是能正確地運用且受到控制，都能有助於身體的發展，能夠讓我們擁有宇宙提供的激情。

不遵循身體的法則就是一種自殺的行為。

所有毫無必要的浪費能量的行為都會讓人陷入混亂。

兩種身體能量浪費的情形

有兩種浪費身體能量的情形：一種是必然伴隨著正常活動與成長；另一種則是因為過度行為或是這些過程之外所消耗的能量。

正常的能量消耗與恢復方法：身體消耗自身的能量，或是無法充分地利用這些能量，就會產生某些化學物質，其中一些物質要是不能完全從系

統內排出去，就會對身體造成損害。這些物質有大腦中的尿素、汗液、神經鹼，肌肉中的肌氨酸與蛋白毒鹼類，內腸道裡的蛋白毒鹼類，胰腺與脾氣裡的腺嘌呤，血液中的碳酸。

上述的一些物質可以為身體器官轉化成有用的物質，剩下的物質與一些未能發生轉變的物質，還有一些能量被消耗完的物質，就必須要從體內排出去。

因此，保持皮膚的乾淨，保持腸道順暢，保持肝臟、腎臟的健康，保持肺部功能能健康，保持體內循環正常，確保身體能夠獲得充足的營養，有充足的純淨水與充足的氧氣，這些都是極為重要的。

保持健康的首要條件就是身體系統能夠自由地排出體內有害有毒的物質。獲得磁效能量的首要條件就是健康的身體。要想透過現有的身體狀況去收穫磁性的能量，就必須要提升健康。因此，我們可以透過自然的循環，增強供給的能量。

不正常的能量消耗與恢復方法：但是，磁效能量對於浪費的行為是非常保守的。上面提到的第二種浪費能量的行為，完全是因為這些行為不是身體正常行為與成長所需要的，超過了這些活動所需的能量。也許，這在相當程度上是受我們意志的控制。

現在，我希望讀者能夠在日常生活中踐行這段話：

在正常狀態下，那些身心都富於磁性的人一般都具有自我控制的能力。他會將身體能量的消耗降到最低。從生理上來說，他能夠讓自己處於靜止狀態，不從事任何有目的的活動。情感上來說，他能夠保持克制，雖然他可以進行富於激情的思考。他的大部分心靈能量都要服務於某個明確的目標。他換一種方式去獲得好處，而不是浪費我們的能量。用一句話來說，他就是自己的主人，他在保持冷靜方面的能力，是他獲得能量的重要祕密。

當你發現了使用自我控制的方法去對抗驚訝、驚恐、恐懼、尷尬等情況時，你就會發現其中的價值。當你在處理不受控制的能量突然地爆發，你也能看到自我控制的重要價值。你之所以臉紅，是因為你的神經系統受到影響，你臉部的神經無法讓你的臉部血管保持正常的狀態。當臉部肌肉處於鬆弛狀態，過多的血液就會流向臉部。在我們感到恐懼的時候，神經就會讓血管縮緊，血液不得不流出去。在我們感到尷尬的時候，正常狀態下的神經對肌肉的控制能力就會出現下降，你可能會出現嘴唇顫抖或是一個「無助的表情」。這些都說明了保持某個固定形態或是可控的冷靜的狀態是多麼的重要。因此，培養磁性的目的就是為了防止所有本能的功能出現非本能的行為。

另外一些祕密就是內在磁效能量。這些能量只有在身體需要的時刻才會釋放出來，釋放的程度也決定了我們是否能夠取得成功。

消耗能量的行為

一千人消耗能量的方式可能有一千種不同的方式。因此，我們當然無法一一去列舉這樣的方式，但四種毫無必要浪費身體能量的方法幾乎可以囊括絕大部分

1. 毫無用處的身體行為

2. 過度與毫無必要的心靈活動

3. 不受控制的錯誤情感表達

4. 錯誤與過去的性興奮

這些不同形式的浪費能量方法在接下來的章節裡將繼續會探討。至少在絕大多數的情形，這些都是可以受到意志的控制，因此也應該被每一位追求個人磁性的人當成壞習慣那樣去克服。

　　這些壞習慣對我們帶來的傷害是顯而易見的，而且它們還會扭曲我們與宇宙力量之間的連繫，弱化我們的身體與個人氣質的磁性。世上原本有大量可以為你所用的能量，但卻因為你毫無必要的浪費而無法使用。若是你能正確地使用，那麼它們將讓你成為自身的國王，若是你錯誤地使用，那麼它們就會讓你陷入混亂。

　　身體的浪費。我們遇到的幾乎每個人都會出現毫不在意或是毫無必要的身體活動，比如不停的改變坐姿，不時移動手臂、雙腿、雙手、手指，或是眨著眼睛，張開嘴巴或是鍛鍊臉部肌肉，還有各式各樣的抽搐與抽筋的行為，這些都顯示了一種慢性的神經缺陷。

　　上面提到的這些行為都涉及到能量的問題。我們在體內不時地進行著各種小的化學反應，不時地進行著輕微的肌肉活動，出現了身體電流的轉移，身體有節奏的行為被打斷了，我們的磁場不斷發生改變，因此消耗了大量的能量，以太將這些能量從身體帶走，讓我們的個人氣質處於一種軟弱、善變的狀態，而正常與有意為之的行為所產生的積極印象卻被阻擋，或是遭受巨大程度的破壞。

　　顯然，培養磁性的能量是極為重要的。我們要合理地儲存身體已經儲存的能量。因此上面提到的各種行為都應該受制於意志無意識的控制。

　　在出現破傷風或是牙關緊閉症（破傷風早期的症狀）的時候，處於壓抑的神經中心失去了它們的控制，神經能量變得鬆散，就會讓肌肉系統出現難以控制的現象，直到儲存的能量被消耗殆盡，人體變得僵硬，最後出現死亡。

　　當人處於正常健康的狀態下，潛意識的意志能夠控制身體，並能讓身體執行一系列明確的功能。這是身體執行出現的自然現象，這就足夠了。而一旦養成了毫無益處的身體習慣後，那麼潛意識意志就背負了本性原本沒有的沉重負擔，讓它不知道如何處理，因為它只知道如何控制合理的非

本能系統，知道如何儲存與消耗能量。所以說，毫無益處的身體習慣一旦養成後，就會讓身體不斷地消耗能量，卻始終無法儲存能量。因此，這樣的行為說明了一點，除非我們採取反制的行為，否則就會讓我們出現嚴重的神經問題。

補救方法：為了避免身體出現毫無必要的能量浪費，我們要遵循下面的建議：

1. 讀者應該認真仔細地審視自己，發現自己的肌肉與神經系統的習慣。無論你做出了怎樣的發現，你都不該將這些習慣視為永恆或是難以踰越的障礙。身體的一些習慣可以透過精神的勇氣、信念與意志去改變。你可以懷著這樣的信念堅持去改變，直到你你在潛意識當中完全去除這樣的念頭。

你可能會說，自己已經完全遠離這些習慣。一位世界著名的觀察家曾說：「我深信一點，那就是世界上沒有人能夠在一些最為尋常的事情上認真深入地檢視自己，從來都不察覺到自己做出了與自身信念相反的事情。」如果你認真地檢視自己，就可能發現一些習慣 —— 各種讓你浪費能量的習慣 —— 這些可能是你之前從未發現的。

2. 這個過程的細節可以這樣闡述：首先，我們發現了這些壞習慣，然後就會下定決心剷除這些習慣。他們必須要對此給予信任的關注。每當你有重複之前習慣的衝動，就要堅決地壓制。當然，這樣的改變需要時間與耐心，但如果你能堅持努力，並且時刻地向潛意識灌輸這樣的思想，那麼你的任務就會從潛意識進入到壞習慣寄生的潛意識當中，最終才可能成功地完成這個任務。

3. 為了幫助實現這樣的過程，在這個習慣尚未被啟用前，在正常的舒適需要改變之前，無論你是坐著還是站著，都應該去培養。你每天都可以花幾分鐘的時間去進行這樣的訓練，然後再重複幾次。

4. 在進行任何身體活動時，學生都應該努力避免任何無謂的活動。在某段時間內，這可能讓你感到僵硬或是不自然，但這樣的感覺最終會消失。

5. 在任何活動的休息間隙，身體的所有活動都應該暫停。學生應該要保持短時間絕對的安靜，在心底默默地對自己說：「我就是力量。為什麼會感到疲乏？讓我休息一下吧！」

6. 在白天方便的時候，讓自己遠離所有外界的影響，最好能在一個黑暗的房間，比如在裡面待上十分鐘，讓大腦的每根神經與身體的肌肉都獲得休息，此時要讓心智對思想保持開放（記住，也不要過分用腦）—— 不斷地灌輸這樣的想法：「我正在儲存能量！」

7. 所有突然、衝動與失去理智的行為都必須要盡量避免。我們要培養做事前思考的習慣，始終保持強大的自控感與充足的能量儲備。

遵循上面提到的建議必然會讓我們遠離所有浪費身體能量的行為。首先，這需要我們對此給予關注，但無論從長期或是短期來看，這在相當程度上都是取決於個人。習慣性的錯誤也可以為習慣性的改變所代替。也就是說，你會在潛意識中遵循這樣的行事方向。最後，你可以在不需要考慮對錯的情況下，選擇正確的做事習慣。

這還將有助於我們改變身體的行為方式，培養內在精神的安靜。你可以透過默唸下面這句話來達到這樣的結果：「我是一股沉靜的力量 —— 除非我願意，否則堅如磐石。」

這是一個重要的事實，說明了宇宙的力量能夠最自由地進入安靜卻又自主的靈魂當中。

靈魂的日出

巨大彩虹的榮光
橫跨過無垠的空間，
想像被提升了：我聽到有樂音在傳唱，
雜亂的聲音早已遁入無邊的宇宙之中。

—— 作者

第二十二章　磁性的心理

磨坊主人在單調的聲音中沉睡了，
掉下來的穀粒與飛滾的石頭，
讓燧石發出的聲音飛揚吧！
不要喚醒他們，讓沉睡繼續吧！
磨坊主人心繫著磨坊，
生怕磨石在毫無意義地工作！

—— 作者

信條

> 混亂的以太是永遠都不可能擁有磁性的。

　　富於生命力的機體在面對毫無意義的能量浪費前是非常節約的。更進一步的能量浪費就是因為心靈不受控制的散漫行為所引起的。這些被揮霍的能量進入了以太，顯得缺乏磁性，因為這些能量是缺乏目標的。在這裡，你要注意「新思想」當中存在的錯誤：

　　有人認為思想是一件東西。有一種錯誤的認識是這樣，他們認為熱量是一種流體，或是大批的微粒從身體排出去。熱量、光線、電流與磁性都是以太的運動所產生的效果。思想是精神的自我所產生的活動，這能讓我們的心理機能與身體功能都調動起來。心靈功能就是透過這種外界的媒介來獲取感知的。在有關精神活動的例子裡，我們都能看到一些以太運動（這並不是一件東西，而是一個透過東西來傳遞的事實）。從這點來看，身體跟感官可以劃上等號。精神的活動所引起的第一波活動可能會出現大腦中瀰漫的以太，然後就是在大腦與神經系統內的分子。這種分子的活動會引起相繼的以太波動與顫動，對感覺器官產生影響，最後在器官與外界周圍的以太產生顫動。被浪費的精神活動會消耗人的能量。你個人的氣質並不是被思想的東西所填滿，而是被一種思想的能量所覆蓋。當你浪費這些能量的時候，你就是在間接地摧毀自身的能量組織，直接摧毀你的精神能量。

　　心靈能量的浪費：

　　第一：如果你認真留意你心靈功能在一天內工作的情況，你可能就會發現，在你工作不是特別忙的時候，就會想到一些與你當前工作關係不大的事情，當然，你這樣的做法是毫無意義的。你的思想會漫無目的地從一個地方轉移到另一個地方。你時而會想到與別人的爭論或是談話，想到別人的反對或是贊同；你時而會讓心靈專注於一系列的圖片或是想法，但這

些心理活動其實都沒有任何意義。整體來說，這些都是毫無用處的，但這些都牽涉到心靈與大腦的能量，因此，能量就這樣被毫無意義地消耗掉了，沒有用到服務你個人的目標。

第二：當然，所有過度的心靈活動都會對身體重要的能量造成嚴重的損害。然而，這句話並不適用那些原本就勤奮努力的人 —— 因為他們是相對較少的群體 —— 但那些習慣於消耗過多心靈能量的人則必然會受到損害。

對很多人來說，毫無意義地浪費心靈能量的第一種表現形式就是慢性的習慣。活躍的心靈沒有處於完全受控的狀態，因此就會隨意地到處遊蕩，直到漫無目的的思想與心靈飄忽狀態在我們的心靈完全扎根，讓我們的磁效能量不斷被釋放出來，慢慢地消耗我們的生理與精神方面的力量，對我們的智趣能量造成不可估量的損失。

我們可以說，此時的潛意識正在變得混亂。我們所做的行為更像是在夢遊 —— 不斷地改變我們的行為，完全不受意識智趣的控制。

嚴格意義上來說，思考本身並不單純包括產生想法等心理活動。真正的思考是心靈活動沿著某個明確目標前進的活動。

因此，補救的方法就在於我們的意志。正如在缺乏目標的生理活動中，還有在缺乏指引與不受控制的心理活動中，意志必須要透過壓制這些想法，採用正確的方式，才能改變原先不良的習慣。下面就談談這個改正的過程：

方法一：你應該認真審視自己在這方面存在的習慣，然後列出一個清單作為研究。

方法二：在你認清楚自身錯誤的時候，還應該對自己克服困難充滿了自信。

方法三：接著，你就應該進行充滿憐憫、持續與全面的改正過程。你

的心靈在審視任何毫無用處的活動的時候要保持警覺，一旦發現了這些活動，就要立即清除掉。與此同時，你還要清除掉所有毫無必要的思考、幻想、推論或是沉思的東西，因為這些對你在現實生活中的幸福與快樂都沒有任何關係。

方法四：每當你的努力取得了成功，浪費心靈能量的行為停止後，你就應該強迫心靈去處於一種包容性的安靜當中，或是使之進入一種能夠讓你接受美好思想的頻道、思想或是想像當中。

方法五：一個深層次的辦法就需要我們進行閱讀或是研究，這需要我們的一個心理過程（這並非要弄得自己很勞累）。比方說，對生理學的研究，一開始可以從整體研究入手，在後再去對循環系統或是某個特定器官進行研究，以此類推。這樣的工作會讓心靈能夠處於一種健康的轉換活動當中，也能讓你更好地控制自己。

方法六：對心靈來說，最佳的控制方法就是保持對現實冷靜的追求。磁性的能量絕不純粹是一束光，這是能量持續儲存的一種表現。一些人的思想就像漂浮在大海上的漂浮物 —— 很輕，容易受到每波海洋的衝擊，容易受到外在影響的打擊。這些人需要控制自身的心靈，讓自己穩定起來。因此，毫無用處的心靈活動可以透過持續的決心，知道事情的原本，發現這些事實牽涉到的真理去改正。你可能走馬看花地看了一千樣東西，但卻始終沒有見識到這些東西。你只是知道一千個事實中極少數的事實，一知半解的心態讓你知足。因此，你隨時準備去接受任何事情與所有事情的這一通病，必須要改過來。觀察的習慣，獲取事情的真相、涉及的內容與關係，最終感受到事情的本原與生氣，這樣對你改正不良的習慣有很好的幫助。

方法七：在上述的這些努力中，你沒有必要讓自己成為一個奴隸，一個傀儡。放鬆與娛樂也都應該成為你人生的一部分。但是，心血潮來的肌肉活動絕對不是休息，也不是玩耍，除非毫無意義的心靈活動無法創造出

任何富於價值的東西。

任何工作中毫無必要的能量消耗都是應該避免的。這些毫無必要的行為消耗的能量還是其次，更重要的是這樣的行為會消耗心靈的功能。誰也無法擁有比自身所需要更多的能量。為了實現一個目標而消耗能量就足夠了，其他的都是浪費的。你可以看到一些人總是在過度的喧囂與煩躁中浪費能量，那些思考劇烈與將能量浪費在臉部表情與手勢上的人，還有一些人總是聲嘶力竭地唱歌，這些人就像對他們的心靈能量發射加農炮。這些都是遭到浪費的能量，根本不是當時所需要的。那些想要獲得磁性力量的人必須要儲存自身的能量。

方法九：沒有比諸如憤怒、憂慮、恐懼、精神的壓抑等類似的心理活動更能摧殘我們的心靈能量了。要想完整地儲存精神的能量，需要我們遠離任何會消耗能量的情緒與狀態。這些情緒對身體的影響是非常壞的，會毫無必要地喚醒身體的功能，引起身體分泌有害的物質，影響身體自然的節奏。當然，這樣的情緒對自身產生的影響必然是有害的。

在第二十五章的內容裡，你將會看到作者就精神的培養對生理品格的影響的介紹。心靈的能量與身體的關係要更為親密，這是一般人都知道的。對了解人性的人來說，這些細節說明了心靈的本性與習得的質量。這可能是真的，你知道這些毫無意義的心靈活動會造成多麼嚴重的傷害，特別是在遭到扭曲之後，對身體產生重要的作用。所以，若是思想因為不計後果的揮霍而導致身體狀況不佳，那麼心靈也會變得冷漠，失去磁性。

需要的時候，磁性是最慷慨的，而在其他時候，磁性卻是最吝嗇的主。

我會戴上上帝的皇冠

意志與恐懼狹路相逢，
而人中之龍卻在競技場上踱步，

猶豫不決讓扭動著雙腳，

我說：「我會戴上上帝的皇冠！」

上帝會讓我獲得圖章戒指，

周圍的都將是我的信使，

決定騰雲駕霧，大聲傳令：

「一場宴會，一位騎士，

雄偉的宮殿與皇家勇士

讓人露出微笑，

對意志來說，這都需要他趕走恐懼。」

噓聲突然響起，

進入了那顆知恥的心靈，

我看見意志的眼睛，看到他輕蔑的笑容。

我看恐懼露出毒蛇般的笑容，在匍匐前進，

我看見可憐的猶豫不決開始變得困惑。

這樣的比賽讓人開起了玩笑：

這個能贏，那個會輸。嚄嚄！

我就是那個顫抖的人中之龍！

若我是他人，我會做該做的。

現在，意志，你的運氣是我的

決定，抓住我的靈魂。

恐懼會向上帝那樣必然降臨，

因為我是！因為我是力量！

這是不可戰勝的三位一體！

所有本性愚鈍的人都會燃燒起來

成為一個人！我就是王！

—— 作者

第二十三章　心靈的磁性

哦，心靈自我的神性
已經攀爬的這麼高了！
哦，死去的心靈
已經懶散地仰臥著 —— 如碳一般漆黑的星星！

—— 作者

信條

所有過猶不及的行為都將消耗以太行為。

　　任何過度的情感刺激都將消耗以太能量。在真正的磁性生活中，是絕對不允許出現這種過度消耗能量的出現。情感會向充斥的以太傳遞巨大的衝動，在正常的狀態下，這些衝動都被儲存起來了，隨時準備為精神所使用。一個思想，個人所處的狀態，一個具有生命力的事實，要是有強大的情感能量支撐，都能傳遞地很遠。正常的情感一般都具有天然的節奏感，因此也能夠與已有的以太顫動處於和諧狀態，從而讓人更加具有效率。這些有節奏的能量也能夠傳遞出去，從你的心靈傳到他人的心靈，然後再以一種刺激的方式傳回到你自身。我們總結了下面一些重要的觀察。磁性之人基本上都是處於「滿血」狀態，具有強大的情感能力。但他卻始終對此保持控制，這是自我控制的能力。如果這些能量消耗在過度的行為，那麼人就會像一臺馬力全開的機器，當機器突然失去能量，那麼原先給予的動力就可能將機器摧毀掉。

　　在不正常的情感狀態下，心靈會缺乏控制，造成以太能量的浪費，讓內心變得混亂，缺乏連續性。精神能量的釋放不僅缺乏規律，而且還會出現過度的情況。他們有可能進行磁性或是通靈的對話，但能量或多或少都會遭到削弱與扭曲。因此，他們的整個狀態都是缺乏磁性的。

　　還有，過度的情感興奮因為讓身體的分子與以太波處於一種激烈的活動中，會大量消耗宇宙的能量，從而造成他們無法正常地使用身體與精神的能量。

　　下面這些情況就是展現磁性的訊號：內在精神的能量。在某些情況下，這些可控的能量是能夠大量釋放的，但這只有在情況需要的時候才會發生。在其他情況下，能量消耗的程度是很小的。這就是精神能量節約的一種方式。

　　這本書並沒有涉及到任何關於道德的問題，只是在有關成功磁性中稍微談到了道德的問題。為了激發讀者的潛能，筆者總是讓讀者知道自身所具有的潛能。在我們的人性中，有很多特點都是不具有磁性的，但這些特點的出現都是不自然的，因此也應該從我們的本性中消失。因此，下面的這些話對於本章的內容是極為重要的。

我們神性的本性

　　1. 男女的本性從根本上來說都是神性的，也就是說，值得我們去尊敬與發展。

　　2. 人性中最基本的東西都是神聖的。

　　3. 人性中最基本的每樣東西都同樣是神聖的，它們的重要性取決於我們的目的。

　　4. 身體的每個部分，每個器官，每一種功能，都是應該獲得我們的鼓勵，得到最大的尊敬與培養。

　　5. 智慧的每一個角落與能力都需要獲得機會，去好好地培養。

　　6. 道德本性的每一個理性的功能都應該獲得我們足夠誠意的注意，也應該朝著圓滿的方向去培養。

　　7. 所有的情感與激情，只要它們是屬於人性中最基本的東西，都一樣是具有神性的。

　　8. 任何基本的情感或是激情本身不可能是邪惡的。

　　9. 將人正常的心靈歸化為「永恆的心靈」或是「肉慾」，這都是對無限的神的一種誹謗。

　　10. 情感與激情的人生中出現的所有邪惡都是因為錯誤的方向與過猶不及的行為。

11. 情感與激情讓磁性的精神富於活躍的力量 —— 前提是它們處於可控狀態，並且沿著正確的管道指向正確的目標。

對情感的簡短分析

現在，我們對情感的生活，包括情感與激情進行一個簡短的分析。就情感的本質來說，要想進行科學的分析幾乎是不可能的 —— 因為很多人都曾嘗試過 —— 但下面對情感的定義及名單應該可以實現這個目標。請看下面：

1. 感覺就是意識到自我存在的一種狀態。

2. 情緒就是意識到處於不安的自我。

3. 感覺與情緒都是不需要被理解的，但是自我所處的狀態是需要被感覺的，雖然在這過程中，思想可能並沒有參與進來。

4. 感覺與情緒之間的差別就是程度的問題。某人可能有一種冷漠或是消極的情感，但絕不會有消極的情緒。

5. 激情是不單純是一種鼓譟的情感，激情是人意識到到不安的自我，並且還有一種吸引或是排斥的積極內在心理活動。

6. 對任何友善的精神態度或是友善事物，保持激情的欲望是可能。反對任何讓人反感的物體或是對此表現出強烈的敵對態度，也是有可能的。

7. 據我們的了解，情感的數量是非常龐大的，但即便如此，還是限制於一些尋常的不安情緒，以滿足強大的情感。

8. 情感幾乎是不計其數的，因為它們可能與任何已知的物體產生連繫，這是人性的一個本性或是狀態。

下面就列舉了一些情緒與情感：

1. 重要的激情

美，愛，勇氣

自由，希望，快樂

愛國主義，信念，公平

宗教，歡笑，羞恥

榮耀，性愛，真理

身體的活力，悲傷，意志

驕傲，恐懼，熱情

憎恨，嫉妒，罪惡

欲望，憤怒，貪色

報復，謀殺，仇恨

其中，罪惡，仇恨，憤怒與貪色，這些不屬於人類本性的組成部分。

羞恥，悲傷，恐懼等激情，只是說明了本性還沒有處於和諧狀態，這在道德意義上並不代表著邪惡。

2. 磁性的主要激情與情感

下面列舉的激情與情感都被視為是一種主觀狀態，本身都是具有磁性的，要是過猶不及的話，也會造成以太能量的消耗。括號裡面激情或情感代表著內在狀態，代表它們並不是品格與品格的一部分）

解放，鼓勵，平等

自由，信念，榮耀

自助，信仰，（榮譽）

自我獨立，確信，名聲

容忍，肯定（提升）

希望，勇氣，力量

自信（大膽），高尚

堅定的信仰，英雄主義，淑女氣質

預言，堅韌，男人氣概

肯定，公正，正義

智慧，意志，堅忍

聖潔，果斷，堅持

真理，決定，堅持不懈

真相，堅定，驕傲

真誠，積極，自我。

3. 磁性的激情與情感需要克制

　　下面這些激情與情感從本質上來說都是具有磁性的，而且對人是沒有害處的，但這需要人主觀意識的控制，也需要有技巧的管理，才能做到客觀上的釋放。

美感，熱愛國家，神迷

幻想，熱愛通報，高興

可愛，公共精神，愉悅

絢麗，愛，歡樂

雄偉，情感，勝利

高尚，友誼，宗教

莊嚴，犧牲，感恩

敬畏，和解，讚揚

神祕，憐憫，敬意

古怪，讚揚，熱情

愛國主義，讚賞，興趣

忠誠，快樂，熱情

奉獻，歡樂，認真

熱情，抱負，笑聲

狂熱，野心，娛樂

歡喜，占有，性愛

奇妙，歡笑，愛

驚奇，幽默，情感

欲望，狂喜，吸引

自愛，詼諧，讚美

4. 不具有磁性的情感與激情

下面的這些情感與激情都是不具有磁性的，它們應該從我們的生活中被剷除，除了括號裡的例子，可能為這些例子正名：

與這類相關的（不忠誠），失望

美感：（反叛），沮喪

不舒服的，（背叛），憂鬱

恐怖，與失敗相關的。

反感，愛，絕望

醜陋，恭維

粗魯，迷戀，信念

與此相關的，魅力，猜疑

自由：非人性，失去自信

奴役，嫉妒，

貪慾，勇氣。

與此相關的：不計後果

愛國主義：希望，有勇無謀

勇敢，與此相關的貧窮

吹噓，真相，貪婪

與此相關的，撒謊，吝嗇

公正，誇張，失去一切

（譴責）偷竊，失去野心

缺乏正義，詭計，無情的野心

與此相關的：背叛，懶散

宗教：與此相關的

褻瀆，意志，歡樂

不尊敬，固執，悲傷

不貞，搖擺不定，頭腦簡單

偏執，反覆無常，與此相關的

狂熱，軟弱，性愛

與此相關的，缺乏耐心，冷漠

恥辱，熱情，貪慾

羞辱，興奮，與此相關的

墮落，不安，驕傲

放蕩，感動，虛榮

缺乏男子氣概，崩潰，自負

低人一等，消極，傲慢

憤怒，敷衍，自滿

卑鄙，沉悶，傲慢

小心眼，與此相關的，目中無人

愚蠢，欲望：冷漠

失去理智，自私，吹噓

5. 不具有磁性且邪惡的激情與情感

下面這些情感、激情都是缺乏磁性的，因為這對自我都是有害的，因此應該從我們的生活中消失。

憎恨，悔恨，罪惡

反叛，醜陋，定罪

反感，瘋癲，審判

討厭，不耐煩，錯誤

憤懣，不安，頑固

痛苦，頑固不化，嚴厲

報復，暴躁，悲傷

惡意，易怒，倦怠

惡意，憤怒，抱怨

嘲笑，狂怒，壓抑

鄙視，狂熱，絕望

輕蔑，失去理智，不快樂

殘忍，羞恥，痛苦

野蠻，羞辱，不安

重罪，墮落，悲傷

報復，恥辱，痛苦

謀殺，惡名昭彰，精神錯亂

憤怒，廢墟，思鄉病

慍怒，自卑，悲傷

恐懼，尷尬，驚慌

不自信，擔心，懦弱

羞澀，憂愁，恐懼

羞怯，不安，恐怖

冷漠，憂懼，狂熱

害羞，恐懼，淫慾

■ 6. 身體的活力

下面這是一般的身體狀態：

富於磁性的狀態：

活力，體格，肌肉感

高尚，感覺器官，優雅

感覺神經，年輕，力量

男子氣概，愉悅，女性氣質

驚喜，吸引，激動

崇敬，愉悅，性愛

彈性，磁性，總體氣質

身體的活躍，肌肉緊繃

身體能量，圓滿，年齡

不具有磁性的狀態：

睏倦，失眠，神經兮兮

邋遢，畸形，缺乏吸引力

吃驚，震驚，疾病

痛苦，壓力，發燒

寒冷，噁心，飢餓

昏睡，渴望，顫抖

疲倦，退縮，崩潰

恐懼，憎惡，衰老

疾病，沉悶，軟弱

無精打采，腐爛，死亡

結論

現在，我們進行一些總結：

1. 在絕大多數情形下，情感、情緒與激情若是能正確地運用，都是值得我們讚許的。

2. 只有在相對較少的情形下，一些情感才是對磁性是有害的，而根本不構成人性基本組成部分的情感則是少之又少。

3. 情感、情緒與激情在相當程度上取決於他們所具有的磁性價值，取決於它們背後所隱藏的動機以及存在的場合。

4. 幾乎每一種所謂正確的情感、情緒與激情都會因為扭曲而變得邪惡。

5. 幾乎每一種錯誤的情感、情緒與激情都是某些正常無辜情感的扭曲。

6. 所謂錯誤狀態下的不具有磁性的品格，從某種意義上取決於他們錯

誤的行為對自我所造成的影響，並且對別人造成了傷害。

7. 每一種基本的，不受扭曲的情感、情緒或是激情，都可以說是正確的，受人尊敬的。

8.第一與第二個名單中所列舉的激情都可以變得具有磁性，除了驕傲。

9. 第三個名單中所有的情緒與激情若是能夠正確地運用到正確的事物上，並且懷著正確的動機，在正確的時機上運用，那麼都是具有磁性的。

10. 所有的情感、情緒與激情都能變得富於磁性，除了希望與榮耀這兩種激情，可能會因為過度的追求而缺乏磁性。

「心靈」的執行方法

所以，你要按照下面的方法去做。

第一，控制你所有讓人尊敬的精神狀態，除了希望與榮耀這兩者，決不允許出現內在能量出現無謂浪費的情況。

第二，控制展現出的情感、情緒與激情，不要浪費精神的能量。

第三，發現你的精神狀態是否變得扭曲，使之變成原先正常的狀態。比方，你要將自負變成真誠、合理的個人驕傲

第四，在你的生活中消除所有第四個、第五個與第六個名單中的不良情感、情緒與激情。

第五，對你的缺點、失敗、過度行為以及優點進行特殊的研究，這樣才能更好地控制你的情感本性。

第六，記住，你的磁性力量取決於你精神狀態的數量與質量，你應該挖掘並且限制使用，始終保持你自我的電池保持足夠的電量。

高超的指揮者

乾淨的皮膚，露出鮮紅的血液，

鋼鐵般的肌肉自由地接受意志的控制，

呼吸的瞬間潛藏著背後的能量，

沿著神經脈絡，控制著身體。

動物的力量培養著財富的大腦。

我的靈魂啊！無論是男的還是女的，

此人在安靜與行為當中，顯示出磁性的原子：

能量被儲存，儲存，吸收，然後重新循環，

它閃過人們的雙眼，

激起充滿能量的活動，

發散出的能量在無休止地擴充套件，

無論在思想或是在愛意中，讓你成為國王。

高超的指揮家！這個世界都向你低頭，

這就是你生命的壯麗之處！

—— 作者

第二十四章　性的磁性

富於生命力的靈魂的化學反應，

出現在細胞中的一個祕密地方，

構成一種極為罕見與圓滿的力量，

任何科學都無法去解釋，

若是這種力量得以儲存，人能夠實現每個目標。

若這種力量遭到浪費，那麼人就活在地獄當中。

—— 作者

信條

當以太顫動處於極為激烈的狀態，錯誤的指引與浪費能量的行為必然會讓人接近崩潰。

這一信條說明了所有過度的精神活動都很容易展現人的自然天賦，而無法對人進行教育或是意志上的訓練，無法在天才、宗教與愛等方面有所作為。我們應該記住這個有關磁性的事實，特別要注意這與本章內容的關係。

性的榮耀

浪費能量最後一個途徑就是性關係了，這潛藏著身體與智趣能量最本質的因素。磁性之人總是擁有著內在的能量，並且在性方面顯得很強勢。能量充沛的男女必然天生擁有很強的性能力。人類強大、敏銳的心靈能夠累積大量的精神能量，能夠讓我們塑造更為強大的男女氣質。這種力量是最基本的。這對神經、肌肉、器官、功能、大腦與精神的自我來說，都是很基本的。我們會遵循這條磁性的原則，不斷努力地讓內在的個性去實現自我，實現生理與心靈層面的目標。如果這種能量得到了儲存，那麼健康的狀況 —— 身體內在的乾淨，規律性，工作與玩耍，正確的食物與飲料，充足的氧氣與睡眠 —— 再加上可控與高尚的情感與高度的智慧活動，那麼就能讓男女保持足夠的自主權與能量的財富。這樣的話，生命就變成了一種高尚的特權，我們就能展現自身成功與勝利的一面。如果你缺乏這樣的能量，或是你的能量不足或是遭到浪費 —— 那麼，你就會失去對生活的控制，無法取得最大限度的成功。

性的能量浪費

對異性的一些思想或是想像基本上都是消耗能量的，無一例外地會對我們產生負面影響，並且對我們的神經與心靈組織產生消極的作用 —— 除非我們有最高尚的品格。任何想要發展身體磁性的人都必須要在心靈中停止這樣的活動，將所有這類的心理暗示都趕出心靈，因為這與身體與心靈健康的法則是不相符的。

下面列舉性浪費能量的例子：

1. 因為不可坦白的思想。

2. 因為難以言說的想像。

3. 因為扭曲的功能。

4. 因為偷偷地瞄視或是明目張膽的觀看。

5. 因為不恰當的接觸。

6. 因為缺乏尊嚴的舞蹈。

7. 因為一些無法讓人變得高尚的音樂。

8. 因為一些香水，除非這能讓你變得表裡如一。

9. 因為一些遭到禁止的書籍。

10. 因為那些不被高尚情操所歡迎的藝術。

11. 因為家庭的不和諧、混亂與缺乏秩序。

12. 因為酒精與菸草。

13. 因為所有不可告人的情感，給別人造成了傷害。

14. 因為所有缺乏智趣與道德的原因。

15. 所有過度的行為。

這種最為重要的能量就因為各種過度的行為被揮霍掉了，讓人生變得軟弱，讓身體與精神遭受創傷，將精神的自我拖入失敗與絕望的深淵。

補救能量浪費的方法

到底有什麼補救的方法呢？對於這個問題，讀者可以看看下面提供的回答：

1. 不要吃刺激性的食物。

2. 不要喝酒，喝純淨水就可以了。

3. 讓自己身體狀態與手頭上的工作保持一致 —— 特別要注意有時保持轉換。

4. 如果不能戒菸，也要保持適度。

5. 絕對不能沾酒精。

6. 早上洗冷水澡。

7. 注意身體內部的清潔。

8. 培養深呼吸的習慣。

9. 培養意志能力。

10. 保持積極的心態與積極的思考。

11. 純潔與可控的情感。

12. 提升男女的氣概，使之處於受人尊敬的地位。

13. 遠離低俗的書籍與藝術。

14. 培養平和與和諧的心態。

15. 夫妻要做到靈魂的結合。

16. 對誓言要無比忠貞。

17. 心靈與心智之間要有協同性：要有讓步，耐心與互敬。

18. 將活力視為一種神性的能量源泉，這對你的健康，獲得的成就，乃至在智趣與道德上收穫成功都有幫助。

19. 在一些行為上，運用這種能量去實現目的。

20. 要避免原生質細胞出現不足的情況，因為這些細胞是神奇的能量補給者。當我們儲存了這些能量，「整個機體就處於極度興奮與活力的狀態，能夠刺激大腦與思想的功能，還能讓我們更加有勇氣、能力與力量。」

當然，上面這些建議的價值就不需要再贅述了。每個人都應該為獲得這樣的狀態，去做出努力與犧牲。

21. 最後，我想說，所有的放縱行為，不管是什麼形式的，都會消耗磁效能量，損耗我們的內在生命之火。

在當今世界上，兩種最大的能量破壞者就是沉迷於酒精，二是無法控制的性活動。

你願意成為一位磁性之人，為成功累積能量嗎？記住，一定要記住，儲存你的能量，然後磁性地運用，讓以太顫動的電池始終充滿電量，讓精神上的效能量幫助你的身體與靈魂處於高潮的狀態。儲存能量！儲存能量！儲存能量！

透過這些高尚的態度，我們可以回頭看看，從基本原理的低估到精神努力的高峰，再看看智趣的概念與我們這趟旅程的和總店，就會發現，我們可以透過個人的磁性，讓身體去取得超凡的成就。

「人是什麼？」

原子，因為創造萬物的意志
組成了人，

在沒有思想與視野的情況下，

走進了一百萬個中心，

直到一個形狀從宇宙的磨坊中生成，

站了起來，以預言者的姿態宣布，

宇宙的法則：

「人在活著的靈魂中逐漸完美。」

他站著，一心想著榮耀，

想要獲得世人的讚許，

所以注重聲音與所說的故事，

對智者或是受人鼓舞的人 ——

身體的奇蹟讓人興奮與感覺高尚，

為了培養精神的活力，

他會好好對待自己，但他需要

像一位主人，一位造物者那樣去思考，

來到了這個世界，他就需要

擁抱這個世界，讓心靈充盈上帝的靈光。

哦，包裹著鮮血的肉體是光榮的。

哦，身體的機體與細胞是光榮的。

哦，絕對不降低心中的信念。

哦，絕對不貪色，因為淫慾就是地獄，

但一定要釋放身體的功能，

使之有節奏地運用神性的功能，不需要取而代之。

當原始的涉及催促的時候，

宇宙的能量也將幫助你，

實現最為燦爛的目標，

讓你擁有一顆飽受考驗與充滿激情的靈魂！

—— 作者

第四部分　身體的磁性

燃氣的火焰

我看見一位伐木工疊起了火堆，
他對著樺樹的白色樹皮點燃了火柴，
他迅速地放下了火柴，
枯死的枝葉吱吱作響，然後燃起了光。
接著，樹枝開始碎裂，發出明亮的光，
當火焰在跳舞時，他用木材放在上面，
他一面微笑，對大自然報以微笑，
他感到舒適，滿足與溫暖。

咖啡與滷肉，
粗麵包與一堆夢想，
這些都在燃燒的火焰中升騰，
熊熊的火光就像充滿自信的力量，
也像是一顆偉大的靈魂在歷經努力之後，
準備著去取得全新的成就。
伐木工在享受著這種不是奢侈的奢侈，
木材燃起的火光與身體的舒適，
直到一個清晰的真理在漸漸從他的大腦中生發，
接著就是隱約飄來一首歌曲，
一開始似乎是心靈的啜泣，
在結束之時，似乎聽到了戰鼓在擂響，人聲鼎沸，
於是，我說：「這個人擁有亮麗。」
自然讓他釋放最原始的能量，
活力在他的靈魂中重新煥發，

重新恢復了榮耀。
我，一個心繫土地的人，
一定要將自己提升得更高，
直到潛能都釋放在這個世界上
燃起永恆的火焰。

—— 作者

第二十五章　培養體格

當藝術家全情投入到小提琴的演奏當中，
也同時有所收穫。
燃燒的思想，
內心的狂喜，
我也應該知道。
（即便事實是如此）
每天的我都是全新的，
我就是和諧肉體的主人。

—— 作者

信條

宇宙的力量透過精神的統一去服務顫動的身體。

　　因為宇宙是有意識的,所以它會希望人類能夠有所成就。身體的能量能夠在靈魂的生活中找到唯一的解釋。

　　鑒於這個事實,身體的磁性應該放在我們成功磁性這個名單中的最後一位。精神的能量在運用身體時,只是將其視為達到目的的一個工具。除非後者直接受前者影響與指揮,否則身體的能量是盲目且低階的。

　　儘管如此,身體的磁性也是極為重要的。

　　那些單純具有身體磁性的人是無法取得最高的成就。

　　那些單純具有精神磁性的人缺乏物質方面支撐的顫動。

　　所有的磁性都是透過以太與物質媒介進行傳送的。

　　透過感官 —— 視覺、聽覺、感覺、嗅覺與味覺,去進行感受。

　　透過以太的顫動,身體能夠刺激感官,直接對大腦產生影響。如果出現了感官刺激,上述的這些話依然成立,因為以太存在於物質之中,而不是在單純的精神之中。

■ 磁性的三個等級

　　現在,請你們記住,磁性的質量取決於當事人的本性與品格,根據這種質量,我們將磁性劃分為三個等級:

　　第一等級:單純的身體磁性

　　第二等級:單純的心理磁性

　　第三等級:高階的道德磁性

　　這些等級並不是絕對存在的,很多情況都會存在著交集,但在當事人

的磁性中占據主導位置的等級，就是他所處的等級。

在當代，身體的磁性就是心理與道德磁性的一個傳送者。下面對此簡單進行一些解釋：

每個人都集中著無限的以太，以太的衝動是按照直線前進的，也就是說 —— 雖然以太波從發源地沿著某個方向前進，但它們都是從發源地出發，沿著直線前進的。

心智是以人、人所處的環境及宇宙為中心的。

粗略地說，世上一共有三種類型的心靈運動：情感的、智趣的與道德的 —— 忽視生理生活中心靈能量的這一部分。

每一種情感（感覺與激情）都會激起以太的衝動波，然後，這種波會沿著各個方向前進。

每一個人的思維運轉的模式都是相差無幾的。

當情感思考獲得了道德的品質，以太的衝動波就會按照上面所說的那樣發射出去。

注意這點：個人的狀態與行為並不是物質顫動的主要產物，但是以太活動總是伴隨著物質的顫動，或者說是由於精神的改變而引起的。因此 ——

當身體處在最佳的磁性狀態，那麼它的顫動就會傳送出去，增強身體和諧的以太衝動波，這種衝動波源於精神的自我，因此，後者能夠沿著各個方向有效地傳遞出去。

當全部的自我都處於最佳的磁性狀態，與所有的法則、力量乃至整個宇宙都處於和諧狀態的時候，那麼它就會對宇宙提出一個系統想要找尋的需求，並且保證這個要求能夠實現「有所索取，它都能滿足你。」

磁性地控制宇宙力量的一個首要條件，就是要與宇宙的以太保持和

諧。因此，我們對別人的磁性影響，只不過是與他們的以太狀況碰巧處於和諧狀態而已。

你的身體磁性越強，那麼你向別人傳送你的精神磁性的機會也就越大，因為強大的顫動往往能夠確保你與別人能夠處於一種和諧的以太狀況。

但你也需要知道這個事實的另一面。邋遢的身體與粗俗的心智意味著粗俗與侷限的磁性。與此類似地，乾淨的身體包裹的粗俗心靈，或是粗俗身體包裹的高尚心靈，都會影響磁性的輸出。最為理想的情況，就是一顆高尚的心靈（或是自我）能夠「棲息」在一個乾淨的身體當中。

因此，雖然身體擁有強大的活力，但心靈還需要提升，雖然心靈很強大，但依然不夠高尚。身體的磁效能夠傳遞出最大的影響。

下面，我們繼續介紹造成身體磁性差別的一般原因：

1. 造成這種差異的第一個原因，就是原子的不同特性。

2. 第二個原因就是分子的組成。

3. 第三個原因是我們稱之為生命的神祕東西。

4. 第四個原因就是功能的品格與目的。

5. 第五個原因就是精神方面的因素 —— 複雜的非物質自我。

6. 第六個原因就是精神的功能。

7. 第七個原因就是精神的天賦。

8. 第八個原因是是精神的發展。

第一與第二個原因涉及的是一個無機的世界，第一個原因到第四個原因涉及到的是植物的世界，第一個原因到第六個原因涉及的是動物的世界，第一個原因到第八原因涉及到的是人類的世界。在高等世界與低等世界的比較中，這些都是成立的。在每個世界裡，造成差異的因素在上面已

經談到了。

　　現在，我們準備談談精神方面的因素，看看這對人的身體所造成的影響。

人類身體差異的原因

　　第一：我們首先要關注以太。我們都生活在以太的海洋當中，以太充斥著身體每個細胞、每個分子、每個原子與每個血球當中。身體的內在的能量正是透過以太來運送的。以太無時無刻不處在激烈的顫動狀態當中，它的活動直接影響到身體，對身體機體、細胞、分子、原子與血球都產生了影響。有些人將以太稱之為電流。組成身體的這種物質很可能是永久的，或是在以太中形成統一的運動。血球具有負電荷 —— 這是以太物質在自身中執行的模式。原子是由血球組成的，一個分子是由很多原子系統組成的。細胞是這些組合而成的原子的運動形式。機體就是這些細胞組織聚合而成的，而身體就是物質化的以太處於運動狀態時所形成的持久磁場。

　　第二：下一步就涉及到血球與分子。血球是一種微粒 —— 以太的運動形式 —— 是永遠都不會分裂，也不會消失的。分子形式則是來來回回，但血球與原子的形式卻是永遠存在的。無論是原子還是血球，都會以各種方式持續地顫動。一般來說，以太會隨時發生顫動，原子與分子則會以特殊的方式發生顫動，因此，我們可以說它們都擁有自身天然的顫動模式。

　　第三：原子與分子的顫動無法進入周圍的以太（無論是在身體內部還是在外部），但它們會建立起一種以太的擾亂波，然後不斷在以太中傳播，對其他物質產生一定的影響。

　　第四：原子與分子會同時以不同的頻率發生顫動——正如兩個人同時握著一根繩索——因為這期間存在著太多的原子與分子，所以以太的效果可能以每秒十八萬六千里的速度前進。無論是它們產生的干擾波或是以太發出的顫動波，都是因為物質與精神方面的原因所造成的。以前，人們還曾以為這是體內出現的某種「超自然現象」，覺得這實在是過於複雜，無法監測。

　　第五：說到這裡，我們需要談談兩個特別的事實：以太干擾波（a）出現在體內，部分原因是精神的狀態與行為（透過原子與分子展現出來），部分原因是原子與分子間獨立的顫動行為，顫動的方式在上面第三段已經闡述了，因為它們內在的屬性與難以計數的組合與改變，所以才會產生這樣的顫動。

　　第六：以太顫動波（b）會影響精神的自我。一是會從其他的精神源頭出發，總是運用物質或是以太作為媒介。二是從身體外部發出——身體的原子與分子能夠自然而然地顫動——這兩個原因都會對干擾的以太產生影響，並且產生恰當的衝動。三是，來自於原子與分子各種自發的顫動，接收者自我的身體能量。四是，來源於這些原子、分子以及身體功能對以太功能所做出的自我反應，這些反應最後也會影響到心靈。也就是說：你受到下面這些因素的影響力：1. 其他人的精神自我；2. 他們的身體狀態；3. 你自己的身體；4. 你的身體雖你的精神狀態所作出的反應。讓我們特別要記住這最後一點。

　　現在，我們要談談每個成年人都會有的兩個精神因素。

兩個重要的精神因素

　　每個人的心智都是由自然與後天習得的能力所組成的，無論人們將心

智視為一個整體或是一個由多個部件組成的物體，無論人們認為心智是有意識還是無意識的，都不會改變這點。權威的專家認為，本質的自我是處於一種統一的狀態，並且認為潛意識的領域是意識發展的源頭，我們人類的終極目標就是將用有意識的發展去將潛意識的能量全部釋放出來。我們擁有一個心智或是一個自我，但這是潛意識與意識能量與活動的一個複雜體，包括天然與習得的品行、傾向與能力等等。

天然的自我構成了每個人的天賦。這就是當你來到這個世界的時候的那個你。

另一個自我就是透過發展天然的自我而慢慢習得的。這是複雜的生活激發的天然自我所帶來的產物。所以說，這是兩個重要的因素。

請記住：現在，我們只是關注天然的自我對習得的自我所產生的影響，而且這種影響更多地集中在身體上。這種影響將透過下面幾個重要事實進行闡述。

第一個事實：天然的自我是身體最重要的組成部分。它會根據每個人身體的法則與特性，去組成你獨特的身體。構成你身體的物質都用有一種宇宙的力量，同時還能決定基礎的結構工作，但是習得的自我會根據身體的狀況去發展，當然這也受到身體很多細節的限制。

第二個事實：建構身體過程中需要一刻不停地利用以太能量。在到處瀰漫的以太當中，這個建構的過程會引起難以計數的運動，影響到物質的原子與分子，從而或多或少地改變、消除或是強調它們天然的顫動。雖然這些影響每時每刻都在變化，但有的時候會變成一種固定的習慣，這就是讓身體擁有了某種固定的品格。

第三個事實：這些以太、原子或是分子的活動或多或少都會影響其他人的身體與心智，這反過來又會對你產生影響（這個過程是持續的，並不怎麼出現變化），並且還會對你身體（或是精神）品格的養成產生重要

影響。

　　第四個事實：所有的以太、原子或是分子活動，不管是精神喚醒的，還是天然的——也就是說，屬於物質的固有屬性——都會對身體內在的自我產生影響。在上面所說的例子中，這將對我們的精神品格產生永久的影響。

　　第五個事實：對於習得的自我來說，上面的幾個事實也同樣適用。習得的自我也是上面所說的那幾個過程中的產物。所有對天然的自我產生反應的行為，都是因為它與身體、外在的環境以及以太、原子與分子活動對自我的反應，這樣的反應持續地影響著習得的自我——也就說這個不斷發展的自我。

　　第六個事實：在形成體格的過程中，也會出現相似的複雜過程。我們可以說，遺傳讓我們具有天然體格，而後天的活動則讓我們獲得習得的體格。習得的體格的形成要取決於天然的自我與習得自我之間的合作。但是，身體能量的釋放與形成的特徵或是儲存的力量，都是在建構精神品格的過程中形成的。

　　因此，我們可以看到，那些自然的身體就是天然自我直接執行的產物，而習得的身體則是天然的自我的間接行動與習得的自我直接的行動之間的產物。

　　下面要談一下四個過程。

身體覺醒的四個步驟

　　第一步：天然的自我在努力釋放自身能量與建構身體的過程中，會引起身體結構內某些以太發生顫動，讓原子與分子的狀態與活動（包括身體的功能與器官）都會擁有一個明確且持久的品格。這個過程受限於個人天

然的體格、特徵與能量。

第二步：但這些分子與結構的改變會對體內充斥的以太產生影響，造成後者也對精神的自我做出反應，從而更加強調前者的傾向。

第三步：與此同時，自我要受制於外界的影響，無論是精神上的還是物質上的。一些影響可能因為自身反應的原因，發生了改變，但這些影響一般來說都會改變天然的品格。

第四步：最後，所有這些與發展自我相關的影響都會對分子結構與功能狀態與品格產生反作用。這個過程也會讓身體出現某種特別的狀態與帶有個人屬性的特點，這也是每個人在在生理特徵上產生區別的原因。

當然，這樣一般的分析不能走極端。比方說，一個黑皮膚的人並不一定就有黑暗的靈魂，一個身材魁梧的人就不一定有寬廣的心靈，一個身體羸弱的人也不一定就有病態的靈魂。在當前的情況下，精神的能量並不一定能夠創造一切。儘管如此，讀者還是要記住這幾頁內容的一個總結：身體的品格對天然與習得的精神自我就具有持久的決定性影響。

第七個事實：雖然意志並不是全能的，但它在建構持久的體格方面還是扮演者著極為重要的角色。意志為生理遺傳留下了很大的發揮空間，因為誰都無法對此負責。有些人堅稱，這個空間通常被阻止變得更大（或是更小），通常遭到縮減（或是擴大）── 不管是處於好的動機或是壞的動機。在我們面前的事實是顯而易見的：

人的身體是人的精神所構築的 ── 疾病、發育不良、軟弱、行為笨拙、神經兮兮、缺乏男人氣概、為人粗野、精神不振，出言不遜，缺乏磁性等等，或是健康、發育良好、身體結實、富於吸引力、身材挺拔、氣質良好、精神正常、富於磁性等等，這些鮮明的對比莫不與精神狀態息息相關。

　　但是，這裡並不是說每一種身體或是精神的類型就是深思熟慮的努力與想法的直接結果，相反，從身體的角度來看，每個人在相當程度上都是自身天然的自我與習得的自我對自身的身體做出的無意識或是深思熟慮的行為的結果。每個人無意識或是有意識地發揮自身意志，這將決定他的人生走向。

　　現在，我們從上面這個複雜的過程總結出一個法則，獻給那些想要獲得高尚的體格並且願意為此做出努力的人。

身體建構的一個重要法則

　　環境的直接影響 —— 這是可以得到提升與控制的 —— 由建構身體的精神方面引起的身體反應變化，最終會透過內在的以太運動對分子與生理結構產生影響，並且決定了個人的生理品格。在這個充滿生命力的過程中，第一個執行者就是天然的自我，第二個執行者就是習得的自我，第三個執行者就是不斷變化的身體對天然與習得的自我的反應，第四個執行者就是體內充斥的以太。而對這些因素最重要的指引者就是意志，意志中一部分的能量在無意識地工作，一部分在深思熟慮地工作。

完善身體的重要靈感

　　在相對寬鬆的限制裡，每個人（除了那些極端不幸的遺傳的例子，在這裡應該說在某種程度）—— 可能都是自身體格的權威人士，只要他能夠獲得一系列讓人欣喜的品質。現在，我們準備要將本章的內容運用到現實生活中。

運用精神方法培養體格

方法一：注意健康。培養身體的品格絕對不能忽視自然的法則。精神的能量絕對不能以自大的方式去釋放出去，必須要遵循身體的法則。因此，你需要將本書的第四章節的內容牢記在心。

方法二：改變習慣。你需要審視你的行為，發現哪些習慣對你是有害的，然後就要改變這些習慣。因為這樣的習慣必然會讓你失去磁性。如果你下定決心要擁有讓人讚賞的體格，那麼你就需要做出必要的犧牲。

方法三：修正遺傳。你需要發現你天生遺傳的一些無法讓人認同的特點，要對這些特點的狀況與表現出來的症狀有所熟悉，盡可能地找出它們的原因 —— 改變這些特點所處的狀態。當這些特點的症狀表現出來的時候，你要用鋼鐵般的意志去控制自己。如果你缺乏這樣的意志，就要盡最大的努力，始終對此保持觀察，內心長存這樣的想法：「我下定決心，一定要取得勝利！」如果你失敗了，就要找出失敗的原因，迅速地獲得所有可能的鼓勵，然後重新上陣。

例證：有時，對酒精的渴望會讓你失去理智，所以那個時候的你不再是原先的你，你的意志與身體就任何關係了。看看醉酒後，人所表現出來的症狀。一旦你覺得有點醉，就要努力控制自己，或是讓自己努力與他人保持交流，努力地控制這些症狀流露出來。你要不斷地控制，直到酒精停止對你攻擊。無論在任何情形下，都要保持心智與身體系統處於正常狀態。

方法四：正確的生活方法。你一定要選擇符合生活規律的方法去生活。這就涉及到之前提到的方法，但你也要努力地提升飲食、睡眠、空氣。鍛鍊、娛樂、鍛鍊與性生活方面的質量 —— 做到生活有規律，保證有充足的休息時間。

　　方法五：對你乾淨的身體感到滿足。現在，你的目標不單純是保持身體處於健康的狀態，而且還要充分利用意識到自身擁有乾淨的身體帶來的這種精神滿足感。在知道了你身體處於最佳狀態後，你應該對這方面的滿足感與驕傲給予感激，你的精神態度將影響到你的全身，你應該充分了解這個方法的深意。

　　方法六：注意保持適當的儀容。你應該再次閱讀第九章中提到的第十一個方法，並且踐行其中的內容。與此同時，你需要培養對自身儀容的滿足感與適度的自信。這涉及到一條重要的法則（這將在下一條方法中提及），發現這條法則並且加以運用，將會證明你對當前的工作非常投入。

　　方法七：培養身體的活力。有人認為，身的活力感可能只是侷限於當前。儘管如此，筆者明白一點，人是可以透過意志的努力與精神的經營，將倦怠與不安趕走。這條方法意味著，你應該要達到身體賜給你的活力狀態，還要透過思考、肯定與心靈的愉悅去刺激這樣的情感。

　　方法八：挺拔的身軀。你需要每天都鍛鍊腹部的肌肉，保持挺拔的身姿，無論是在你坐著，站著還是在走路。若是你的身體沒有處於僵硬或是像軍人那樣過度操練的話，那麼挺拔的身姿無疑會讓你富於磁性，讓你的精神充滿活力，反過來也會有助於你的身體健康。

　　方法九：身體的優雅。笨拙的舉止絕對是缺乏磁性的，如果這是有意為之的話，那更是一種恥辱。裝腔作勢的行為，矯情的舉止或是舞者有意為之的舞步（雖然就其專業來說是值得讚賞的），都是應該盡量避免的。自我控制、真誠與自然，還有一個想在適當時機做正確事情的願望，都會保證我們擁有優雅的舉止。若是我們能對優雅的舉止進行充分的研究，就足以讓我們的自我感到滿足，從而確保了這條方法實現了兩個目標——磁性的行為與精神的和諧。

　　方法十：讚美你的工具。身體就是你的工具，它擁有神奇的適應能

力。如果你能夠細心恰當地加以愛意，並且用心地去鍛鍊，那麼身體必然會變得敏捷、靈敏，對外界的影響給予回饋，還會充滿著能量。你需要培養對擁有神奇能量的身體的敬意，並將之視為你無價的機體，因為你的自我透過身體能夠收穫最美好的東西。這條方法必能讓你擁有更好的自我感覺，培養與身體更好的關係，讓你比擁有手錶、顯微鏡、刷子、鑿子或是其他東西更強而有力的工具，喚醒你體內最美好與最強烈的以太顫動。除此之外，你也將感受到一種友誼的情感，隨時可以讓你的靈魂與肉體投入到與你最親密的意識關係當中，讓你的精神因素發揮最大的影響。

方法十一：培養高尚的身體意識。絕大多數人似乎都對身體的高尚性或是尊嚴感到冷漠。這條方法並不一定意味著對身體結構、能量、組成物質、規律、運作等實用知識有所了解。這條方法需要我們對身體 —— 這一神奇的「宮殿」有更為深入與崇高的思想。你需要思考身體的偉大、功能及其所具有的神性 —— 即便這對你來說可能並不是最佳的 —— 你都要讓這樣的思想永遠地烙在你的意識當中。這個目標將在內在狀態與以太的顫動中展現出來，不可避免地對身體的本性帶來積極的影響。

方法十二：保持正直的精神狀態。每個人的身體都是精神狀態的產物。一般來說，如果你的心靈處於冷漠、消極、邪惡的狀態，那麼這對你的身體本性會造成災難性的影響。因此，你需要將所有卑汙的情感與情緒完全從你的人生中清除掉，培養你對榮耀的純潔人生 —— 無論對你自己，還是對其他富於智慧的人來說，這都是極為重要的。與此同時。你還應該意識到你的精神的正直，並對這個事實感到滿意。最後，你需要將你的情感投入到你的身體意識當中。你需要將你的精神狀態直接投入到身體磁場與充斥的以太，這樣的話，你才能保證這對你的體格產生積極促進的影響。

方法十三：保持精神的能量。你應該遵循第五章的第二個方法給的指

引，去發展你的內在能量。要是你沒有一種精神能量感，你是不可能做到的。所以說，你應該讓這樣的精神能量感永遠存在於你的人生當中。如果你安靜而又激烈地對自己說：「我能！我充滿了能量！我意識到自己的能量！」那麼，你將能夠發展靈魂內在的能量。你應該一直儲存這樣的能量，直到你可以隨意地喚醒這種最為激烈的情感。這樣的情感應該充斥在你身體的每一部分。有些時候，這樣的情感可能處在某個部位，或是保持在全身。所以，你應該時常謹記這樣的思想：我讓我的機體與體內的以太充滿了活躍與和諧的以太能量！以這樣的方式，你就能刺激你的身體活動。

方法十四：將你所處的環境理想化。通常來說，所處的環境會在不知不覺中對人產生影響。如果你處在骯髒、失去秩序、壓抑、缺乏吸引力或是讓人失去鬥志的環境，那麼環境的影響必然會對你的身體產生影響。你的身體不僅會對內在高尚的精神做出回饋，更會對外在積極的環境作出回饋。所以，你應該讓自己盡可能地處在一個乾淨、清潔、講究秩序、講求節儉與美感的環境——總之，你應該處在一個能夠吸引你感官與純潔心靈的環境當中。然而，不管你身處怎樣的環境，都不能忘記要對你的精神施加積極的影響，而且一定要保持這樣的意識：「我，一個擁有正直自我的人，讚賞身體本性的高貴與功能，一定要確保我所處的環境，能夠讓我的人生保持最佳的狀態，讓我的身體也擁有一個相對高尚的品格。」就像其他人在工作的時候，這個方法也需要我們的時間與專注力，但它所具有的價值必然會顯現出來，只要你能夠努力去做的話。

「因為我們生發的每個思想，都會伴隨著大腦細胞的運動——透過以太的媒介——我們可以想像這些運動在宇宙當中不斷地傳播。」「巴比奇先生曾經指出，如果我們有能力去發現任何干擾行為最細微的部分，那麼存在的每個微粒都必然會對發生的行為做出回饋。」

方法十五：要充分利用你的想像力。這條方法的前提是，邪惡不良的想像一定要完全從腦海裡消失。這需要你喚醒對最高尚的身體氣概的理想概念，這是你需要去建構的，並且應該時刻謹記在心的。現在，你需要去思考這個理想，每天都要專注於這個理想。只要你方便的話，你可以連續幾個星期都這樣做。透過這樣做，你可以讓以太與內在的身體運動與你的理想保持一致，讓你具有強大的能量。這樣的話，這將變成重新建構你人生的重要精神因素。

在做這項工作的時候，你應該讓你的家、工作的地方、家具擺設、文學書籍、音樂、所交往的人、各種物體、所處的狀態或是情緒 —— 所有的事情都要與這個目標保持一致，並始終牢記在心，對你的心智與身體施加潛移默化的影響。此時，你需要與強大的精神法則與能量打交道，而你也可以隨時運用這些宇宙的能量。

方法十六：吸收宇宙的能量。進入這個階段的時候，我們所講述的思想又會變得熟悉，特別是當前面所講的方法已經在你的生活中得到運用的時候。現在，你需要每天確保心靈的平靜 —— 只要需要的話 —— 透過安靜、強烈的自我肯定、堅信宇宙能量會幫助你建構體格。你可能需要用到下面這個句子：「意識到精神的正直，意識到美感、功用、意識到我的身體活力的奇蹟。我意識到自己被這些和諧的環境所圍繞。現在，我可以毫無疑問地宣布，我正在接收這宇宙的能量，讓自己擁有最佳的身體狀態。」

根據實驗的結果，我們已經知道：人所做的實際行為可能超過我們日常攝取食物含氮物質氧化量的百分之二十。在這種狀態下，身體會在無意識的狀態中向宇宙吸收能量。透過保持良好的狀態與良好的接納態度，你能夠透過有意識的努力去取得類似的結果。

方法十七：充分利用你的意志。你沒有必要為了完成當前的研究，就專門去學習某個明確的系統。但從某些方面來說，你需要懷著堅定的意

志，所有勇敢的希望去踐行這些建議。你需要下定決心，一定要牢牢地掌控自身的意志能量，去實現最高尚的體格。你可能無法找到形式或是特點上的美感，但你必然會有所提升。你可能無法排除身體上顯著的缺陷或是殘疾，但你必然能夠讓這些缺陷也擁有一絲優雅，讓認識你的人感到驚訝。你可能無法治癒潛藏已久的疾病，但你可以找到一些對你有所幫助的方法。如果你只是一個普普通通的人，你也將發現，遵照這樣的方法執行下去，你的身體本性也將逐漸提升。

方法十八：兒童的預言。這一方法涉及到上面所說的各種方法，只是還需要加上四條建議，這些建議的目的都是為了孩子。這條方法要求男女們 ——

1. 明智地結婚 —— 這是為了你的孩子。

2. 以崇高的靈魂去深愛著對方。

3. 喚醒孩子身心的崇高理想，這將預示著他們的未來。

4. 為了讓孩子受益，從你們許下婚姻誓詞的那一刻起，你們相互間要進行情感的交流，包括你們各自的希望、思想、理想、關懷、負擔、歡樂、悲傷、責任、勝利、失敗、工作、喜悅等等，然後用親切與忠誠的方式表達出相互之間的情感。

從你們結合的那一刻起，就要每天踐行這些法則，與它們成為日常生活中的朋友。

以太的感覺

學者們說：五種感官。

我說，這只是心靈所需要的，

因為肉體只能記錄下這個

束縛的過程。當靈魂處於自由的時候，

難道我們不能看到、聽到、聞到、感覺或是品嚐到嗎？

這難道不必物質生命的限制更加寬廣嗎？

難道這不是一瞬間的事情嗎？

抓住世界的一個真理，感受一種美感，

難道這不是內心的感受？難道你不能包容所有事情？

然後，讓你的功能

去掌握所有本質的交流。

哦，是的！所以你讓自我活躍起來，

讓身體能量與無形的宇宙力量保持一致，

終有一天，你能經過所有生命機體的限制，

透過神聖的特權，發現精神領域中某個最本質的東西，

即便是在地球，也能展現。

我能夠取得巨大成就的潛質，

但是現在，你需要努力，

直到身體燃起了心靈的火焰。

—— 作者

第二十六章　身體的磁性

身體的磁性為它的目標而努力，
在生與死之間，慢慢腐爛。
靈魂本身也是有呼吸的，
最卑鄙的空間得到了修補，
一堆泥土的精神價值也能超越世俗。

—— 作者

信條
磁性的身體可以增強精神的磁性。

單純從身體的角度來看，磁性是一種物質力量，與熱量、光線、電流、自然磁性一樣，都具有能量。

「能量是指任何能夠製造、停止、改變或是有製造、停止或是改變傾向的東西，當然，這也包括身體的各種運動。」

熱量、光線、電流等現象都展現了力量，它們都是以太運動的形式或是表現。

在一般影響的意義下，磁性的能量可以單純在精神的指引下獨立地執行。也就是說，言語、行動、思想、品格等等，都是可以透過感官去進行理解的。

精神的磁性會動用所有產生影響的方法，再加上已經發展與可控的以太顫動。

這兩者情形都涉及到以太的顫動。從以太的角度來看，它們之間的差別就在於精神磁性是直接受控於精神因素，而身體磁性則是以太能量直接作用於內在身體狀態的表現。我們可以說，精神的磁性與身體的功能狀況及執行情況密切相關，它的「動力源泉」就是內在的身體，個人的磁場與偶爾從外界傳來的影響。

磁性的活動

首先，磁性的能量是源於磁性的活動；其次，這種能量是源於身體的狀態；第三，是因為上述那兩個原因所引發的以太壓力。現在，我們詳細

地講解：

1. 壓力就是處於拉緊與繃緊狀態的以太 —— 產生的能量可以改變身體所處的位置、形態或是大小。以太的壓力能夠引起微粒或是運動形態的改變，這樣的改變可以透過一顆微粒傳送到另一顆微粒，會產生顫動、波動起伏、圓圈運動、螺旋運動、橫向運動等等。在這些運動當中，以太微粒或是運動形式都並沒有隨之變動 —— 它們改變形狀，不停地擺動，但對其他微粒產生作用（透過絕對的真空，不管多麼狹小的空間去進行身體的交流，都是不可能的），引起它們相近微粒的運動，這種運動傳遞出去，一旦遇到任何形式的物質，就會展現出自身的能量。熱量、光線、電流，這些都是以太遇到干擾後所展現出來的現象。經過以太的物質是我們無法去觀察的，但最終呈現出來的運動卻是我們能夠察覺到的。

2. 這一重要的思想同樣適用於身體的磁性。從某種意義上來說，這種力量就是因為壓力而造成的以太干擾所呈現的現象。因為要是沒有眼睛，我們也看不到光線，只能感受波動的起伏。所以說，要是只有一個人，那麼身體的磁性就無法展現出來了，因為一個人散發出磁性的壓力，另一個人必須要對此進行回應。

3. 自然的磁效能夠對周圍的以太產生一種壓力的狀態。如果周圍其他人的身體的分子也能夠去面對同一個方向，那麼他們也將會受到磁性的吸引或是對此排斥。這要看他們所散發的磁性是否與傳入的影響相符合。如果相符的話，那麼就會產生吸引作用，如果相反的話，就會產生排斥作用。

讓我們舉個例子來說明吧：想像兩個菸圈正在並排朝你飄來，這樣的惡化，它們的平面就保持著平行的姿態。每一個菸圈都有兩個圓周，裡面一個，外面一個 —— 外面的圓周囊括了整個菸圈，裡面的圓周只是包括了眼圈內部的空間。每個菸圈上的微粒都在處於運動狀態 —— 它們不是

在兩個圓周之間運動，也不是在菸圈圍住的空間內運動，而是在朝著外部圓周的後側移動，進入內部圓周的後側。

　　假設一個菸圈以平面的方式向你飄來，如果你用刀子從適當的角度朝著菸圈切下去的惡化，那麼你得到的結果不是四個菸圈，而是四個呈扇形狀的東西。如果你進一步想像，離你最近的兩個扇形在移動，而另外兩個扇形則依然不動。你在心底會想像出四個圓盤，在左邊的是一個圓盤疊在另一個圓盤上面，而右邊也是如此。現在，你可以看到兩個類似冒號的形狀（：：）。

　　現在，如果你在這些圓盤上劃出想像中的圓圈，每個圓圈代表著上面兩個圓盤的運動，那麼圓盤就是從左到右移動的 —— 分別是上，下，前，左 —— 到下，上，前，左的方向 —— 你可以按照用你所想像的圓圈去替代菸圈中微粒的運動方向。這兩個菸圈中所有微粒的運動都會與此保持一致。這些菸圈的表面都是平行的，它們的微粒運動也是保持同一個方向，那就是從左到右。如果它們都沿著其他方向前進的話，情況依然如此。因為菸圈的微粒始終會保持相同的方向，左手邊菸圈上面的圓盤會朝著右手邊菸圈的下方全進，因此，相鄰之間的菸圈平面是不同的。

　　菸圈中微粒的運動情況與所有指定的點都完全吻合，這樣的運動方式可以傳遞到附近的空氣與以太當中，然後被吸收進入。也就是說，這能夠透過圓圈中間的部分進入。菸圈之間存在的空間壓力因此變得沒那麼緊繃，然後就結合在一起了。

　　如果你想像一下，一個菸圈中的微粒朝著一個方向移動，與另一個菸圈的微粒所移動的方向剛好相反，那麼結果就會完全不同。這樣的移動會透過附近的空氣與以太傳遞出去，菸圈會「衝擊」其他菸圈，空間所存在的壓力也會增強，菸圈將會朝著相反的方向移動，它們之間的平面則會變得相同。

4. 讓你的思想從菸圈與圓圈運動轉移到以太當中去吧，那麼你就會對磁性的法則有一個初步的印象：兩個不同的磁極會相互吸引，而相同磁極則會相互排斥。當然，金屬之間的磁性似乎完全是機械性的。

但這樣的描述只能單純作為一種例證。在現實當中，以太的狀況與運動要比這複雜的多。

5. 這樣舉例的價值就在於其所隱含的建議：那就是身體的磁性並不是一種液體或是某些神祕物質所帶來的影響，其實就是人的身體產生的以太運動對他人產生的影響，但這種以太狀態與活動所帶來的影響 —— 可以改變以太的壓力 —— 透過顫動的方式從一人傳送到另一人身上。

6. 這種影響並不是與精神狀態完全缺乏關係的，你不能單純透過機械或是身體的影響，忽視他本人內在的自我，從而去吸引他人。身體的磁性就是這樣一個想像的結果，只有當它能夠讓自我處於最佳狀態的時候。比如說，你從事音樂的創作，空氣中傳遞的顫動就會透過內在的自我管道傳送到別人，讓別人的自我與你的保持意志，然後別人就會被你所吸引，因此，你的身體狀態所引起的以太顫動：人們感受到你的磁性程度與你的精神狀態保持的和諧度息息相關。

7. 身體磁性與催眠存在著多個方面的不同，最大的不同點就是身體的磁性取決於當事人健康的精神品格，並想要對他人施加積極的影響，因為對方最容易受到他的以太影響，並且最能認可自身的行為，最容易受到你的行為所影響。磁性，無論是從身體或是精神的角度，都會讓那些受此影響的人自由地活動，如果這種影響是高尚的話，更會讓受影響者毫髮無傷，有所獲益。身體的磁性可以透過喚醒他人智趣上的認同，而不是讓他人的神經功能處於茫然的狀態，去贏得他人的信任。

8. 當人處於最佳狀態，並且內在能量處於最活躍的狀態，那麼人的身體磁性就處在最活躍的狀態。如果在此時，自我受到了鼓舞，那麼就會釋

放出巨大的能量。

9. 身體的磁性可能是天生的、自然與毫不察覺的，但這個事實也依然適用於一般人培養身體磁性的方法。當然，身體的磁性最好能夠獲得培養，並且依照智慧的意志去運用，才能得到最佳的釋放。

10. 每個正常人都有能力去發展自身的精神磁性，雖然每個人最後發展的程度有所不同。所有身體相對健康的人都可以擁有身體的磁性，雖然並不是都能做到完美。只有經過長時間勇敢的努力之後，人們才能知道自身磁性的潛能到底去到了哪裡。按照本書的內容去踐行一個月的時間，必然會讓你感受到初步的滿意結果，但要想做到更好，還需要更多的時間。

11. 我們認為，身體的磁性對身體的狀態有所需求，正如意志能夠影響體內充斥的以太。身體間處於和諧的關係，這要得益於意志的控制，減弱了自然與特殊的壓力，讓別人感到自在愉悅。接下來，它所遇到的問題有：a. 如何確保這樣的身體狀態；b. 如何更好地掌控以太。後面這個問題屬於精神範疇，前面那個問題下面就給予解答。

如何獲得身體的磁性

身體磁性的「能量之源」就是人的整個身體，始終提供活力的部位就是我們的神經系統。在我們身體的這架機器中，大腦扮演著極為重要的角色。精神的自我是磁效能量真正的神性創造者，從這個意義來看，它決定著從外界湧來的宇宙能量。精神的自我占據著整個神經系統，雖然它是大腦的指揮家。磁性可能直接源於大腦，也可能源於普通的神經系統。

身體磁性的第一個要求就是神經系統要處於某種程度，具有某種質量，處於某種特定的狀態，而且還受到控制，這樣才能向周邊傳遞出強烈且富於吸引力的以太運動。

　　第二個要求就是對他人的磁性調整。如果他人處在充分接收以太運動的狀態，並且願意敞開他們的精神大門，做出相應的回饋，那麼磁性就會變得更加有效。如果他人缺乏回饋，或是對此表現出敵意或是蠻不講理，那麼磁性就必然會消失。

　　磁性的成功與失敗總是相對而言的。一些人是永遠都無法與另一些人處在同一個「頻道」的，一些人只是偶爾與他人處在同一個「頻道」，一些人雖然與別人處在「同一個頻道」，但無法取得富於磁性的結果，因為他們所傳遞出來的影響並不足以克服不完美的狀況，或是因為一些特定的精神狀態、品格、思想等阻擋著他們無法感受。

　　但是，從人生的長遠角度來說，身體的磁性必然能確保人取得成功，因為絕大多數人都很容易受到他人的影響，所有人都容易受到絕大多數人的影響。我們的身體與精神狀況都在不斷地改變，這為我們提供了全新的機會，那些想要獲得成功磁性的人幾乎總能找到提升的途徑，磁性是這個世界上最值得研究與最具有希望的。

　　現在，假設你已經完全理解了上面的內容，並且在生活中付諸實踐——至少從一開始閱讀到現在，你都能對此投入足夠的時間與思考——現在，我要告訴你們，這些原則與方法必然會激發你身體的磁性潛能。

　　千萬不要認為這些都是幻想，而將這些東西放在一邊。身體的磁性是真實存在的。一些人身體中的「貝克勒爾射線」已經被發現了，這種射線似乎能夠自動向空間發射出去，各種的原因我們尚不明瞭，雖然這樣最直接的原因似乎是身體內部物質的分解，就像鈾元素那樣會自然裂變。這些物質會以一種確切的方式影響以太，同理，我們的身體也會影響這種媒介。我們需要持續而認真的努力，才能發展這種能量，並對此進行指引。

　　本書的目的，就是希望能夠幫助讀者，讓你的身體創造並且傳送一種讓人愉悅且吸引的以太顫動，這樣你的精神能量就有可能獲得機會，最為

自由地接近磁性的成功。如果你已經相當程度地掌握了第二十五章的內容，那麼你就已經朝著這個目標邁進了一大步。遵循下面的方法，認真地踐行給出的指引，那麼你也將實現這個目標。

投入到踐行這些方法的時間要根據你自身的判斷。一些方法是需要一輩子去踐行的，這些都是你需要去甄別的。對乙烯二呢來說，你需要投入足夠多的時間才能取得圓滿的結果。你至少需要投入一整年的時間去踐行，當然這必須要在你的工作職責範圍之內。之後，為了保持這樣的結果，你還需要繼續加以訓練。要是你下點功夫，那麼期待有所收穫則是毫無意義的，不要打破各個方法的先後順序。

磁性的專注

現在，我們要談一下讓身體機制獲得磁性專注的理由。

在本能的肌肉活動中，一部分儲存的能量並不是被直接創造的，而是透過肌肉活動而消耗掉的。

運動的神經叢大腦與其他中樞傳送到肌肉，始終與肌肉保持連繫，接著，神經活動對肌肉產生刺激，透過肌肉收縮去釋放能量或是消耗的能量。

肌肉活動透過間接的方式為身體的每個部位提供能量，倘若這些行動不是那麼激烈，過程不是那麼拖沓，就會透過向身體提供血液，修復遭到消耗的部位，並向這些部位額外提供能量。

當肌肉處於緩慢、富於活力且全面工作的狀態，那麼透過運動儲存的能量就會處於最佳狀態，因為身體的血液循環能力得到增強，多餘的血液處於活躍的狀態，這可能是心智做出的自然反應。

這種反身影響最後不可避免地對神經系統產生積極的影響。

以太的顫動就這樣被提升了，無論是其本身的力量還是質量而言。

現在，我們要特別重視這樣一個事實：按照科學的事實，我們可以透過意念去讓指引血液流經的部位，對身體產生積極的影響。保持旺盛的專注度的這條方法所具有的價值之所以這麼明顯，是因為這保證了上面的那些法則與身體執行的規律能夠得到遵守。

你可以在想像的鍛鍊中獲得這樣的好處，因為除非你的心智慧夠有意識地專注於當前的運動，否則你就無法指引其方向。你的行為儲存的能量會比你消耗的能量更多。透過激烈的心靈運動，你不僅能夠將血液指引到某個部位，還能喚醒體內更加積極和諧的以太顫動，對你健康有積極的影響。

數年以來，筆者一直持這樣的觀點，這些觀點在《意志力的力量》一書中得到了展現。現在，來自耶魯大學的教務長所說的這段話，能夠很好地表達我的觀點：

「顯然，身體就像人的雙腳踩在蹺蹺板的兩端，只要一邊稍微加力，那麼就會導致失去平衡。所以說，要是身體的血液都流向頭部，那就讓人感到頭暈，要是全部流向腳部，就會讓人站不住腳跟。」

我發現，人在進行思考的時候，頭部會不自覺地沉下去，當然，這段時間是很短暫的。

我們發現，單純的一個思想會向讓血液供給到身體的各個部位。一個心智完全正常的人會發現，要是他在進行心靈的腳部鍛鍊的時候，雙腳即便是一動不動，也會感覺雙腳似乎在沉下去。

可以肯定的是，在磁性思想的影響下，身體鍛鍊的時候對某個部位給予特別的關注，能夠保證我們儲存身體能量，喚醒電流，引起和諧的以太顫動，並且創造出磁性的神經狀態。

一般性的身體磁性的方法

　　方法一：培養健康的身體。這一方法包括要遠離任何可能對你健康造成傷害的食物、飲料以及各種東西，也要對你懷疑可能會影響你健康的東西保持避而遠之的態度。你需要想盡辦法去讓身體處於最佳狀態。磁性不單純是一種活力，充滿能量的健康身體能夠讓人擁有特殊的力量。

　　方法二：磁性的洗浴。這一方法包括在早上進行清涼的洗浴，你可以用雙手擦拭身體，包括頸部、胸部與雙臂下面的部位，然後再用乾燥的粗毛巾擦乾身體，再用雙手為自己按摩，伸展肌肉與進行深呼吸的鍛鍊。洗浴一般應該在你起床後立即進行，但身體應該首先讓血液循環起來，即便你尚未熱身，但磁性的意志會讓你在這個過程中始終保持旺盛的精力。

　　方法三：頸部與頭皮的按摩。每週三次，每次要在早上與晚上進行。頭部與頸部的皮膚及肌肉都應該用力去摩擦，然後伸展自己的手指，然後又迅速交叉，進行摩擦。

　　方法四：臉部肌肉的運動。臉部肌肉的運動應該要一天一次。你可以用雙手去按摩，也可以不用雙手，單純進行臉部的放鬆活動。在進行臉部鍛鍊的時候，你可以在心中思考多種不同的臉部表情。

　　方法五：注意手腳的護理。雙腳應該要用溫熱的水去浸泡，然後用涼水去沖洗，然後用粗毛巾擦乾，在用雙手進行按摩。你的雙手要始終保持乾淨，要盡量將指甲修剪好。保持健康的牙齒對磁性的生活來說具有無比重要的意義。

　　方法六：磁性的雙手按摩。你可以用雙手對身體每個可以搆到的部位進行按摩，記住要對身體皮膚保持一定的壓力與速度，保持身體皮膚的光滑。這樣的做法每週只需要兩到三次就可以了。你在進行這樣的按摩時，雙手一定要保持柔順，速度不能太快，還應該伴隨著一種內在強烈的

情感。

方法七：磁性的傳遞。在完成了上面那幾個方法之後，你需要在方便的時候，將磁性的能量感（你在心中可以這樣想：我肯定是具有磁性的）放在你伸出的雙手，然後讓雙手的肌肉緩緩地縮緊，慢慢地向身體的每個部位做一個磁性的手勢。

方法八：磁性的深呼吸。每天吃飯前，你需要進行全面的下腹與胸部的深呼吸，一定要堅持一年時間。具體情況，你可以遵循下面提供的方法：

1. 在每次深呼吸訓練的過程中，你的嘴巴都要緊閉起來，同時保持鼻子的順暢。

2. 無論在任何時候，你都需要保持磁性的能量感。（可參照第十七條方法，還有對內在能量的描述）

3. 你要挺直身板，清空肺部，收起腹部，透過肌肉的努力壓制橫膈膜，然後拓展下腹，緩緩地讓肺部充滿氣體，然後很緩慢地撥出去。休息一下，然後重複數次。

4. 保持身板挺直，清空肺部，收起腹部，透過肌肉的努力去拓展胸部，然後緩緩讓上肺充滿氣體，然後緩緩地撥出去，重複數次。

5. 保持身板挺直，清空肺部，骨氣下腹與胸部，壓制橫膈膜，然後吸氣到肺部所能容納的最大限度，然後緩緩地撥出去，重複數次。

6. 這樣的訓練是可以交替的，空氣最好是清涼與純淨的。

7. 走在大街上的時候，你也可以進行磁性的呼吸訓練。

8. 但是，習慣性的呼吸要用到下腹肌肉。

你的身體有大量的原生質，這些物質是身體機體的組成部分，對氧氣具有強烈的親和性。「氧化的過程出現在身體重要活動開始的時候」，「身

體的機體一刻不停地在吸收氧氣，然後以某種化合物的形式儲存起來」，借用這樣的方式去儲存能量。

方法九：磁性的肌肉伸展與放鬆。在進行了長達一兩週的磁性深呼吸之後，你可以稍微終止一下這樣的訓練，轉而進行下面的鍛鍊：

1. 每天兩次，但絕對不要再肚子吃飽的時候去做，認真緩慢地放鬆身體的肌肉 —— 包括頸部、肩部、胸部、後背、雙腳，當然還有兩隻手臂與雙腳。

2. 伸展的時候一定要緩慢，然後逐漸增加強度，直到肌肉感到僵硬。

3. 放鬆的時候也一定要緩慢，讓肌肉從最緊繃的狀態逐漸回到放鬆。

4. 在伸展的時候，肺部要逐漸充滿空氣，讓你的身體肌肉處於高度緊繃狀態。在你放鬆的時候，肺部內的氣體要逐漸清空，感覺自己的肺部似乎沒有一點氣體（其實，從嚴格意義上來說，這是不可能的）。

5. 鍛鍊的過程一定要緩慢，有一個循序漸進的過程，同時也要保持活躍的心智，將你心靈的能量都集中在你想要集中地方，然後在心底對自己說：「現在，我正在這些肌肉部位上累積身體的磁效能量。」

6. 在進行長時間持續的鍛鍊，透過意志的努力，讓身體的所有肌肉都得到訓練，這是很好的一件事。那些已經掌握了如何控制身體肌肉的人，通常都不會對意志進行反應 —— 某些間接地方式除外。這樣說的目的並不單純在於身體的力量，而且還涉及到透過讓之前許久沒有鍛鍊過的肌肉或是身體部位，能夠重新活躍起來，從而提升整個人的健康水平。為了實現這個目標，你需要長期踐行這些方法，透過意志的努力去讓你能想到的肌肉運動起來。

「可以肯定的是，肌肉組織在活動到達疲憊之前，都不會有疲憊感。」被消耗的能量都是氧化物儲存的能量。深呼吸與肌肉伸展活動能夠增加血

液流向身體的各個部位，讓身體擁有獲得更多的氧氣，從而更好地建構身體，並將能量儲存起來，讓身體成為儲存以太能量的重要倉庫。

深呼吸與肌肉伸展都是很平常的訓練，但上面說談到的方法會讓人獲得真正的磁性品格。

在按照上面的方法進行了一兩週的訓練後，我們最好能夠重新進行深呼吸的訓練，並且重複一段時間，然後在回到肌肉伸展的鍛鍊的那關注。但這兩種鍛鍊也是可以交替進行一段時間的訓練，每一次的訓練需要的時間也不是太久。

方法十：能量的轉換。你需要在早上起來之後或是晚上躺在床上，入睡之前，按照下面的方法去做：

1. 保持絕對平靜的心態，讓身體處於放鬆狀態，進行深呼吸的訓練，然後緩緩地將氣體撥出去，重複好幾次這樣的訓練。

2. 喚醒你內在強烈的能量，你不需要運動身體的肌肉，而要讓身體各個部位處於放鬆狀態，除了那些與喚醒能量有關的部位。

3. 讓你的能量擴散到各個部位，包括左腳、左腿，下半身，上半身，右腳，右腿，下腹、臀部，左側，右側，後背、上背，左肩，左臂，右肩，右臂，胸口，頸部，臉部，頭部，眼睛，雙耳與舌頭等等。保持休息狀態，不斷重複這個過程。記住，不要讓肌肉處於緊繃狀態。

4. 現在，你可以透過緩慢持續的改變專注力，從身體的一個部位到另一個部位，去轉移身體的能量：從左手手指、手腕、下臂、上臂、肩部、頸部、右肩、上肩、下肩、手腕、手，右手手指。重複這樣的過程。

5. 記住，在你保持專注力的時候，身體絕對不能處於緊繃狀態。呼吸也要保持平時自然的狀態。能量的轉換應該是緩慢且漸進的，一定不能出現急遽的狀態，心智必須要保持活躍的狀態。

6. 在進行這些訓練的時候，你應該始終保持磁性的思想。「現在，我正將能量專注於這個部位，現在，我正在將能量傳送到這個部位。」

7. 要是這個方法會讓你想睡覺，那麼你也不應該阻止這樣的衝動，但在你醒來之後，也應該繼續這樣做。

8. 這一方法應該與其他方法結合起來，直到你展現出磁性的能量。

方法十一：精神的健美操：第一系列 —— 手指的運動。挺直身板，進行幾個深呼吸，然後按照下面的方法去做：

1. 把右手放在離你的臉部有一英呎的位置，手不要緊繃，但手指要握緊。慢慢地鬆開手指與拇指，各個指頭分開，同時緩慢地讓手指處於緊繃狀態，直到分開的手指讓你感到極度僵硬。然後再緩緩地將手指閉合，同時保持放鬆，直到雙手緊閉，處於放鬆狀態。重複幾次這樣的訓練，也可以將訓練倒置過來進行，然後重複多次。

按照上面方法，左手也可以進行這樣的訓練。

2. 伸開右手，不要緊繃，緩緩地將手指握成一個拳頭，同時讓手指處於僵硬的狀態，直到手指與拳頭都感到極度的疲憊，然後在緩緩鬆開，回復到輕鬆的狀態，重複這樣的訓練，也可以將訓練過程倒置過來進行，繼續重複多次。

按照上面的方法，左手也可以進行這樣的訓練。

第二系列 —— 手與手臂。挺直身板，進行深呼吸，然後按照下面的方法去做：

1. 將右手手背放在嘴巴上，讓手肘處於扭曲狀態，向著身前方向，身體的其他部位都處於懶散狀態。右手臂與右手都要保持自然狀態。你需要緩慢地將手放在身前，伸直手臂，同時逐漸地讓手臂與手處於緊繃狀態，直到放在你身前的手臂感到非常僵硬。記住：你的手臂並沒有延伸，你的

手與手臂都處於緊繃狀態，這樣你伸直手臂的極限就剛好與你所感到的極限僵硬程度處於一致。從這個伸直手臂，會讓手臂剛到僵硬的姿勢，緩慢地將手放到嘴巴前，曲著手臂，然後逐漸以放鬆的姿態放在嘴巴前。重複數次這樣的行為。你也可以將這個方法倒置過來進行連繫，先感受肌肉放鬆到緊繃的狀態，然後讓緊繃的肌肉回復到放鬆的狀態。

2. 重複把手放在嘴邊到伸直手臂的訓練，然後恢復原先的狀態，之後再重複幾次，然後按照倒置的過程來進行訓練，接著又重複幾次。

3. 重複把手放在嘴邊到手臂伸向右邊的訓練，然後恢復到原先的狀態，之後再重複幾次，然後按照倒置的過程來進行訓練，接著又重複幾次。

4. 重複把手放在嘴邊到手臂伸向右下方的訓練，然後恢復到原先的狀態，再重複幾次，然後按照倒置的過程來進行訓練，再重複幾次。

5. 按照類似的方法對左手及左手臂進行訓練。

6. 讓雙手及兩隻手臂同時進行訓練。

7. 首先，用一隻手臂進行訓練，然後再用另一隻手臂進行訓練，然後進行重複。

第三系列 —— 腿與腳。挺直身板，進行幾次深呼吸，然後按照下面的方法去做：

1. 用左腳支撐起身體的重量，然後用手去觸控任何物體，保持身體的平衡。然後抬起右腳，放在身後，然後曲著膝蓋。緩慢地將右腳放在地板上，從而讓伸直腿部，同時漸漸地讓整條腿都感到僵硬。這樣，當腳輕輕地觸到地板時，大腿就會感到極度僵硬。緩緩地回復到正常的站姿，同時慢慢地緩解這種僵硬感。重複數次這樣的訓練，然後在換右腳進行同樣的訓練。

2. 抬起腳與膝蓋，放在身前，重複數次，然後再反過來重做幾遍。

3. 向右伸直腿部，直到你感覺僵硬，重複數次，然後向左伸直腿部，直到感到僵硬，重複數次。

4. 向前伸直腿部，直到你感到僵硬，重複數次，然後向後伸直腿部，直到感到僵硬，重複數次。

5. 用你的左腳與左腿重複這些訓練，重複幾次。

第四系列 —— 全身。挺直身板，進行幾次深呼吸，然後按照下面的方法去做：

1. 緩慢且平穩地讓整個身體向後盡可能地傾側，不要觸碰到任何東西，同時保持身體平衡，緩緩地讓整個身體的部位 —— 包括腿、身軀、手臂、手、頸部與頭部都感到僵硬 —— 這樣極限的向後傾斜剛好會與你的身體所能容忍的極限僵硬程度相配。在你放鬆的時候，緩慢地回復到正常位置，重複幾次這樣的訓練。

2. 重複向前俯身的動作，然後讓身體回復到正常位置，接著重複幾次。

3. 重複向右俯身的動作，然後讓身體回復到正常位置，然後重複幾次。

4. 重複向左俯身的動作，然後讓身體回復到正常位置，然後重複幾次。

你應該忠誠地進行上面所述的這些動作，每週進行大約兩到三次的訓練，至少要堅持半年時間。這些訓練從多個方面來說都是十分重要的，特別是因為這對神經與肌肉之間相互連繫有著積極的作用，能夠對神經產生刺激的作用，從而讓身體所有的機體與體內的以太處於具有強烈磁性的狀態。

　　方法十二：磁性的想像訓練。每天，你都需要進行一次或是更多的想像訓練，始終保持一種抵抗的感覺（正如在實際的工作當中）與強烈的能量感，讓心智專注於身體的每一塊肌肉，始終保持磁性的思想。始終要保持身體的運動，就好像你真的在運動一樣。

　　啞鈴。這可以進行各種運動，保持活躍的心智。

　　沙袋。始終讓手肘保持輕微彎曲的狀態。

　　體操棒。不要太快地甩出去。

　　划船。想像在逆風划船的情景。

　　伐木。假想木材非常堅硬。

　　繩索與滑輪的訓練。

　　舉重。先將重物舉到臀部，然後再舉過頭頂。

　　擊劍。假設對手是非常靈敏的。

　　用鐮刀割草。假設在沒有任何的輔助工作。

　　其他腦海中想像的訓練。

　　方法十三：磁性的器官運動。每天，你都需要遵循下面的訓練方法，始終保持強烈的精神能量與磁性的思想。

　　1. 緩緩地轉動頭部，讓頸部肌肉感到僵硬，從左開始繞圈，向下，再向右轉動，然後再向下，接著又繞回到左邊，接著以相反的行為繞過來，重複幾次這樣的活動。

　　2. 緩緩地轉動右手，手掌向下，保持緊繃的肌肉，手臂處於放鬆狀態，手腕從左下出發，向右轉動，從右到左地繞一個圈，接著以相反的方式繞過來，重複幾次這樣的活動。

　　3. 用右前臂進行這樣的行為，接著是整隻手臂與整隻手。

4. 用左手進行這樣的訓練，重複幾次。

5. 用左前臂進行這樣的訓練，然後是整隻手臂。

6. 用右腳重複這樣的訓練。

7. 用右下腿重複這樣的訓練，接著是整條腿。

8. 用左下腿重複這樣的訓練，接著是整條腿。

9. 讓臀部以上的身體都重複這樣的訓練。

10. 從雙腳開始，讓整個身體緩緩地扭動，從左到右，再從右到左。

11. 緩緩地扭動臀部以上的身體軀幹。

如果你不能在訓練過程中始終保持專注的能量，始終保持磁性的思想，無法讓心智集中在你處於訓練中的身體部位，那麼這樣的訓練的價值只是純粹的身體鍛鍊了，這將無法讓你獲得磁性的能量。

方法十四：磁性的走路。你需要遵照下面的方法去進行磁性的走路訓練。

1. 每天，你都需要喚醒心中一股強烈的愉悅感，讓這樣的感覺集中在身體內部，始終保持內在的能量與磁性的思想，一個人在房間裡緩慢地走著，保持最大的自由與優雅，與此同時，在某些額外的行動上，還要保持偶爾的暫停，正如你收拾東西或是更換一些東西一樣。這樣的行走應該是自然的，避免大步向前，突然起步或是驟然停步，也要避免不規範的行為。

2. 你可以透過在大街上訓練走路，來讓你的步伐變得富於磁性。在回顧上面提到的方法時，你將看到，很多方法都是可以在戶外活動時結合到一起運用的。

3. 你偶爾可以到鄉村長時間地散步，盡可能地運用上面提到的方法，特別是在培養磁性步伐方面的方法。

方法十五：身體的控制。你需要對下面給予的建議保持特別的關注。

1. 你應該避免身體出現所有抽搐、不安、心血來潮的動作或是不規律的行為。

2. 強迫身體養成挺直的坐姿與挺直的站姿的習慣。

3. 盡可能地避免所有激烈的運動，避免過度消耗神經與肌肉的能量 —— 當然，所有身體必需的能量消耗在此列之外。

4. 在任何活動上，都要保持有意識的意志控制，當你結束不同尋常的訓練後，一定要回復到之前充滿活力的冷靜狀態。

5. 意志控制的情感應該專注於習慣性的磁性思考當中。

6. 永遠不要讓自己的肌肉處於過度緊繃的狀態，也不要身體感到過度疲憊。

方法十六：磁性的休息。你每天至少都要遵循一次下面的方法，對身體與心靈的休息要有一定的理解。

確保自己處在一個安靜的地方，躺著，坐著或是站著 —— 始終保持一個位置 —— 放空自己的心靈，放鬆身體的每塊肌肉，在心底以懶散的心態對自己說：「我現在處於絕對懶散的狀態，我正在接收著重要的磁效能量。」

在日常的工作當中，你也照樣可以運用這條方法。

方法十七：保持身體的穩定。挺直身板，進行幾次深呼吸訓練，然後按照下面的方法去做：

1. 在房間的中央找一個位置，面對著牆壁。喚醒內心中一股強烈的內在能量感與磁性思想。你不需要運動身體的肌肉，只需要靜靜地保持自然順暢的呼吸，你的臉不需要朝著左邊或是右邊，雙眼首先盯著房間左邊的角落，接著目光隨著頭部從左邊角落轉移到右邊角落，這個過程是緩慢

的，始終保持身體的平衡。以相反的過程重複這一訓練，讓目光從右邊角落向左邊角落轉移，當目光落在左邊角落的時候，緩緩地讓身體向左邊移動，正對著隔壁的牆，快速地進行眼部活動。在完成上面的訓練時，緩緩地向左轉動身體，面對著第三面牆，重複這樣的過程。在完成之後，緩緩地轉向左邊，面向第四面牆，重複這樣的過程，然後重複所有的訓練。

2. 當你坐在旋轉椅的時候，你可以進行這樣的訓練，記住，要始終保持挺直的身姿，始終保持內在的能量。

方法十八：保持穩定的觸覺。挺直身板，進行幾次深呼吸的訓練，然後按照下面的方法去做：

1. 左手持著一本很輕的雜誌，放在離你臉部有十二到十八英寸的位置，距離要以方便你的視覺為準。在進行這樣的訓練時，要保持自然的呼吸，保持絕對的安靜，避免身體出現顫動或是不安的行為，不要移動這本雜誌。把右手放在雜誌後面，但要放在雜誌上方，這樣你才能看到你所做的動作。你可以緩緩地將右手拇指放在雜誌封面的上方，用極輕的力量去觸控，保持動作的順暢性，方向是從左到右，從後到左。重複幾次這樣的過程。然後，在從右邊垂直的角度進行訓練，接著再從下方的角度進行訓練。最後，用右手的每根手指都進行這樣的訓練，記住，一次訓練的時候只能使用一根手指頭。

2. 用左手拇指與其他手指重複這一訓練，用右手吃著這本雜誌，反過來重複這一訓練。在這一過程中，你要始終保持內在的能量與磁性的思想，但不要屏住呼吸。你要將培養磁性的觸覺視為一個尋常的習慣。

方法十九：需求的態度。這一方法包括使用第二十五章中所提到的態度，之所以在這裡提到那一章的內容，是因為這些態度能夠增強我們在進行這一訓練過程中的磁效能量感。

方法二十：磁性的意識。之前零散講解的而一些建議在這一條方法中

集中講解，你需要培養一種對磁性的個性品格持久的意識習慣。為了做到這點，無論你身在何處，你需要懷著所有的勇氣與希望，在心底安靜而又肯定地說：「現在，我正充滿著磁性。」

方法二十一：儲存效能量。為了更好地學習這一條方法，你需要回到第二十四章，還有第二十五章裡所提到的第十八條方法，你需要從這些方法中找到如何儲存效能量的方法，整理，我們必須要始終銘記一個不可或缺的因素——磁性的能量。

方法二十二：保養身體。在這裡，你可以回頭翻看第九章的第十一條方法，還有第二十五章的第六條、第七條、第八條、第九條、第十條與第十一條方法，這將更好地幫助你完成保養身體的訓練。你要永遠銘記這些章節裡提到的方法。

對富於磁性的個人形象的考驗應該可以這樣說：這能夠引起他人的意識，但卻很難透過任何過度的化妝或是過分的邋遢去引起別人的關注。注重個人形象能夠滿足他們的潛意識品味。因此，要想擁有磁性，必須要按照生活所處的狀態、場合與接觸的人進行不同的著裝。

方法二十三：個人的吸引力。這一方法強烈了上面的那條方法。當你意識到自身擁有良好的個人形象，並且擁有磁性的意志，那麼你自然就會在所有的個人交往當中，保持磁性的精神與展現出真誠的舉止。換言之，你需要在與他人交往的時候，始終保持富於吸引力的精神及身體態度，保持內在穩定的情緒與外在表現的積極態度，這能讓你的身體磁性顯得更加具有魅力。

方法二十四：在靜止狀態下進行陽光浴。在你沒有其他工作需要忙的時候，無論你是在站著還是走著，你都需要讓自己處於絕對安靜的狀態，控制手臂、雙手、手指、雙腿、雙腳、腳趾、臉部肌肉、頭部以及身體的每個部位的肌肉。在保持挺直姿態的時候，不要進行毫無必要的活動。你

要隨時注意保持身體的自控。

　　無論是坐著還是站著，你都需要對此保持特別認真的態度，你要保持一到三分鐘的絕對安靜，但首先絕地不能傷害到神經。經過這樣的訓練之後，你將可以在任何時候保持絕對的安靜感。

　　作為一種在某個特定時間進行的訓練，你需要在陽光下進行 —— 假如陽光不是那麼強烈的話 —— 或者你可以在一個光線充足的房間內。古羅馬人就喜歡在適宜的季節裡每天晒太陽，他們一絲不掛地躺著，讓身體吸收太陽的磁性光線。

　　方法二十五：將身體包裹起來。在正常狀態下，身體的電流與磁性都一刻不停地消失。因此，你需要透過使用玻璃瓶將你的長椅或是睡床隔離開來。對絕大多數人來說，最佳的睡眠姿勢就是南北對向，頭朝北。這是治癒很多夢遊病人的方法，也是正常人的醫學歷史所得出的一個經驗。如果可能的話，你最好穿著一些絲質的內衣入睡。

　　下面這段話很重要：「埃利奧斯頓博士曾對我說，一位具有很強催眠天賦的女性，透過站在一個玻璃凳子上施加催眠術，讓自己獲得了額外的能量。」

　　方法二十六：磁性的驚喜。平躺著後背，微微抬起頭部，進行幾次深呼吸，在每次呼吸之後，突然迅速地撥出空氣。在這樣的呼氣過程中，讓你的專注力始終保持在頭部與身體的上肢。只要堅持一會兒，你就會感到有一種輕微的下沉感覺。在這個過程中，你可以想像任何友善或是愉悅的事情。在經過訓練後，你將擁有強烈的驚喜感或是身體的愉悅感。同時，你將更加強烈地感受到內在的磁效能量。意識到這樣的感覺，對於如何使用這樣的磁性是至關重要的 —— 當然，前提是你要掌握本書所提供的方法。

　　「我正在控制一項功能。」一位年老的英國作家說，「就是能向自己傳

遞一種理性的愉悅感，這不需要任何行動、思想或是反思，只要我想，就能夠做到。從某種意義上來說，這樣的愉悅感介乎感覺與嬉戲之間，有點像身體在伸展或是打哈欠時所感受到的驚喜。」

對這位作家來說，這是他的神經意識感受到內在強烈的興奮感，這樣的興奮感通常是很友善的，而當一種高度愉悅的情感出現的時候，就會變得極度讓人快樂。這位作家體驗了人在「心不在焉」時的內心感受，但這樣的感覺有時會被濫用，有時會讓人的心智處於混亂的狀態 —— 撇去上面涉及的文學因素，上面引述的話語還是很有價值的。

方法二十七：磁性的和諧。當你已經掌握了上面所講述的方法，那麼你就可以時常把握機會，去聆聽美妙的音樂，喚醒你沉睡的情感，讓你擁有磁性的身體意識，讓自己完全沉浸在感官刺激當中，在短時間內完全陷入精神愉悅的狀態。但你需要記住，人生是現實的，這樣的訓練並不是為了短暫的歡愉，而是為了少出你內在的不良情緒，讓你的精神與以太狀態處於一種和諧的狀態，讓你在日常的工作與生活中都能獲得磁性的成功。最為重要的是，如果你忠誠地遵循這些方法的時候，不要讓自己成為一個喜歡做白日夢的人，而要始終透過讓自己參與積極的人生活動，始終保持個人精神的平衡。

下面所提及的方法就是關於如何培養感官的磁性。

培養感官磁性的方法

要是真的要詳細講解這一條方法，篇幅起碼也可以重新寫一本書了。但在這裡稍微講述一些培養感官磁性的重要方法，也是可以的。首先，我們從比較簡單的方面說起。

■ 第一種感官治療：嗅覺與味覺

我們首先要考慮的是內在的磁性感覺，所以，我向讀者提供下面的這些方法：

1. 對芳香的精神滿足感。你需要培養對讓人愉悅的芳香的感覺，特別是自然的芳香，比如花朵的芳香，這能夠滿足你的個人磁性。

2. 對芳香的精神滿足感：花朵。在你工作的時候，你需要習慣性地擺放一些噴髮香氣的花朵，這能夠緩解你的疲勞。

3. 對芳香的精神滿足感：香水。你需要噴少量讓你感到愉悅的香水，記住，再讓你自身感到滿足的同時，不能讓他人對此反感。

4. 讓人反感的氣味。你需要消除你身上任何讓人反感的氣味。

5. 吃飯：你需要懷著磁性的思想與方式去享用你的食物。

6. 對別人的感官刺激：你需要盡可能地引起別人身上有益的嗅覺與味覺。

在某些招待客人的場合，特別是當你是「一家之主」的時候，你會發現注重這些細節，會對你的丈夫、家人與朋友產生重要的磁性影響。這樣的道理可能在整個家庭生活中就感受到了，特別是在餐桌上更加明顯。所以說，這為我們培養與展現磁性提供了一個十分難得的機會。

難怪，當我們的生活變得平淡無奇，如白開水般無味的時候，那麼我們必然會缺乏磁性。

■ 第二種感覺治療：磁性的觸覺

觸覺可能是毫無意識、冷漠、缺乏顫動或是產生負面的顫動作用，讓人覺得反感、不近人情、沉重、殘忍或是充滿敵意。同時，觸覺也可以是溫暖人心，喚醒別人的興趣，充滿活力，發散出積極的顫動訊號，吸引著他人，讓人覺得柔軟、善良與富於磁性。這一方法就是基於觸覺所具有的差異性之上。

1. 修正觸覺。你需要從與別人的身體接觸中消除所有負面的影響，不要讓人覺得你身上所散發出的負面情緒。

2. 改善觸覺。你需要讓你的觸覺擁有積極、向上的影響，充滿著磁性。

3. 想像性的觸覺。你可以在腦海中想像自己與各類人交往的情景，自己單獨花點時間去思考這個問題，然後在運用到實際的生活當中。

4. 適應。你需要根據遇到的不同的人去調整你的個人觸覺。你與一位大學老友的握手應該是充滿力量的，甚至可以拉一下他的手指，但你在與一位女士或是陌生人見面握手時，就絕對不能這樣做。

此時，我們要談談一個重要的磁性：磁性的生命力永遠對正確的適應能力保持需求。個人的磁性並不是一種無視規律，不顧後果衝向別人的力量，而是需要人時刻去運用這樣的力量。

5. 磁性的觸覺。在培養了磁性的觸覺並對此有強大的適應能力之後，你需要以最佳的方式去運用這樣的磁性思想：「在當前的關係與觸覺當中，作為你的朋友，我贏得了你的信任。」

▓ 第三種治療：磁性地運用聲音

I. 第一種治療方法涉及到磁性的自我享受，因此可從下面幾點進行講解。

1. 精神的滿足。你的磁效能量與你的內在滿足感是密不可分的。從某種意義上來說，只有當你的內在狀況處於和諧狀態，那麼你才能具有磁性。讓人覺得愉悅的聲音能夠讓人處於這樣的精神狀態。因此，你需要培養對音樂與大自然所有悅耳聲音的欣賞品味。

2. 遠離所有雜音。你需要盡可能地消除你人生中所有讓人惱怒、不安的噪音，在面對這些噪音的時候，緊閉你心靈大門，培養對神經的控制能力。

3. 音樂。你需要盡可能地沉浸在美妙的音樂當中，你可以到田野走一走，到海邊與樹叢間看一看，心中始終懷著磁性的思想，在心底默唸著：「懷著愉悅的心情，我正在吸收著宇宙顫動的能量。」

4. 與人交流。你需要盡可能地與那些能帶給你歡樂、愉悅的人交往，遠離那些說話尖刻、刺耳的人，讓你始終感受到你朋友鼓舞人心的話語。但你一定要記住！在踐行這些建議的時候，你要避免自私的情感，不要在外部環境不是完全讓人愉悅的情況下，努力去培養讓自己變得富於磁性的方法。

II. 當前的這一條方法也涉及到透過語言與聲音來傳遞的磁性影響，具體的方法如下：

1. 培養聲音。你需要透過全面培養說話與交流的聲音去確保你有足夠的能力與人交流。這對你培養磁性的成功是極為重要的，在這裡，筆者不敢草草地談一些細節（因為講述如何培養聲音，即便是用一本書都說不完）。你可能不是聲學方面的專家，但你還是非常有必要培養好的聲音。但是，你要記住，這裡的目的不是讓你的聲音抑揚頓挫、可以進行公共演說，除非你的工作需要你這樣做。但是，懷著磁性的專注度去培養良好的聲音，這能讓你獲得最大的好處。

但是，如果你不能在聲音練習方面有所領悟，那麼你至少需要遵照下面的建議去做：

a. 你必須要養成在說話的時候，透過鼻子吸氣的習慣，絕對不能用嘴巴來吸氣，或是透過下腹運動去呼吸。

為了做到這點，你可以在張開嘴巴的時候，利用鼻子來吸氣，翹起舌頭，抵住嘴巴的上部，在每次吸氣的時候，讓腹部鼓脹起來，然後透過嘴巴呼氣，提升肺部的橫膈膜。每天練習幾次，每次持續幾秒鐘。

在你走路的時候，也要進行下腹的呼吸訓練，但此時一定要緊閉嘴巴。

b. 為了確保臉部肌肉能夠保持緊繃，你也可以練習——wow-

wow,chow-chow 等聲音練習，在練習的時候，盡可能地扭曲子的臉部肌肉，每天練習多次即可。

c. 下面這些子音練習應該透過低聲來說，提升肺部的橫膈膜，每次發音的時候強迫氣體流出來。具體來說，你可以這樣做：呼氣，下腹膨脹，接著繼續。如有必要，每次你吸氣的時候只吸入一般。發出這樣的聲音：pe-te-ke-che-fe-whe-se-she-the（盡可能保持輕音）。

接著，你可以發出下面的聲音：be-de-ge（重音）-ge（輕音）-el-em-en-er-r-r-r-ze-zhe-the-ng（鼻音）。

每天都要多次訓練這兩組聲音。不要忘記爆發式的發音與肺部橫膈膜的運動。到時候，你將能輕易迅速地發出聲音，而不需要身體肌肉耗費多大的努力。

d. 現在，你可以透過利用風琴或是鋼琴，去進行鼻音的練習，透過練習「ing」的這個鼻音（盡可能用鼻子發出來，除非你能很自然地用鼻子發出這個音），如果是男聲，從中調 C 下落到二階的 G 調。如果是女聲，就從中調 C 下落到二階的 G 調。每天間隔地練習多次。

在進行「m」音的練習時，每個人的發音可能會有所不同，但你要記住緊閉嘴唇，透過鼻子發出這個音。

在進行這樣的練習時，你需要迅速提高音量，然後透過盡可能長時間地憋氣，重複這個發音。但你應該時刻牢記下腹要有呼吸的動作，保持橫膈膜的動作與發出鼻音。

e. 利用鋼琴或是風琴，你可以進行母音的訓練 —— oo-oh-ah，如果是男聲的話，從中調 C 下到二階的 G 調。如果是女聲的話，從中調 C 之上的上階 C 調下降到二階的 G 調。

記住：你的音調應該要透過嘴巴發出來，盡可能不要透過喉嚨發出來 —— 也就是說，你的聲音聽起來應該是來自嘴巴發出的中調，而不是

從喉嚨裡發出來的。

發音的時候，頸部的肌肉要保持放鬆，不要緊繃。你需要認真地執行這幾點。

聲音的呼吸應該發自下腹部，也就是說，這個部位裡的空氣都包裹在橫膈膜裡，然後透過提升橫膈膜，再加上頸部肌肉自由的運動，將空氣排出去。

你應該時刻透過鼻子去呼吸，不要單純透過喉嚨發生，而要透過下腹部。

要想抓住其中的竅門，你需要進行長時間的練習，但這樣的練習將會讓你有所收穫。

f. 在完成了上面的訓練方法之後，你需要練習這個發音——noon-noan-nun, 還是使用相同的樂器。

這些比較簡單的指引目的就是幫助你獲得磁性的音質、聲音的流暢性，以及在任何時候都能靈活地發出帶有母音字母的單字。透過下腹部的呼吸、橫膈膜的運動以及不需要喉管與咽喉發聲等途徑，你是可以做到的。當然，個人建議的作用當然更好，但這些普遍適用的方法也能夠讓你提升自身的磁性，改善你的聲音。

你至少需要投入半年的時間去進行這些訓練，每天只需要投入幾分鐘的時間即可。與此同時，你要是始終保持磁性的思想：「現在，我正在獲得磁性的聲音。」

在與他人交談的時候，努力保持同樣的想法：我正在透過磁性的聲音贏得你的信任。

2. 磁性的思想。在進行聲音練習的時候，你需要始終保持磁性的思想，始終保持自信的人生態度。

3. 修正聲音的音調。你需要讓你的聲音永遠都不會出現下面的情況：

沒有尖銳的音調，沒有尖刻的音調

沒有嚴苛的音調，沒有武斷的音調

沒有聲嘶力竭的音調，沒有盛氣凌人的音調

沒有諷刺的音調，沒有明顯自負的音調

沒有揶揄的音調，沒有粗野的音調

沒有不可一世的音調，沒有毫無必要的大聲音調

沒有嗤笑的音調，沒有抱怨的音調

沒有苦楚的音調，沒有自憐的音調

4. 修正精神的狀態。你需要從你的心理態度與思想中消除所有上面所提到的音調。

5. 聲音質量。你需要讓你的聲音擁有下面的質量：

柔順，中調，順耳

均衡，多變，悅耳

柔軟，富於變化，具有說服力

柔和，同情，充滿活力

安靜，友好，勇氣

堅定，磁性，自信

單純閱讀這些建議是沒什麼效果的，只有你認真研究與忠誠地執行，才能對你具有價值。

6. 精神的質量。為了確保顫動能量的質量 —— 這裡不是指震顫，而是指以太良好發散出的良好質量 —— 你可以透過大聲朗讀，觀察與模仿去大聲閱讀，透過喚醒聲音中的情感去做到。在這樣做的時候，你需要喚

起下面的這些情感：

憐憫，幽默

友愛，歡樂

友善，希望

同情，勇氣

美感，熱情

高尚，可控的能量

崇高，撫慰

敬佩，榮耀

莊嚴，貼心

尊敬，磁性。

當然，這些精神狀態是不可能同時展現出來的，但你要培養隨時喚醒這些情感的能力，努力去讓你的聲音具有最大的價值。你應該努力背誦一些散文或是詩歌的片段，讓你的聲音與你所要表達的情感盡可能一致。

7. 邪惡的激情。為了更好地達到這個效果，你需要從你的精神領域中所有對他人持有的邪惡想法，你還應該控制它們的表達方式，因為這些邪惡的思想最終會展現出來。

8. 交談聲音所具有的品格。在與人交談的時候，聲音應該變得順暢、清晰。充滿了可控的能量顫動，富於音調的變化，表達你真誠的情感，同時還要表達你富於磁性的思想：「我將磁性注入我的聲音與言語當中。」

9. 避免極端的行為。在日常生活中說話的時候，你應該避免兩個極端：一是文謅謅的說話風格，二是不重視聲調與措詞。使用俚語的習慣應該盡量地避免。只有在為了某個直接的磁性目標，或是在引用的時候，你才可以使用俚語。

10. 各種其他狀況。你不能用單一的某種方式去應對所有場合，良好的傾聽習慣是極富磁性的。

你不能打斷或是中斷別人說話。

你不能支支吾吾地說話，而應該將每個單字都清晰地說出來。

你在開口說話的時候，要知道該怎麼連貫下去，一旦開口說話，你就不能猶豫，不能結巴，而要有始有終。

最為重要的是，避免在與人交流的時候出現冷漠。只有當交流讓人愉悅時，才能賦予磁性。

■ 第四種感官治療方法：磁性的眼睛

眼睛在我們的生活中發揮著巨大的作用。詩歌、小說、繪畫，都是透過眼睛這一神奇的器官展現鮮明的自我，影響著這個世界。要是沒有明亮的雙眼，那麼磁性是絕對無法充分展現其高尚的使命。

I. 我們的首要任務就是培養眼睛的磁性，這需要時間與耐心。要想達到這個目的，你需要按照下面的三大指引去做，包括身體與精神方面的。因此，我們有了：

A. 一般性的建議：

諮詢眼科醫生，除非你的眼睛真的是一點問題都沒有。否則你就應該諮詢醫術一流、值得尊敬的眼科醫生（記住，不是眼鏡商），每年至少要去檢查一次。

1. 健康。患有疾病的眼睛，或是羸弱身體下的眼睛都是不可能具有多少磁性的。因此，你需要保持最佳狀態的健康身體。

2. 放縱行為。你還要避免所有放縱的行為，遠離酒精，在引用茶水、咖啡與抽菸草等方面要有節制。

3. 神經氣質。眼睛能夠顯露我們的神經系統，因此，你需要保持最佳

的神經狀態與心態的平衡。如果你按照本書提出的建議去做，那麼你就絕對能夠做到這點。

4. 睡眠。你需要確保獲得充足的磁性睡眠時間，也就是說，你需要在身體健康的狀態下自然地睡眠，在這個過程中，要始終保持磁性的思想。你也將發現，每天即便是十分鐘的磁性休息，也將會給你帶來巨大的好處。在早上睡眠的時候，不要讓強烈的陽光直接晒在你的臉上。

5. 疲憊。絕對不要讓雙眼處於疲憊的狀態。眼睛是心靈的工具，而不單純是觀察外界的兩個眼球，所以你應該努力讓眼睛處於最佳的狀態。你不能躺在床上看書，不能在移動的車上看書，也不能在光線昏暗的時候看書，也不能在強光下直接看書。當然，在上述這些情形下，你也不能寫作。

B. 身體的建議：

6. 磁性的洗浴。你需要每天都要用清涼的純淨水對眼睛進行兩到三次的清洗。如果乾淨感到疼痛，那就閉上眼睛，用熱水來洗毛巾，然後擰乾，覆蓋著雙眼，連續重複幾次。在這兩種情形下，你都要始終保持磁性的思想。

7. 磁性的按摩。你需要伸展雙手的手指，從前額一直向左眼與右眼下滑，橫過顴骨，用手指輕輕地擠壓，最後用向外的圓形運動結束，每天做兩到三次就可以了。你的雙手也可以從太陽穴的位置出發，經過臉頰與下巴，對眼睛進行按摩。

按照上面所提及的方法，透過輕揉眼珠、閉上眼瞼，順著各個方向移動。但你在按摩的時候一定要極為小心。

在按摩的時候，你可以轉動眼珠，張開眼瞼，讓肌肉朝各個方向活動。在進行上面的按摩時，要始終保持磁性的思想。

8. 磁性的穩定。特別要強調一點，你在進行練習的時候，絕對不能始終盯著一處地方，而不眨眼睛，因為這是不自然的。但是，你可以自信地

遵循下面提供的方法：

A. 當你一人在房間的時候，讓你活躍的磁性思想湧向你的雙眼，接著緩緩地盯著一個目標，目光不要飄忽，要自然地向著其他目標眨動雙眼，目光停留在一個物體的時間只需要幾秒鐘，然後轉向另一個物體，就這樣一直下去。

B. 找來一個紙箱，在裡面裝滿一半的各式各樣的小東西，比如鈕扣、大頭針、鵝卵石、平頭釘、幾張紙、珠子及其他物體。每天，你只需要花費十分鐘的時間去收拾這些東西，在收拾的過程中，要保持認真仔細的態度，動作要緩慢，雙眼要認真觀察手部的每個動作，讓你的每個動作都擁有磁性的思想，將這些物體放在離你一英尺之外的空紙箱。

C. 在你房間的牆上掛上一大幅日曆，日曆離地板的距離大約為五英尺。你可以坐著，也可以站著，但要保持安靜，讓你的雙眼都充滿著磁性的思想，然後緩慢自然地眨眼，在心裡默默地數著數字，重複這個過程數次。

D. 站在窗邊，讓雙眼眺望窗外的景物，一次只瞄準一個物體。這樣的眼睛訓練應該是緩慢、漸進且有意為之的，不應該讓你有一種被套住的感覺。你眨眼與呼吸的動作都應該是自然的，你的雙眼應該閃爍著磁性的思想。

E. 你可以在室內進行各種訓練穩定眼神的遊戲，記住，你要始終保持磁性的思想。你可以將一個圓圈拋向一隻寵物狗，也可以透過將豆子扔向一個圓洞，也可以進行撞球之類的遊戲。

F. 如果你有條件的話，可以使用槍支或是弓箭進行射擊。

上面所提及的一些方法只是諸多鍛鍊眼神的方法中的一些。這些方法很重要，所以，你需要一直堅持訓練，直到你的雙眼充滿了磁性。

9. 磁性的傳遞。你需要遵照現有的方法，讓你雙眼進行磁性的傳遞。

喚起你內心一股強烈的磁性（保持磁性的思想與專注度），讓這股磁性傳遞到你的雙手與雙眼，這個過程要緩慢、順暢，始終保持可控的能量，要同時使用雙手，把手放在臉的前方，但不要觸碰到臉，雙眼左右兩邊地轉動，讓手指柔和地在空中轉動，最後落到胃部。你可以重複這個過程。

最後，我們還需要注意一點：

C. 精神的暗示：

10. 呼吸與能量。你需要遵照下面的方法，去讓你的雙眼具有磁性的能量。你要挺直身板，透過保持絕對的鎮靜去控制神經與肌肉的活動。你要緩緩地深吸氣，直到肺部逐漸充滿氣體，在這過程中，眼睛要保持正常的眨動。然後，你需要緩緩地撥出去，在這樣做的時候，你的雙眼需要始終保持一致強烈的內在磁效能量（這是一致與磁性的思想相關的能量），一直儲存這樣的磁效能量，直到你清空肺部。休息一會兒，然後繼續重複這個過程。

記住：這樣的情感是內在的，不需要讓眼部的肌肉跟著運動。

11. 眼睛與周圍的事物。現在，我們可以說，要是眼睛習慣性地找尋邪惡、骯髒、失調、困惑、不和諧、殘忍、醜陋、不吸引人的東西，那麼你的雙眼很難保持應有的磁性，除非你這樣做是懷著一個高尚的目標。最終進入雙眼的事物（包括聲音與臉部）都會進入你最本質的性格當中，讓你本能地接受外部的環境，不管這樣的環境是好是壞。因此，你需要讓你的雙眼具有磁性，喚醒雙眼的以太能量，透過雙眼去利用你內在的自我，透過讓你習慣性所處的環境充滿了乾淨、秩序、和諧與美感的東西，讓你的雙眼具有磁性。如果你能在心中懷著磁性的思想去做，那麼這樣的努力必然會讓你擁有高尚的磁性。

12. 精神的高尚。雙眼反應出心靈，因此，你需要透過雙眼展現出內在高尚的心靈（這裡可以參看第二十五章所提到的第十一條方法。）

13. 眼睛的靈魂。眼睛的磁性是一種要比光波更為高尚的以太顫動，能更好地為其他人的雙眼所感受。要是你將磁性的能量投入到清澈的雙眼當中，那麼你就能充分地發揮這些因素。現在，你需要透過在個人關係中經常將整個人的心靈都投入到眼睛當中，展現出你的魅力。

14. 興趣。我們不僅要將心靈投射到注視上面，而且還要透過眼神來展現我們真誠的興趣。在與他人交流的時候，你應該喚醒內在的興趣，並且透過坦誠的交流與眼神給人這樣的印象。這一方法的目的就是發展你自身的磁性，你將發現結果永遠都不會讓你失望。

15. 熱心。在談到方法十四的時候，我們講到眼睛是心靈的視窗，可以說，眼睛是展現內在自我情感的一扇窗戶。在我們日常的工作當中，自我會一如既往地進入我們所關注的人或事。專注的眼神可以透過讓心靈專注於你所遇到的人，透過對事物認真的觀察去培養。你也需要時常對房間內各類物體進行觀察的訓練，一次只需要觀看一個物體，然後有意識地轉移到其他物體。

16. 精神的質量。你需要透過不斷發展自我，讓你磁性的質量透過眼神展現出來。你將發現，在本章方法六提到的聲音訓練所列舉出來的例子，你可以透過不懈的訓練，將這些類似的品質都透過眼神去表達出來，直到你可以隨意地召喚出來。要想獲得磁性的思想，需要你做出多方面的努力。

17. 眼神。下面這些眼神的品質應該是你可以透過私底下的訓練與同人交往時所培養的。

敏捷，坦誠，強烈的情感

歡樂，友好，同情

清澈，無懼，幽默

真誠，穩定，激情。

18. 要避免出現的東西。你的磁性眼神中絕對不能流露出下面所示的這些情感：

冷漠，純粹的驕傲，仇恨

疲倦，厭惡，貪婪

沉悶，鄙視，謀殺

僵硬地盯視，嘲笑，拋媚眼

自負的眼神，輕蔑，好色的目光

傲睨一世的額目光，不屑一顧的眼神，擔憂

粗魯的眼神，敵意，恐懼

淘氣的眼神，惡意的眼神，羞辱

自大，憤怒，反對

19. 應該要避免的習慣。下面這些習慣是想要擁有磁性的人所必須要避免的：鬼鬼祟祟的眼神，目光游移不定，時刻翻轉著眼珠，過度地眨眼。

20. 磁性的面具。你需要培養與掌握磁性的面具這一藝術與能力。眼睛是透露內心情感的重要視窗，但你能夠掌握關閉這扇視窗的技巧，不流露出任何情感、喜好、思想或是意圖，透過這樣的訓練，讓你的情感不被他人知道。當然，這是需要你發揮自身的意志力與控制你的臉部表情。當然，你可以讓雙眼流露出假裝的情感，去幫助你做到這點。

II. 我們的第二個任務就是關乎如何正確運用磁性的雙眼。在培養這樣的能量時，你必須要掌握以磁性的方式去這樣做的途徑。還有，如果你已經掌握了精神上的磁性，就需要對本能、方法、習慣與天賦進行深入的研究。

為了培養磁性，我們需要指引與勤奮的努力。為了更大程度地運用這

種磁性，我們主要需要富於智慧地去生活，擁抱著高尚的理想。在所有努力最後得出的結果中，我們將展現出一個具有磁性的人能夠增強一顆高尚的靈魂，讓他成為掌控自己的主人。

火

在古代的神話中，

普羅米修斯（Prometheus）從上帝的祭臺盜取火種，

溫暖了這個世界。

招致了朱庇特（Jupiter）的憤怒，

結果忍受了無盡的折磨。

看！心靈 —— 被視野所點燃，

那位苦難者與那隻折磨人的鳥，

他為了正義，忍受著報復，忍受著煎熬。

鳥反覆地撕裂著他的肉體，但

他做出了英雄的行為，擁有英雄的心靈。

這一切都描繪在帆布上，

讓世人領悟其中的激情。

現在，無論是在宮殿還是在茅屋，

無論在戰艦還是堅不可摧的空間裡，

燃燒的熔爐溶解了礦石，

下面是煤炭與蒸汽。

生命在歡笑，在歌唱，在轟鳴，

神劇裡出現了和諧的能量，

為這個高尚的盜賊歡呼，

感謝他賜給我們永恆的火焰。

原子的顫動也在等待著明晰的呼喊，

喚醒沉睡的身體，直到肉體的歡樂

成為一種尋常的享受。

透過思想所有回饋的細胞，
有節奏地迅速舞動，
直到一個人能夠莊嚴地抓住
這個燃燒地球所有可能的事情。
讓神祕的自我充滿能量，
感受到神性的自我，
直到這個世界充滿歡樂，
燃燒著光榮的夢想，
感受著這個充滿陽光與力量的世界，
唯一的一個真理。

第二十七章　四個金字塔

在每個場景中，
都能看到這個等式：
無論是哪位先驅者，
最後的結果
都應該遵循黃金分割。

　　　　　　　　　　　　　　　── 作者

信條
　要想最好地運用自我，必須要首先了解自我。

人類理想的模型就是一個處於最佳狀態的圓滿之人。

以太的生命需要以下幾點：

A. 健康身體發出的本能顫動（身體磁性）。

B. 活躍的心靈所引發的以太顫動。

C. 可控的情感狀態所引發的以太顫動。

D. 精神正義或是榮譽的可控顫動（精神磁性）。

在這幾點條件中，沒有一點事較其他低階的，但所有的因素都必須要屈服於最後一點。這些顫動透過身體以太活動，貫穿了整個人。

現在，我們需要研究以太生命的四個金字塔。這樣做又四重目的。如果你能認真投入到本章的學習，並且你已經掌握了之前二十六章的內容，那麼你將發現 ——

首先 —— 磁性的專注。

第二 —— 分割的自我與完整的自我之間的關係。

第三 —— 對你的個性有更好的認識。

第四 —— 明白精神正義的極端重要性。

我們可以說，絕大多數人都完全活在生存的這一層生理金字塔上。

正確地說，接下來談到是一個金字塔，而非四個金字塔。這個金字塔是由四個三角牆所組成的，每個三角牆都被稱為方便之牆，代表著你的某種本性。代表著最高位置的金字塔狀裡面的「我」，只有在你的自我完全累積起來後，才能實現。你所看到的金字塔，都是從「我」的頂部看到的。

有趣的描述

一個點既沒有長度，也沒有寬度，更沒有厚度，在你心中將這一點朝著一個方向移動任何距離，那麼你就擁有了一條直線。要是將這條線從這個方向移動任何距離，那麼你就擁有了一個平面，將這些平面從各個維度的方向移動，那麼你就擁有了立方體。此時，你所想像的物體就擁有了長度、寬度、厚度、線、表面、立方體、運動、空間、時間、數量、結構、身體 —— 還有數十個其他因素 —— 這些都是從原先那個沒有長度，沒有寬度與沒有厚度的點演變過來的。

真正的你就是那一點。你在移動著與描繪著生命的線，這條線經過不斷重複之後，就變成了習慣，經過實踐的洗禮，變成了你的舉止或是正確的舉止，透過你的人生，決定著你是否能夠獲取磁性。

如果你只是活在表面層次的我，那麼你跟動物就沒有什麼區別。如果你能夠讓這一層的自我穿過第三層，那麼你就是一位具有道德的人。如果你能夠穿過第二層自我，進入第四層自我，那麼你就是富於磁性之人。如果你能夠能夠將這四個層面都結合起來的話，那麼你就是一座完美的「金字塔」——「我就是力量。」

接下來，我們繼續補充：

「文化並不是透過我們掌握的知識的偉大程度去決定，而是透過我們能夠了解其中的內在的關係，不管這種關係是大是小。」

這本書希望讀者能夠對你所未挖掘的本性有所認知。

為了做到這點，你需要制定一個長期的方法，將你的磁性影響全部挖掘出來 ——

頂層：我。

　　第一層：身體健康的金字塔：和諧 —— 鍛鍊 —— 娛樂 —— 空氣 —— 睡眠 —— 水源 —— 食物 —— 規律 —— 消化 —— 乾淨 —— 節約 —— 科學的身體保養與使用。

　　第二層：身體磁性的金字塔：意志 —— 肌肉發展 —— 神經狀況 —— 內在能量 —— 回饋能力 —— 自我控制 —— 持久力 —— 健康 —— 身體狀況 —— 個人品格 —— 體格。

　　第三層：道德健康的金字塔：平和 —— 意志 —— 正義 —— 愛 —— 知識 —— 信念 —— 希望 —— 勇氣 —— 身體健康 —— 正確的遺傳 —— 正確的環境 —— 正確的培訓。

　　第四層：個人磁性的金字塔：意志 —— 靈敏 —— 忠誠 —— 希望 —— 勇氣 —— 自信 —— 榮耀 —— 思想 —— 相信體系 —— 身體基礎 —— 健康 —— 身體磁性。

　　現在，你需要寫出你在這四層金字塔裡的組合，特別要注意參照下面的建議：

■ 正確的金字塔組合

　　我們可以看到：

　　1. 身體健康會對身體磁性有幫助。

　　2. 身體磁性建構在精神磁性的基礎之上。

　　3. 身體健康僅次於道德健康。

　　4. 道德健康能夠喚醒人的身體磁性。

　　5. 道德健康與精神的磁性是密不可分的。

　　6. 精神健康建構在身體磁性之上。

　　我們還可以看到 ——

　　7. 身體磁性有助於身體健康。

8. 精神磁性有助於身體健康。

9. 道德健康有助於身體健康。

我們可以看到 ——

10. 身體磁性對真正的道德健康是漠不關心的。

11. 精神磁性有助於道德健康。

12. 精神磁性有助於身體磁性。

因此，我們能夠得出下面不完整的金字塔組合：

1. 身體健康 —— 身體磁性 + 精神磁性 + 道德健康

2. 身體健康 + 身體磁性 —— 精神磁性 + 道德健康

3. 身體健康 + 身體磁性 + 精神磁性 —— 道德健康

4. 身體磁性 —— 精神磁性 + 道德健康

5. 身體磁性 + 精神磁性 —— 道德健康。這是不可能的。

6. 精神磁性 —— 身體健康 + 身體磁性

7. 精神磁性 + 身體健康 —— 身體磁性 + 道德健康。這是不可以分割的。

8. 道德健康 —— 身體健康 + 身體磁性

9. 道德健康 + 身體健康 —— 身體磁性 + 精神磁性。這是不可以分割的。

你可能在缺乏身體磁性的情況下擁有健康的身體。但如果你想要獲得身體的磁性，那就首先要擁有健康的身體。

你可能在缺乏圓滿的精神磁性的前提下擁有道德健康，但如果你想要獲得最高階的精神磁性，你就必須要首先獲得道德健康。

顯然，你現在需要遵循下面這個理想的組合：

首先 —— 從道德的角度出發：

1. 首先：道德健康。接著：

2. 道德健康＋精神磁性＋身體磁性＋身體健康。接著：

3. 道德健康＋精神磁性＋身體磁性。接著：

4. 道德健康＋精神磁性＋身體健康。接著：

5. 道德健康＋精神磁性。接著：

6. 道德健康＋身體磁性。接著：

7. 道德健康＋身體健康。接著：

8. 精神磁性。無法單獨存在。

9. 身體磁性。無法單獨存在。

10. 身體健康：單純的動物狀態。

第二 —— 站在磁性的觀點出發：

1. 首先 —— 精神的磁性，接著：

2. 精神磁性＋道德健康＋身體磁性＋身體健康。接著：

3. 精神磁性＋道德健康＋身體磁性。接著：

4. 精神磁性＋道德健康＋身體健康。接著：

5. 精神磁性＋道德健康。接著：

6. 精神磁性＋身體磁性。接著：

7. 精神磁性＋身體健康。接著：

8. 道德健康。接著：

9. 身體磁性。無法單獨存在。接著：

10. 身體健康。單獨存在時毫無意義。

■ 結論：

下面，我們總結一下可能的結論：

1. 身體健康與身體磁性是密不可分的。

2. 精神的正義（健康）與精神的磁性是密不可分的。

3. 精神的磁性與最佳的身體磁性是密不可分的。

4. 身體磁性並不是完全與精神磁性獨立的。

5. 完美的精神磁性涉及到健康、身體磁性與精神正義。

你個性中所有這些重要的成分都是精神正義與精神磁性中的一部分。

但是，最理想的成功人士都是出於最佳狀態的圓滿之人。

圓滿之人並不單純代表著精神的發展，這樣的人就是實際事務中的產物與創造者。

磁性是一種成長。

讓我們首先明白一點：你不能單純憑藉希冀成功，就覺得自己有希望取得成功。

如果你不能全身心投入到你的事業當中去，你是不可能取得成功的。

要是你不能擁有一定程度的磁性，那麼你是無法取得真正的成功。

當你開始這樣的研究，你必然需要擁有一定程度的磁效能量，不管是身體上還是精神上的，否則，你是不會去購買這本書的。如果你已經認真地遵循了這本書的指引，那麼你在身體與精神方面都已經有不少的進步了。但最為重要的是，你需要成為一位具有高尚品格與磁性的人。

要想獲得這樣的結果，你至少需要一年堅持的努力。如果你在少於一年的時間就做到了，那麼你就該重來一遍，因為你的匆忙行為可能會阻擋你的進步。

磁性是自然的成長

　　無論你閱讀與理解書籍的能力有多強，磁性的成長與磁性的法則不僅需要你富於智慧的努力，還需要時間。無論你在這方面的能力有多差，要是你能夠投入合理的時間與真誠的努力，那麼你也是能夠有所成長的。

　　加州的參天大樹曾經也是矮小的樹苗，時間緩慢的流逝讓它的潛能逐漸發揮出來，擁有了強大的內心。磁性是不可能單純透過閱讀一本書或是匆忙地朝著某個方面前進就能達到的。這些在西部成長的參天大樹要是一直生長在北部的夏季，那就絕對無法達到這樣的高度。

　　磁性的成長本身就是緩慢的。磁性的原則、方法、對其研究的結果，都要求你對自我又深深的了解，然後才能在主觀的生活中感受到磁性的反應。這本書絕對不會向讀者們承諾任何不經努力即獲得的奇蹟。如果你以正確的方式去閱讀，那麼你就會發現，磁性的成長是絕對不能匆忙的。我在這裡之所以這樣說，是因為要是我在本書一開始就這樣說的話，那麼讀者朋友們肯定會覺得很沮喪。但更為重要的，是因為讀者可能會誤解我的意思。現在，你明白書中的內容，是因為你們為此付出了努力，你們在面對每次沮喪時都報以微笑。你為獲得磁性的能量付出了不小的代價，成功的收穫能夠抵消這個過程中的痛苦。

磁性與現實的生活

　　忠誠地遵循本書所提出的的建議會讓你收穫很多意外的結果。本書的內容可能會過分地改變你的主觀生活，這樣的可能性是存在的。對這樣類型的書來說，這有時是難以避免的。磁性的成長涉及到精神氣場保持持續與專注思想，所以，你可能會覺得，避免這樣的危險還是很有必要的。下

面簡短地談一下避免這樣危險的方法。

　　磁性的唯一價值在於它可以運用到現實的日常生活當中。成功的磁性本身並不是一種成就，這只是具有現實的力量。當我們正常培養與運用的時候，就會讓我們在具體的工作可以控制主觀的自我。對你一直想要找尋的目標，我們姑且可以這樣定義：

　　成功的磁性是一種運用智慧，應用到現實生活中的個人磁性。

　　人的首要職責就是保持現實的理性。

避免單純的超自然力量

　　你可能發現了自己具有某些超自然的力量，比如通靈、催眠術、靈媒、超聽力、超人的洞察力、占卜術、精神治癒等等。

　　質問擁有上面所述的「超能力」的人的存在，是顯然的無知。從個人的經驗出發，筆者是絕對不會這樣說的。儘管如此，我們還是可以說：

　　「任何所謂的超自然科學都無法構成個人磁性的一部分。」

　　催眠術與磁性之間存在著巨大的差別。

　　精神治癒則屬於另一個範疇。

　　透聽力與透視能力都是很難透過磁性去加以運用的。

　　通靈與心靈占卜術本身只涉及到以太方面的解釋。

　　通靈術則完全獨立於此。

　　換言之，處於正常運作狀態的個人磁性並不需要這些才能，也許，通靈與可靠的手相術才能除外──對手相的研究，能夠說明一個人生理方面的狀況（這並不是超自然方面的能力），能夠知道當前這個人所處的情況。

個人磁性之所以具有一個高尚的特點，是因為這是發源於潛意識的自我，它的真正工具就是處於日常狀態下的身體、心智與自我。所以，我們的自我能夠在這個客觀的世界裡，始終獲得機會，獲得足夠的發展機會。

你絕對不能允許任何超自然的研究或是才能中斷或是影響你的現實生活。我們必須要牢記一點：「生活是真實的，生命是認真的。」磁性是處於正常狀態下的理性，這與所有離經叛道的行為、不切實際的空想、衰弱的神經、心理失常、精神極端等都是格格不入的。磁性是指頭腦冷靜之人想要最大限度地利用自我與透過創造機會去實現自我的一個現實結合。

正因為如此，你不能太過深入地研究磁性或是過分忠實地執行。合理地培養磁性不會對任何人造成傷害，卻會對所有人都有益。

對那些擁有超自然的能力並且以高尚的方式去運用的人，筆者向你們表示祝賀。

滿足如何澆滅我的熱情

要是對物質或是精神，
我的心智慧夠懂得一點點的話，
無論是外在的，內在的，表面的，
但我卻始終不能理解，
這一細小的東西就像宇宙，
就好比阿拉伯的洞穴之於芝麻一樣。
然後，我應該審視最細小的方法，
他們強大的血緣關係在擴充套件，
探測到所有事情的本質，
看到宇宙在成型。
然後，我跑開了，一位全新的上帝，
人類開始思想，在宇宙的空間中逐漸完整。

要是一個人饕餮飲食，

那該怎樣保持絕對的追求呢？

這是一種軟弱與可收買的休息，

不要理會天邊那遙不可及的財富，

這是為了讓你理解高尚的目標，

真正的事實就是要培養一顆高尚的靈魂。

滿足是如何澆滅我的熱情的？

在可控而又不可控的範圍內，

感知與感覺的能力逐漸增強，

感受到了靈魂真正的獎賞，

讓我身處於上帝的懷抱，

感受著每一個成就，

傾聽著祂更高階的呼喚。

—— 作者

第二十八章　高階的磁性法則

人類的傳遞，既崎嶇又漫長，

既有頂峰，又有衰落，

美酒獻英雄，好肉獻壯漢，

艱難的勞作，永不停步。

「高點！再高點！」人們引吭高歌，

「世上沒有比腳更高的地方！」

—— 作者

之前提到的很多內容都略顯零散，不過都提到了多條磁性法則。現在，我們繼續就一些之前提到的法則進行歸納總結。這些法則都有更為高階的內涵，為了更加深入與徹底地研究，以便獲得最高階的磁性智慧與能量，我們很有必要這樣做。我必須說，這樣的工作完全是需要個人的努力，他人是無法給予特別的指引。現在，我們開始。

磁性發展的法則

法則一：發現天賦。每一個正常人潛在的磁性天賦都只有透過長時間的努力與培養，才能徹底地釋放出來。

法則二：困難的環境。磁性發展的程度與你所處的環境的困難程度存在著直接的連繫。

法則三：磁性的專注。磁性只能透過持續的磁性專注，再加上將自身天賦融入到環境當中才能產生。

法則四：自由的調整。培養磁性需要你對自我進行調整，以能夠適應所有的外在能量，讓你實現精神上的自由。

法則五：專注。透過磁性的方法讓自身天賦融入到環境當中，我們只能透過透過持續、專注與統一的唯一方法，去獲取這樣的成功磁性。

法則六：目標理想。從相當程度上來說，最高尚的磁性的成長取決於我們始終堅持一個高尚、理想的人生目標。從某個特定意義上來說，這取決於個人為了實現這個目標，而進行專門的訓練。

法則七：感受性。要想實現最高階的磁性，就需要讓內在的自我對宇宙的能量始終保持敏捷的感受性。

法則八：需求。自我對宇宙磁性發出安靜、持續的需求，會讓宇宙的能量自然圍繞著你。

法則九：自我肯定。持續地肯定自身所擁有的磁效能量，能夠刺激我們的成功因素，讓我們保持感受性，強調了我們的需求，讓內在的以太顫動處於一種和諧與強化的狀態，並且喚醒了宇宙以太中一種積極的運動，這樣的力量最終會流向中心的自我。

法則十：精神的能量。所有個人的磁性都涉及到已挖掘的精神能量，並且受到磁性關注的指引。

法則十一：自我控制。磁性的能量透過對其傾向的精神控制，來保持專注的能量。

法則十二：磁性的質量。內在的精神態度 —— 磁性專注的品格 ——這些都決定了我們在將努力融入到環境當中去所取得的效果，以及能夠獲得何種程度的磁性。

法則十三：自我評價。在其他條件都相同的情況下，磁性會隨著對讓人滿意但卻不炫耀的自我評價的發展，而不斷地深入。

法則十四：對自我的利用。在與其他磁性法則相吻合的時候，最高階的磁性只能源於最優秀的自我，然後才能發揮最大的優勢。

法則十五：磁性的英雄。自我憐憫、抱怨以及各種類似的心理狀態，都會弱化與浪費我們的磁效能量，而憑藉英勇的接受這樣的現狀，以求更好地提升自我，並且勇敢地肯定自己是自我的主人，就能儲存自身能量，極大地促進我們最高尚的磁性，不因磁性專注的搖擺而產生影響。

法則十六：行動與反應。最高階的磁性不僅需要我們對培養磁性的過程要有所研究，更要對如何透過富於智慧的運用，更好地刺激你的磁效能量。

法則十七：復原。無論是誰，當處於失敗的精神狀態時，都應該專注於喚醒絕望的內心，使之重新恢復能量，這樣的做法必然會對以太生活產生一種壓力，最終必然會對你有幫助，使你能夠汲取宇宙的能量。

法則十八：增殖。「所有的事情都在傳遞，所有的事情都在改變，所

有的事情都在增殖。」從身體與精神健康的角度出發，我們可以說，宇宙能量透過完美的以太顫動進行傳輸，透過有效的以太導引進行改變，透過對以太能力的充足與和諧的精神控制去再現磁性。

　　法則十九：培養的優越性。自然磁性所具有的原始價值，無意識的磁性所具有的自動功能，都最好地闡述了一點，那就是它們能在具有完全意識的磁性培養中達到高潮。

磁性行動的法則

　　法則一：能量與「氣質」之間的關係。處於運動中的磁性所產生的效力，取決於當事人與他人之間的「氣質」以及如何確保這樣的「氣質」處於和諧狀態，當然，這需要我們處於某個特定的精神狀態，身在某個特定的時間，讓精神與身體磁性都能相互合作。

　　法則二：磁性的專注。磁性的專注能夠增強之前毫無意識的磁性，並且透過好像交響樂中的主題曲那樣的一般性以太顫動傳送出去，在某些現實的工作當中，給人統一、品格、智慧的感覺，並產生明確與巨大的影響。

　　法則三：目標的影響。在運用磁性的時候，長時間的目標能夠讓我們建立起以太品格，若是我們能夠專注於某個一般性的目標，那麼特定的目標也會與品格相符。但如果我們違背了一般性的目標，那麼這會讓我們的品格感到困惑，甚至有可能摧毀我們的品格。

　　法則四：理想的力量。將動機理想化決定了以太顫動的品格，而將磁性運動理想化則決定了以獲取的磁性所具有的質量。

　　法則五：其他利益的影響。生活當中其他利益的影響，加上在某些特別情景下其他利益的影響，會讓磁性的運用具有巨大的能量，當然這與自我的關係不是那麼密切。

法則六：讚賞的反應。當意識到別人對自己的讚賞，並且感受到他人對自己的認可，這將讓我們獲得更大的動力去喚醒我們的磁性行為。

法則七：輸入能量的衡量。在磁性的生活中，輸入能量可以透過輸出能量來進行比較正確的衡量，相比較於浪費的能量，我們可以進行更為明智地控制能量的支出。

法則八：調整。磁性的有效性與調整的精確度與圓滿度是成正比的 —— 無論是對事物、法則、能量、時間、情景、質量、事情、真相還是對人 —— 只有透過對過往經驗的深思，才能發現並且建立這樣的調整。

在調整與人方面上，往往會遇到這樣的問題：

在面對比你差一點的人的時候，要讓你的自我充滿磁性，不要擺出高傲的態度，而要為了同一個目標與他們處在同一層級上 —— 然後運用磁性的一般原則。

在面對跟你一樣的人的時候，你只需要運用一般的磁性原則即可。

在面對比你優越的人的時候，在磁性地尊重他們的時候，不要表現出情緒的起伏或是感到自身卑微，也不要去過分關心所處的現狀，而要時刻留意你的目標，然後運用一般的磁性原則。

法則九：自我認同的磁性。調整的磁性價值能夠展現出能量與圓滿，讓當事人可以與他人進行認同比較，透過自身態度、手勢、行為、眼神、氣質、語言或是通靈的憐憫去進行溝通。

法則十：對反應要加以運用。磁性的能力展現出來的方式，可以讓我們接受並且利用積極的反應，無視那些消極與負面的影響，從而為接下來持續的磁性運動給予持續的刺激。我們要毫不猶豫地拒絕一切敵對的反應，要懷著決心去透過更好的適應能力與越發強大的磁性努力，去贏得最後的勝利。

　　法則十一：磁性的攻擊。當以太的「氣質」處於和諧狀態，磁性的成功需要直接的出擊，當然使用的方法必須要是含蓄的。也就是說，這樣磁性進攻的方法必須要以確保和諧作為前提。

　　法則十二：克服惱怒。顯然，磁性是需要無視或是遠離任何讓人激動的惱怒。但當惱怒的情緒已經很明顯的時候，就要立即加以抵制，並且嘗試著對這樣的情緒進行間接的攻擊，或是敞開心扉地接受這個事實，然後採取直接或間接的方式去行動，確保自己能夠以最快的速度去保證「氣質」處於和諧狀態。

　　法則十三：致命的憎恨。成功的磁性需要你克服根深蒂固的憎恨心理，你只有透過遠離這樣憎恨的根源，才能做到。

　　法則十四：重新調整。以太的生命是一個永不停歇的反應。因此，磁性也透過與每次改變或是失敗中，尋求全新的機會，從而展現出自己的本原。

　　法則十五：控制輸出的能量。知道何時開啟「線路」——也就是說，知道如何切掉磁效能量的線路——也應該知道如何關閉這條線路——這樣才能更好地輸出你的磁性影響。

　　法則十六：讓步。在恰當的時刻，讓步也能夠變得富於磁性。如果時機過早或是過晚，讓步的行為只能讓你失去磁性。

　　法則十七：和諧的狀態。磁性可以透過讓個人的身邊的事物更富美感去增強，比如注重個人形象、秩序、裝飾、藝術、文學與音樂等等、

　　法則十八：保持自主的意志。意志是天生與無意識的磁性的指揮者，也是發展的磁性的創造者與指揮者。意志的能量對磁性的能量來說是密不可分的。

　　法則十九：磁性活動的能量。磁性影響的投射與內在精神意識強度及神經狀態密不可分。要想槍枝裡的彈藥射出去，需要槍枝後面站著一個開

槍的人，需要一個富有靈魂的人，這個人的靈魂具有強大的顫動，讓顫動都具有磁性的力量，讓我們的專注富於精神的能量。

法則二十：自我控制。磁性的能量能讓我們更好地控制自我，在處理事情上更加節制，漸漸地接近完美。

法則二十一：磁性地處理自我。磁性的態度 —— 磁性的專注與精神的冷靜 ——「我正在充滿磁性地接近這個人或是面對這個情景」—— 這樣的心態一定要長期保持，最終會透過自我暗示的方式影響你磁性的自我控制，最後在現實中實現自己的夢想。

法則二十二：磁性的面具。當磁性的面具掩蓋了個人的狀態與目標，並且積極地吸引別人時，才能變得富於磁性。

法則二十三：磁性的意識。強烈的磁性意識 —— 不需要刻意為之 —— 可以透過積極與刺激的影響，確保個人的能量可以得到最大限度地提升。

法則二十四：磁性的信念。相信自己必然能夠取得磁性的成功的深沉的信念，能夠幫助你挖掘內在的磁性潛能，當然前提是，你必須要將信念付諸行動。

法則二十五：運用的需求。在將磁性運用到任何工作上，都要對宇宙能量保持強烈持續的需求，因為這能夠直接影響到你的努力。

法則二十六：運用的確信。在運用磁性的時候，我們必須要心底持續地保持這樣的想法：我正在接收並且運用能量！那麼，我們就能在不知不覺中接收到成功的元素，讓自己成為宇宙能量聚集的中心。

法則二十七：磁性的望遠鏡。磁性的態度、信念、需求與肯定，組成了一副磁性望遠鏡，讓我們可以看到遠方更加清晰的成功目標，看到所有可能遇到的障礙，所有的誘惑與讓人惱怒的狀況都會從我們的視線中消失。

法則二十八：磁性的累積。透過在生活中正確地運用，個人不僅能夠累積磁性，而且還能在他所在的環境中累積磁性，最後在不需要發揮個人直接影響的情況下，施加積極的作用。

法則二十九：個人的氣質。個人的氣質可以很準確地反應每個人內在的自我。只有當自我與身體都處於乾淨與充滿活力的健康狀態，個人氣質才能讓磁性發揮最大的效力。

法則三十：身體磁性的順從。在身體磁性向精神磁性順從的時候，每一個身體部位都能實現最大的效力，當然這要視乎這兩者之間相對的發展。

法則三十一：固定的觀點。長時間地接觸某個重要與富於吸引力的思想能夠進入潛意識的深層次領域，這樣的觀點可能在某段時間內讓人無法察覺或是展現不出來，但這必然會在展現出個人的能量，讓整個人的系統都與此處於和諧狀態，讓我們的客觀生活與意識處於統一的狀態，讓我們充滿動力。這個固定的觀點會影響當事人，改變他，增強他的功能與個人以太，最後讓他可以完全控制個人的氣質，對他人與生活施加一種積極的力量。

這本書試圖讓讀者內心充滿著成功的思想，並且讓這樣的思想與人生所必需的元素保持一致，從而讓你整個人都深信一點，那就是更為宏大的成功在等待著你。

如果你迅速瀏覽這本書的章節，那麼你必然無法完全理解這本書所提出的法則。如果你遵循這本書所提出的法則，保持足夠的耐心，保持足夠的自信，滿懷能量去花時間去認真鑽研，並將這些教誨與指引運用到現實生活當中，那麼你就可以喚醒這樣的法則。那麼，不用過多久，你就能發現自己擁有了一顆全新的靈魂，並取得了成功。當然，這一切的前提是，你沒有放棄將本書中提到的法則運用到現實生活中，從而消除這些法則對你人生的影響，那麼你就可以做到。

現在，你需要將本章節所提及的法則與之前的章節連繫起來，並將這些法則當成你人生的指引原則。

最後，你需要回到第一章的內容，重複一遍閱讀的過程，那麼你就能夠再次複習，讓自己獲得更大的提升。

如果你做不到（或是選擇不這樣做的話），那麼你至少要把這本書當成枕邊書。那麼在時常伴隨這本書的時候，你將發現，雖然很多富於價值的東西從你手上溜走了，但全新的更富價值的東西會不時出現，那麼這本書就會更像你的朋友與指引。書中所提出的原則與方法絕對不能被束之高閣，至少你永遠都不能忘記，相反，你應該把這些方法與原則融入你的心靈深處。那時，你必然能夠展現出成功的磁性。

很多最富韌性的學生都說，每次閱讀這本書，都能讓自己獲得成長。在修訂這本書的時候，筆者欣慰地看到，這本書能夠給未來閱讀這本書的人提供無價的激勵與鼓舞，能夠成為他們一生的朋友。否則的話，他們永遠都可能無法發現這一巨大的寶藏。

運用的磁性

談到這裡，我們需要說一些關於如何運用磁性方面的內容。培養磁性意味著解決人生中諸多的難題。如果你一直為這個目標而孜孜奮鬥，那麼你就可以利用本書中所提到的結果、經驗、重要的指引，讓你在運用以太的智慧上更加富於藝術。

儘管如此，現在，我還是為解決更為重要的問題提供一些指引——記住，我們的磁場並不單純只有一般性的成功，也不單純只有磁性本身，而是濃縮了主觀的成功磁性。因此，你需要認真考慮下面提出的一些建議：

▓ I. 一般的人生原則

1. 磁性不允許我們對他人有邪念。

2. 磁性要超越所有卑鄙的報復行為。

3. 這絕對不會顯露出個人的尷尬情感。

4. 這不允許我們流露出惱怒的情緒。

5. 你不能失去自己的理智。

6. 你不能展現出對他人的敵意。

7. 你不能承認自己的失敗，也不能展現出來這樣的狀態。

8. 磁性之人絕對不會對他人表現出冷漠。

9. 磁性會掩藏對他人的嘲笑或是輕蔑的情感。

10. 如果你想要獲得磁性，就絕對不能沉浸在暴力當中。

11. 你不要自尋他人的輕視或是侮辱，也不需要去感受這樣的情感，除非這些情感不斷向你湧來。

12. 你需要下定決心，擴大你的朋友圈子，絕對不要失去贏得一位好朋友的機會。

13. 當然，這意味著你必須要留住你所結交的朋友，當然這是建立在儲存自我尊嚴的前提 —— 當這也不應該過分古板地遵守。

14. 時常地回憶一些人的臉龐或是名字，這能夠增強我們的磁性。

15. 磁性無視所有等級的劃分，對所有人都展現出友好的姿態。

16. 如果你能夠在個人關係上保持磁性，那麼你絕對要相信自己與別人。

17. 一般的磁性態度是磁性思想、成功思想的一個結合體，讓人充滿希望、勇氣，最後透過磁性的意志將這些東西連線起來。

18. 在運用磁性態度的時候，你應該將每一項責任都視為神性的使命。磁性之人是絕對不可能在這方面上表現出粗心的。

19. 這本書始終堅持一點，磁性的成功要求取得最高的人生榮耀。

20. 最為重要的，你需要將恐懼、憂慮、沮喪、壓抑或是所有影響你心態平和或是能量的內在敵人都趕出你的心靈。在你的心靈深處，有一個更為高階的地方，你需要讓自己的靈魂停留在這個地方。當憂慮這些情感湧出來的時候，你必然會發現這些情感占據著較低層次的位置，祈求吸引你的注意力，你需要立即強迫意識進入更高階的地方，清除這些敵人，保持更好的情緒。這就是戰勝內向你最大敵人的祕密之一。筆者可以保證，對付壞情緒的方法可能在醫院裡並不適用。

21. 在人生的舉止方面，磁性之人會在心靈中設立一個明確的目標，不管這個目標是長期堅持還是短期堅守的，他們都會以蠻牛般的勇氣去堅持。

22. 因此，磁性之人不會浪費任何重要的能量，而會在這方面分外吝嗇。

23. 磁性之人能夠留住自己的收入，不讓口袋裡的錢迅速溜走。

24. 磁性之人懂得如何去娛樂，放鬆身體，緩解心靈的疲憊，為了增強磁性而進行必要的呼吸訓練。

■ II. 與他人交往的時候

最後，讓我們明白一點，在運用磁性的時候，你只需要讓別人所處的以太狀態與你的保持和諧一致就可以了，並且透過以太的媒介，向他們傳遞你意志的目的。成功的首要條件就是要保持友善，第二條件就是要有圓滑的技巧與堅持，第三個條件就是意志能力 —— 這不是一種野蠻的意志力，而是充滿磁性的能量。

在對他人運用磁性的時候，你需要記住你的首要目標，始終讓別人保持積極樂觀的情感。你絕對不能試圖讓人按照你的方式去行事，直到你確保別人對你有一種積極的情感。這是極為重要的第一步。當你確保了第一步的狀態，那麼你就可以準備進行「磁性的攻擊」了。

當你在與他人交往的時候，你需要透過磁性的努力，讓他們順著你的意願，那麼你就能喚醒你內在的磁性情感，讓他們按照你的想法去做。以此同時，你需要同時他們的想法，並且據此做出行動。不管你使用什麼外在的手段，你的內在狀態應該要保持絕對的冷靜、活力、希望，你的心靈都應該專注於你想要的東西，那麼你幾乎能夠確保有所收穫。別人在給你回饋的時候可能會出現延遲，但這不應該讓你感到沮喪，因為一些人未能迅速地接受你所散發出來的影響，他們沒有立即按照內心的想法去做。所以，最好的方法還是讓他們覺得自己的行為，完全是按照自身的衝動或是判斷去做的，他們應該感覺自己完全自由，而不是被你脅迫，他們應該按照自身的意志去做，而不是感覺是在遵照你的意志去做 —— 因為他們發自內心地想這樣做。

我們可以用下面一位著名作家所說的話去總結這些建議：

「生命並不是像一頭蠻牛那般，魯莽地闖進開闊的宇宙，擾亂所有方向的能量法則，而是應該像一位充滿智慧的策略家，坐在一個到處都是繩索的密室，指引著龐大的軍隊。」這是對磁性很精闢的描述。

■ III. 成功磁性的假設

現在，我們準備談談如何將成功磁性的這一假設運用到現實生活中：

想像你所設定的每一個目標都已經實現了，你所希望達成的事業都已經成功了。

將自己視為一個活著的人，相信自己必定能夠取得成功。

　　這本書就這樣子啦。我們眼前面對的主題實在是非常寬廣與深沉，我們毋需說人的磁效能量是絕對無法被窮盡的。每一步深入的研究，都能發現其中所潛藏的寬廣世界。即便當生活中一般性的原則都已經被你排出之後，成功的磁性依然能讓你的心靈去深思，去為之追求。

　　懷著這樣的情感，深信必然能夠取得磁性的成就，因為你已經閱讀、研究、吸收與踐行這些教誨。筆者衷心祝福你的人生能夠一切安好，與真正的成功為伍。

成功的動力，法蘭克·哈多克談精神磁性：

精神狀態 ✕ 個人潛能 ✕ 健康基礎 ✕ 靈魂途徑，在日常生活中節約並最大化利用你的精神資源

作　　者：[美] 弗蘭克·哈多克（Frank Channing Haddock）

翻　　譯：秦搏

發 行 人：黃振庭

出 版 者：財經錢線文化事業有限公司

發 行 者：財經錢線文化事業有限公司

E-mail：sonbookservice@gmail.com

粉 絲 頁：https://www.facebook.com/sonbookss/

網　　址：https://sonbook.net/

地　　址：台北市中正區重慶南路一段六十一號八樓 815 室

Rm. 815, 8F., No.61, Sec. 1, Chongqing S. Rd., Zhongzheng Dist., Taipei City 100, Taiwan

電　　話：(02)2370-3310

傳　　真：(02)2388-1990

印　　刷：京峯數位服務有限公司

律師顧問：廣華律師事務所 張珮琦律師

定　　價：520 元

發行日期：2024 年 03 月第一版

◎本書以 POD 印製

Design Assets from Freepik.com

國家圖書館出版品預行編目資料

成功的動力，法蘭克·哈多克談精神磁性：精神狀態 ✕ 個人潛能 ✕ 健康基礎 ✕ 靈魂途徑，在日常生活中節約並最大化利用你的精神資源 / [美] 弗蘭克·哈多克 (Frank Channing Haddock) 著，秦搏譯. -- 第一版. -- 臺北市：財經錢線文化事業有限公司, 2024.03

面；　公分

POD 版

譯自：Power for success.

ISBN 978-957-680-793-0(平裝)

1.CST: 成功法

177.2　　113001858

電子書購買

臉書

爽讀 APP